DEDICATÓRIA

Ás pessoas que acreditam no amor companheiro e verdadeiro,
independente de sua manifestação.

PRÓLOGO 7
1 – GIOVANNI 8
2 – NOVO COMEÇO 10
3 – EMILY 14
4 – UM NOVO AMBIENTE 15
5 – SER PAI SEPARADO 20
6 – AMIGOS E FAMÍLIA 27
7 – TARDE DE PESQUISA 42
8 – LEITURAS NO JARDIM 55
9 – OUTROS SENTIMENTOS 66
10 – CORAÇÃO DESPERTO 74
11 – REVELAÇÃO 86
12 – MERGULHANDO NA PAIXÃO 89
13 – MERGULHO INCERTO 116
14 – SEGREDOS 128
15 – SENTIMENTOS REVELADOS 140
16 – NAMORO 145
17 – NAMORO ADOLESCENTE 153
18 – PRIMEIRA MANHÃ 159
19 – NOVO RUMO 161
20 – MEU NAMORADO 167
21 – MENTIRAS 175
22 – DISCUSSÃO 179
23 – DANDO CRÉDITO 183
24 – A FAMÍLIA DELE 186
25 – EX-MULHER 192
26 – ANIVERSÁRIO DE SOGRA 195
27 – UM PASSO ADIANTE 204
28 – CONHECENDO-NOS 208
29 – REVELAÇÕES 218
30 – ETAPA SEGUINTE 220
31 – MOMENTO ESPERADO 226
32 – PRECONCEITO 229
33 – CIÚMES 235
34 – GIOVANNI E RICARDO 241
35 – ACONTECIMENTOS 248

36 – SOFRIMENTO 251
37 – LAÇOS DE AMIZADE 261
38 – MELHORA 263
39 – DANDO APOIO 271
40 – OUTRO SEMESTRE 280
41 – NOTÍCIA 284
42 – SURPRESA 288
43 – NÃO! 290
44 – DECISÃO 297
45 – MORANDO LONGE 300
46 – SAUDADES 302
47 – TEMPO DISTANTE 304
48 – ALGUM TEMPO SOZINHA 307
49 – CULPA 311
50 – VIAGEM 315
51 – SOZINHO NOVAMENTE 325
52 – SEM AMOR 328
53 – UM ANO 336
54 – SUBSTITUTO 339
55 – RETORNO 360
56 – AEROPORTO 365
57 – EM CASA 371
58 – ROMANCE PARTIDO 373
59 – O OUTRO 377
60 – COMEÇO 382
EPÍLOGO 388
SOBRE A AUTORA 393
ENTRE EM CONTATO: 394

Prólogo

Ao avistar Emily magnífica, com um jeito mais de mulher amadurecida do que de menina como na última vez que a vi, meu coração disparou e todos os sentimentos adormecidos retornaram com intensidade. O tempo não era cronologicamente grande, porém era evidente que havíamos mudado.

Desejei beijá-la no saguão do aeroporto e jogá-la sobre as malas que estavam no carrinho, contive-me indeciso com um largo sorriso de felicidade no rosto, à espera de sua reação ao ver-me. Primeiramente ela olhou-me com um sorriso tímido, escasso de raiva, e logo após abraçou-me com intensidade, transparecendo a saudade. Retribuí seu gesto da mesma forma.

Vê-la acalorou-me por completo. Quis desesperadamente retornar ao passado e fazer tudo certo desta vez, mas não era possível, teria que recomeçar daqui.

Ela sorriu educadamente, ajudando-me com as malas. Nossos olhos cruzavam-se confusos, a sensação de estar ao lado dela novamente sem poder tocá-la era estranha, assim como no começo de nossa história. *Será que acabaria assim: Um distante do outro apesar de querermos ficar perto? Nosso grande amor sucumbira aos erros mútuos?* Eu desejava profundamente ter uma segunda chance e, se a tivesse, me esforçaria ao máximo para que nosso amor sobrevivesse a todas as dificuldades.

1 – Giovanni

Os gritos de minha mulher ecoavam pelo apartamento. Suspirei aliviado por ao menos minha filha não estar presente em mais uma constrangedora briga. No entanto, ouvindo Rebeca resmungar, raivosa, sobre como nosso casamento era um conjunto de fracassos, constatei infeliz que o fato de minha filha ser enviada para passar uma tarde descontraída na casa de minha sogra fora apenas um plano detalhadamente arquitetado por minha mulher com objetivo de pôr fim aos nossos penosos meses de discussões.

Aproximei-me de Rebeca convicto que não abriria mão de nosso relacionamento com tanta facilidade como ela ambicionava, forcei minha mente a buscar boas recordações, há muito abafadas, de nosso amor. Ela ouvia-me por educação, lamentavelmente parecia restar-lhe apenas ódio por mim, sacudia sua cabeça em desaprovação a cada lembrança positiva que eu desesperadamente despejava sobre ela.

Rebeca levantou-se impassível, pegou sua bolsa e dirigiu-se à porta pronta a deixar de fazer parte de minha vida. O vento passou calmo pelas janelas do apartamento, indiferente à tempestade formada no interior da sala. Um arrepio sombrio atingiu-me ao fitar o olhar frio dela.

— Espero que tire suas coisas do apartamento até eu voltar da casa de minha mãe no domingo.

Meu coração estraçalhou-se diante de fala e olhar tão duros. Trouxe forças de algum lugar desconhecido e pronunciei antes que ela fechasse a porta indo embora de minha vida.

— E nossa filha? Como ficará Enya?

— Dividiremos a guarda. Já falei com meu advogado. – *Desde quando tínhamos advogados?* O pensamento me paralisou. Os olhos de Rebeca fitaram-me sérios. — Falarei com ela e no final da semana você poderá começar a fazer as visitas, se quiser.

A porta fechou-se num estrondo deixando-me sozinho, não havia nada mais a discutir.

2 – Novo Começo

Sentado na sala dos professores, eu sentia-me levemente angustiado por não saber o que esperar de meus novos alunos do curso de Biologia, pois a maioria dos calouros, adolescentes sem muitas convicções e conhecimentos de como uma faculdade funcionava, agia como se ainda estivesse no ensino médio, e às vezes, por ser uma faculdade particular, ainda precisava aguentar alguns filhinhos de papai mimados que estavam ali apenas para passar o tempo sem nenhum interesse real em aprender.

As férias haviam sido horríveis, por serem as primeiras após a separação de Rebeca. Dividir a guarda de Enya com minha ex-esposa requereu discussões, uma vez que ela estava decidida a frustrar-me em meu desejo de passar mais tempo com minha filha de sete anos. Divorciar-me, apesar das constantes brigas e cobranças por parte de minha mulher, foi-me uma surpresa inesperadamente desagradável. Argumentei com ela na tentativa de retomar meu casamento duas vezes, no entanto Rebeca estava determinada a por fim ao nosso relacionamento.

Meu colega de trabalho, Pedro, ofereceu-me abrigo em seu apartamento por quase dois meses até ser possível alugar um lugar só meu. Uma ajuda inesperada, Pedro trabalhava comigo em diversos projetos de pesquisas, entretanto ainda não o havia considerado como a um amigo. Para meu novo colega, dar-me apoio significava encher o apartamento de belas mulheres e festas. "Devia estar sorrindo por estar livre! Olhe em volta, pegue uma bela mulher e aproveite sua juventude." Essas eram as palavras preferidas dele.

Em algumas festas segui seu conselho, e para um homem que casara com a primeira namorada, que normalmente era zoado por seus colegas por ser um adepto do casamento e da fidelidade, estava saindo-me um razoável galanteador. A percepção despreocupada da vida e sobre relacionamentos que meu colega carregava auxiliara-me a perceber que ser separado era melhor do que viver um casamento fracassado, no qual só o ódio e a frustração resistiam.

Ao alugar meu novo apartamento e poder mobiliá-lo com conforto, sem a preocupação em escolher móveis e objetos que fossem vistosos o suficiente para impressionar as visitas, compreendi que não estar mais ao lado de Rebeca trazia-me tranquilidade. Andar com calça de moletom e um blusão qualquer sem a preocupação de incitar uma briga cotidiana era algo fenomenal.

— Como está o apartamento novo? – Pedro entrou sorridente na sala dos professores. — Precisamos inaugurá-lo com uma festa repleta de mulheres gostosas.

— O lugar é pequeno. Esperarei para dar uma festa quando conseguir me mudar para o que estou financiando.

— Então decidiu seguir meu exemplo e financiar? – Pedro observava com olhos furtivos os professores à volta. — Viver de aluguel muito tempo é desperdício.

— Mas o apartamento está em construção. Ficará pronto só no meio do ano.

— Então terei bastante tempo para organizar uma festa inesquecível...

Pedro perdeu o interesse na conversa ao avistar uma jovem professora do curso da veterinária entrar na sala, iniciou um diálogo aparentemente amistoso que visava um objetivo concreto: carregá-la para sua cama. Normalmente, ele não tinha muita sorte com as professoras, pois estas conheciam sua fama de galanteador, porém Pedro colecionava uma enorme lista de alunas e ex-alunas. Seu corpo malhado e sua maneira sedutora eram uma armadilha infalível para pescar as jovens.

Entediado observei Pedro investir em sua paquera, lembrei-me de Sérgio, o coordenador do curso de Filosofia. Era comum almoçarmos em conjunto para trocar ideias sobre filosofia e a sociedade. A lembrança de nossa última conversa filosoficamente recheada impulsionou-me a ir encontrá-lo. Não recordava exatamente como começara a tradição de nossa troca de ideias, contudo a nossa amizade surgira ainda no meu primeiro semestre como professor. Nossos cursos de atuação eram distintos, no entanto, por falta de mesas disponíveis em alguma confraternização entre professores tive a honra de sentar-me ao seu lado iniciando, assim, uma convivência de reflexão.

Ao entrar na sala de Sérgio, ele me apresentou sua sobrinha. Uma linda garota, seus longos cabelos ruivos ondulados caiam sobre o busto com leveza e luminosidade. Emily era seu nome. Ela sorriu encabulada quando mirei seus olhos caramelos com pequenos filetes esverdeados, estes me impressionaram de uma forma que não imaginei ser capaz, um olhar penetrante e desconfiado como o de um gato.

Cumprimentei-a sentindo meu instinto de macho aflorar-se, contudo desviei o olhar ao perceber-me um cretino. Combinei rapidamente com Sérgio um lanche para mais tarde e saí.

Eu não era o tipo de homem que se deixava influenciar por jovens garotas e tinha honra de nunca ter cedido à tentação de conviver diariamente com meninas entre dezoito e vinte e poucos anos, que desfilavam por minha sala de aula com seus corpos saborosos. Até passei por alguns apertos durante os cinco anos que lecionava: por ser um professor novo e de certa forma próximo aos alunos, tiveram alunas que se insinuaram e uma até chegou a tentar beijar-me. Pedro se aproveitava destas situações com grande saciedade, contudo meus princípios eram outros. Não conseguia achar certo seduzir ou deixar-me seduzir por uma jovem garota, que é levada pelo imaginário de possuir um símbolo de autoridade como seu professor.

Rebeca nunca acreditou em minha fidelidade. Quando ela ainda me amava a ponto de ter ciúmes, enlouquecia-me com questionamentos sobre a aparência de minhas alunas e se por algum deslize comentasse que alguma era bonita, tinha se formado um temporal dentro de nosso lar.

A caminho da sala de aula, passei pelo belíssimo jardim central. Sempre era agradável quando minhas salas de aula eram térreas e, consequentemente, rodeadas pelo jardim. Quando ainda era estudante, passava grande tempo sentado naqueles bancos lendo. Além de umas poucas aulas, as leituras no jardim eram as melhores recordações de meu tempo de estudante.

3 – Emily

O vento suave de verão soprava na beira do mar, Ricardo mirava-me com seus olhos azuis suplicantes. Já havia desculpado-se uma centena de vezes por ter ficado com aquela garota, uma qualquer que havia conhecido na festa. Estávamos brigados por alguma tolice da qual eu já havia esquecido quando tudo aconteceu, contudo isso não fez com que eu me sentisse menos magoada.

Apesar de aceitar suas desculpas, meu coração ainda permanecia inseguro e perdoá-lo verdadeiramente não parecia possível no momento. Em prova da importância que eu tinha em sua vida, Ricardo fez uma tatuagem em seu braço. O ato me conquistou, após me abastecer de um pouco de álcool imitá-lo soou como a coisa certa a fazer.

De tatuagens prontas, sentia-me como sua cara metade e abandonara todo o receio que tivera em permanecer ao seu lado. A praia estava magnífica, minha cabeça flutuava e a cada toque de seus dedos meu corpo acendia-se. Decidi esquecer qualquer briga que tivemos no passado e me entreguei novamente para ele.

4 – Um Novo Ambiente

Sentada na cadeira da sala já bastante conhecida, eu esperava ansiosa a volta de Sérgio, que por ser sempre constantemente solicitado pouco tempo permanecia na sua sala da coordenação. Passei os dedos sobre os papéis da mesa e pelo computador, sem achar nada que me distraísse do incessante ruído dos ponteiros do relógio pendurado sobre a porta. Ponteiros teimosos que não me permitiam esquecer que logo iniciaria minha primeira aula na Graduação de Biologia.

Minhas emoções embolavam-se na boca do estômago, num misto de boas expectativas e constante temor do novo. Apesar de estar familiarizada com o aspecto físico do *campus*, o fato de estar longe de meus inseparáveis amigos, Gustavo e Ricardo, salientava minha insegurança. Saber que iria encontrar Gustavo no intervalo não era suficiente para acalmar-me.

Todos esperavam que eu e Gustavo nos inscrevêssemos no vestibular assim que finalizamos o ensino médio. Contudo, estávamos tão envolvidos em trabalhos voluntários e nos recuperando de algumas mazelas, que perdemos a data de inscrição e só pudemos iniciar a faculdade no segundo semestre do ano. É provável que ele tenha nos feito perder o primeiro prazo de propósito, já que ele ainda sentia algumas dúvidas quanto ao curso que iria escolher. Ou, talvez, tenha sido apenas má sorte, eu não tinha ainda uma opinião completa sobre isso.

— Eu entendo... sim, mas temos um prazo para a entrega dos trabalhos... – Sergio entrou na sala, entretido ao celular. Sorri e ele correspondeu. — Estamos de acordo então. Bom dia, Sr. Gomes.

Desligou o telefone e veio ao meu encontro, deu-me um longo e apertado abraço, muito reconfortante.

— Fico tão feliz por minha "Ruivinha" finalmente estar na faculdade. – Ele olhou-me com orgulho. — Claro que preferiria que tivesse seguido meus passos e escolhido estudar Filosofia.

Ele sorriu implicante e ao ver minha expressão de desaprovação deu-me um leve cascudo como se faz a uma criança muito pequena. Rimos juntos. Continuamos ali alguns minutos enquanto ele me explicava novamente o funcionamento da biblioteca, do *xerox* e de todas as áreas da faculdade, demonstrando sua eterna preocupação ora de pai, ora de tio e ora de avô.

Sua companhia me deixava em paz e apesar de já saber de cor tudo o que ele dizia fiquei ali parada confortando-me com sua voz familiar, como fazia desde criança quando me sentia ansiosa com algo. Ele era especialista em transmutar meus medos e minhas fúrias em algo mais produtivo, além de me conhecer razoavelmente bem para saber como me sentia deslocada e, assim, fazia o que podia para me deixar à vontade, o que começou a funcionar.

Houve duas batidas suaves na porta e um professor surgiu por entre a fresta.

— Bom dia, Sérgio! Passei para dar um oi e convidá-lo para um lanche filosófico, estou com saudades de nossas longas conversas. O que acha?

Apoiada na mesa observei-o enquanto ele falava com Sérgio. Ele parecia ser jovem para um professor de faculdade, seus cabelos eram castanhos, um pouco despenteados e lisos, usava um charmoso óculos que parecia ter poucos graus e tinha um sorriso largo.

— Giovanni, caro amigo! Aceito, te encontrarei na mesma hora de sempre. – Sérgio olhou-me de relance e chamou-o novamente antes que o professor saísse pela porta. — Conhece minha protegida Emily? Ela inicia hoje a Graduação de Biologia, provavelmente será sua aluna em algum momento.

— Olá, é um prazer.

Ele analisou-me rapidamente, cumprimentou-me ao longe com um leve aceno de cabeça e saiu pela porta. Foi-se embora sem que eu tivesse a chance de responder ao cumprimento. Sérgio entregou-me meu fichário, dirigiu-me até a porta e com um beijo em minha testa despediu-se.

Segui vagarosamente pelo corredor. À frente encontrei o bloco da Saúde, onde eram ministradas as aulas específicas do curso de Biologia. Entrei apreciando a arquitetura antiga, os enormes arcos de gesso já amarelados apresentavam-se em todas as passagens, criando corredores abobadados e imponentes. Muitas pessoas iam e vinham à procura de suas salas e laboratórios. Avistei minha sala à frente de um majestoso jardim com muitas flores, pássaros e árvores, além de alguns banquinhos de madeira. O lugar era agradável e senti um ímpeto de passar todas as manhãs ali, mas segui até a sala de aula.

Vários alunos já haviam chegado, alguns conversavam e outros estavam sentados observando o movimento ao redor. Sentei-me próxima à janela desejando permanecer a contemplação das belezas do jardim. Inalei uma brisa gostosa de final de Inverno carregada de odores de grama verde e flores. Suspirei e desabotoei o casaco. Abri meu fichário e permanecei a observar as pessoas à minha volta ao mesmo tempo em que meu estômago se embrulhava.

Uma menina e um garoto entraram conversando e sentaram-se logo à minha frente. Eles discorriam em dúvida sobre a localização da biblioteca. A garota afirmava que era neste prédio e o garoto insistia que era no prédio das Exatas. Achei graça da confusão que faziam e resolvi ajudar.

— Na verdade, a biblioteca fica no prédio da Coordenação, este aqui na frente.

Ambos calaram e me olharam. Um arrependimento se ocupou de mim: intrometera-me na conversa de quem nem conhecia. Isso me era estranho, eu costumeiramente preferia fazer o tipo invisível.

— Sério? Que bom que achamos alguém que sabe. – A garota sorriu amigavelmente. — Oi, sou Alice e este é o Rodrigo.

— Oi, sou Emily. Desculpem-me, não quis parecer intrometida.

Eles riram, envergonhei-me. Entretanto, ambos se mostraram simpáticos e logo conversávamos sobre nossas expectativas referentes ao curso de Biologia. Alice e Rodrigo conheceram-se no dia da matrícula, por estarem os dois desorientados, andando de um lado para outro sem saber para onde levar os papéis.

Ela demonstrava ser uma menina de um ótimo astral e bastante sorridente. Seu rosto redondo era marcado por um diminuto e gracioso nariz, acompanhado de olhos pretos. As pontas de seus cabelos lisos, igualmente escuros, quase tocavam seus ombros. Tinha estatura mediana, uns cinco centímetros a mais do que eu, e talvez um pouco acima do peso. Suas pernas grossas e seios fartos eram seu forte; o meu oposto, não que eu tivesse pernas fininhas, só que meus seios não estavam na categoria de sobrecarregar sutiãs.

Rodrigo, Drigo como gostava de ser chamado, era bastante alto e robusto, com mãos largas. Seus cabelos eram loiros encaracolados e curtos, os olhos iluminavam-se em um verde claro. Evidenciava feições suaves e amáveis. Aparentava ser o tipo de garoto que arrasa muitos corações, por ser extrovertido e possuidor de grande beleza.

Senti-me à vontade na companhia deles e comecei finalmente a perceber que o primeiro dia de aula não seria de todo horrível e, talvez, Gustavo não precisasse me socorrer durante todos os intervalos.

O sinal tocou, um professor surgiu ligeiro na porta e andou até o centro da sala. Meio atrapalhado, apesar de gracioso, sentou-se sobre a mesa e iniciou seu discurso de apresentação. Sua voz era agradável.

Sorri tranquila ao perceber que já havíamos sido apresentados anteriormente, era Giovanni. Ele piscou simpático e sorriu ao cumprimentar-me. Ao olhá-lo com mais atenção, notei que não era magro e nem gordo, nem musculoso, nada além de um cara normal com um lindo sorriso.

5 – Ser Pai Separado

O coordenador do curso de Biologia entrou na sala dos professores distribuindo as confirmações das pesquisas aceitas a serem realizadas neste semestre. Eu e Pedro tentávamos retomar a nossa sobre a evolução de espécies marinhas há dois semestres sem êxito, já que o coordenador anterior não demonstrava interesse em nossa linha de estudo, nos ignorando na hora de organizar o orçamento destinado às pesquisas. Havia esperança de que o novo coordenador fosse diferente, então na reunião de defesa sobre a pesquisa eu e Pedro nos esforçamos para convencê-lo.

— Aqui está o protocolo de vocês. – O coordenador largou os papéis à nossa frente, em cima da mesa. — A pesquisa pode ser iniciada na próxima semana.

O papel de aceitação veio em boa hora, uma pesquisa sobre um assunto que realmente me interessa seria uma injeção de ânimo para minha atual situação de separado. Pedro pegou os papéis e começou a lê-los com interesse, dando-me um tapa no ombro ao sorrir malicioso.

— Olha só! Aceitaram o seu pedido de três bolsistas. Espero que sejam bons, pois não quero ter que fazer todo o trabalho sozinho porque está interessado numa aluna.

— Já disse que não se trata disso! – A acusação de Pedro

irritou-me. — O trio demonstra bastante interesse em aula, acho que serão bons bolsistas. Eles ainda precisam passar na prova de seleção. Talvez outros alunos acabem por se inscrever também.

— Chamarei mais algumas alunas para a prova, caso os bolsistas de sua escolha não sejam capacitados para colocarem os dados que conseguimos anteriormente em planilhas e gráficos. – Ele riu debochado. — Bem, se sua aluna for tão esperta quanto me disse que era gostosa, não tem com o que se preocupar. Ou talvez os outros dois possam compensar o trabalho.

Pedro ausentou-se envolvido na leitura dos papéis. Além de mulheres, genética animal era sua maior paixão. As insinuações de Pedro me deixaram acanhado, realmente pensara que Emily, Rodrigo e Alice seriam boas escolhas para auxiliar-nos na pesquisa, justamente por serem novatos no curso. Precisávamos de uma ajuda simples para organizar os dados, um tipo de trabalho desestimulante aos alunos mais avançados, desejosos em realizar estudos de campo e testar hipóteses. Em suma, o trio era de alunos dedicados e qual o problema se um deles me agradasse os olhos? *Comentar com Pedro sobre a beleza de Emily não foi nada esperto de minha parte. Agora ele ficaria supondo, com sua mente maligna, que tenho segundas intenções em indicar ela e seus dois colegas mais próximos para participar da pesquisa.*

Outro fato que me intrigava no trio era que Emily, Alice e Rodrigo mantinham-se numa espécie de redoma de vidro social, da qual só eles participavam. Não pareciam ser esnobes ou exclusos, do tipo que repelem o contato com os outros, apenas não se importavam em seguir os tortuosos passos da convivência social com o restante dos adolescentes da turma.

****

Em minhas tardes de folga, costumava ler alguns artigos científicos ou organizar as aulas, contudo hoje estava com saudades da minha pequena. Não era um dia programado de visitas, todavia liguei para Rebeca e pedi permissão para ver milha filha. Esta era a pior parte do divórcio, ficar a mercê do bom humor de minha ex-mulher para poder passar um tempo ao lado de Enya. Surpreendentemente, Rebeca aceitou meu pedido sem fazer um drama de quinze minutos sobre algum aspecto de minha personalidade que a chateava.

Passeio de pai separado não fugia muito de *shoppings*, praças ou zoológico. Desta vez, Enya queria ver uma animação no cinema.

A vantagem de ser um pai nessa situação é que aprendemos a dar mais atenção aos nossos filhos. Embora, em alguns momentos, Enya tentasse tirar proveito de minha culpa por não participar diariamente de sua rotina pedindo presentinhos ou teimando, algo que não era seu costume quando morávamos na mesma casa. Meu coração por vezes amolecia o meu juízo e eu cedia às vontades de minha filha. Como poderia negar algumas coisas aos olhinhos pedintes de uma menina de sete anos?

Após o cinema, paramos na praça de alimentação para pegar um lanche, preferiria que ela comesse algo saudável, no entanto ela me dobrou novamente. A mesa ficou coberta por batata-frita, hambúrguer, sorvete e chocolate. Enya comia o resto de sua sobremesa, pensativa.

— Está quieta hoje!

Ofereci-lhe um guardanapo para deixar sua boca um pouco menos melecada de calda de chocolate.

— Vai ser sempre meu pai?

— Claro que sim, de onde tirou essa terrível ideia?

— O primo Júlio nunca mais viu o seu pai depois que ele se mudou de casa.

Este era um mau exemplo de separação de adultos. Condenei a atitude do irmão de Rebeca por ter abdicado do filho para viver uma paixão passageira com uma garota mais jovem. Ele focou toda a sua nova vida em novos relacionamentos e esqueceu-se do pequeno Júlio. Olhei no fundo dos olhinhos de Enya, segurei sua mão melecada entre as minhas e disse firme:

— Não importa o que aconteça, sempre será minha filha amada.

— Mesmo se casar de novo?

— Sim.

Sorri pensativo. Ainda não cogitara a ideia de ter outro relacionamento sério com uma mulher, um casamento já havia sido uma experiência bastante frustrante para ser repetida.

— Mamãe disse – quando Enya iniciava a frase deste modo, era-me previsível que a continuidade seria algo distante de elogios ou palavras otimistas sobre mim. *O modo como Rebeca referia-se à minha pessoa para Enya ofende-me profundamente, afinal eu não enveneno a mente de nossa filha com coisas negativas sobre sua mãe.* O pensamento casou-me raiva, a qual reprimi por estar na presença de Enya — que logo vai se amarrar com uma vadia e não vai mais me dar atenção.

As palavras costumeiramente reproduzidas por minha filha das falas de Rebeca me frustravam ainda mais. *Onde minha ex-mulher está com a cabeça para falar de forma tão cruel com uma criança?* Mais raiva precisou ser controlada dentro de meu peito. Às vezes achava que os anos haviam transformado a pessoa que Rebeca era quando a conheci em outra totalmente distinta.

— Não fale deste modo. – Repreendi-a. Enya abaixou a cabeça encabulada, diante de meu tom de voz. Acalmei-me. — Estarei presente sempre que puder, porque te amo e isso não vai mudar se eu tiver outra pessoa.

— Nem para a mamãe?

— Ela também não vai deixar de te amar, mesmo que case de novo.

Confortei-a pegando-a no colo, enquanto Enya comia o último um pedaço de chocolate. Imaginar minha ex-mulher casada novamente causou-me desconforto. Não sabia o que ainda sentia por ela, mesmo assim o pensamento me perturbou. Mais uma frustrante reflexão perdida no oceano de minha mente confusa.

Quando retornei com Enya, Rebeca desceu até o saguão do prédio para receber nossa filha. Ser restringido ao saguão de onde antes fora meu lar ainda era-me uma sensação esquisita. No passado, juntos escolhemos o prédio: eu optara por causa da vista para enormes árvores e Rebeca pela fachada envidraçada muito moderna na época. Ela já dava muitos sinais de que seus objetivos de vida haviam mudado, eu estava envolvido em compreender o motivo de restarem apenas brigas deixando, assim, de notar o desenvolvimento de sua ambição.

— Podemos conversar? – Disse entre dentes. Rebeca olhou-me com desdém, expressava claramente o incômodo em perder tempo comigo. — É sobre nossa filha.

— Vá aproveitar o parquinho mais um pouco. – Rebeca aconselhou Enya, enquanto sentava numa das poltronas do saguão e lançava-me um olhar entediado. — Estou ouvindo.

Conversar com a ex-mulher no saguão do prédio, sem ser convidado a entrar, era um insulto. Reprimi minha indignação, pois desconfiava que isso só fizesse Rebeca mais orgulhosa e menos disposta a dar-me atenção. Eu havia passado muitas noites a refletir o motivo que a impulsionara a me tratar com tamanha raiva, até agora não descobrira uma resposta que se encaixasse totalmente.

— Rebeca, não quero brigar. – Esse começo era uma constante segura em nossas conversas há algum tempo. — Só não acho certo que fale mal de mim para nossa filha.

— Agora serei obrigada a te elogiar?

O tom irônico dela fez o sangue subir, tive que respirar fundo algumas vezes antes que pudesse recomeçar minha fala.

— Pode dizer o que quiser para suas amigas, seus parentes. Mas não desconte em nossa filha a raiva que sente por mim. – Tentei amenizar a voz, se gritasse perderia a atenção dela. — Não peço isso por mim, mas por Enya. Se jogarmos ela um contra o outro, teremos uma filha infeliz e problemática como nossa antiga vizinha.

Rebeca olhou-me pensativa e num tom controlado e sério encarou-me:

— Concordo. Amo minha filha, terei que aceitar o pai dela também.

Ela saiu em busca de Enya no parquinho. O final da frase magoou-me, contudo minha missão foi comprida com êxito. Senti-me um manipulador por ameaçar Rebeca com o exemplo da pobre vizinha, uma adolescente muito problemática que se envolveu com drogas por mais de uma vez. Não sabia se a moça ficara assim pelas constantes e constrangedoras brigas de seus pais que toda a rua assistia antes e depois da separação, no entanto eu conhecia minha ex-mulher suficientemente bem para saber que ela refletiria melhor sobre a situação de Enya a partir desse exemplo.

Olhei com pesar para as duas dirigindo-se ao elevador. O que um dia sonhei como parte de meu futuro fora arrancado por alguém que não parecia sonhar o mesmo sonho.

6 – Amigos e Família

As primeiras semanas como graduanda foram apenas de familiarização com os professores: uns melhores, outros piores e alguns assustadores. Eu passava os intervalos com Alice e Rodrigo, e em alguns Gustavo nos fazia companhia. Ao final das aulas, sempre nos encontrávamos para irmos até a parada de ônibus com destino aos nossos lares.

Eu e Gustavo éramos vizinhos e amigos inseparáveis desde crianças. Acostumamo-nos a estar na companhia um do outro; estudávamos, brincávamos e enfrentávamos os problemas sempre com o apoio de nossa amizade.

Lembro que de início fiquei frustrada quando ele escolheu fazer Veterinária ao invés de Biologia, como combinávamos há anos, mesmo sendo o seu curso na mesma faculdade. Agora isso me parecia uma tolice: *Como pude esperar que estivéssemos sempre juntos? Com certeza já não somos mais crianças.* Pensei.

— Olha lá quem se aproxima! Nosso amigo vet. – Drigo criara uma afinidade com Gustavo e agora sempre o chamava por apelidos.

Gustavo saudou-nos e sentou-se ao meu lado, trançamos nossos braços. Ficamos a conversar sobre os conteúdos e principalmente sobre os enormes trabalhos que tínhamos pela frente. Gus nos contou sobre sua primeira aula de anatomia de mamíferos. Seus pequenos olhos cinza brilhavam de entusiasmo a cada detalhe do relato, pareciam contrastar ainda mais com seu cabelo preto e seu rosto pequeno.

Ao ouvir o animado relato, reforcei minha convicção de que não saboreava pensar em bichos abertos. Recordei que enfrentaria mais adiante no curso algumas disciplinas de anatomia. Sacudi a cabeça em desaprovação e esvaziei minha mente. Alice fazia cara de nojo e Drigo incentivava um relato cada vez mais detalhado. Aquilo incitava minha náusea, por sorte nosso professor me salvou daqueles intermináveis detalhes.

Giovanni nos encontrou ao meio do jardim central e aproximou-se rapidamente com um largo sorriso.

— Oi, eu os estava procurando. — Todos silenciaram e fitaram-no. Gus suspirou por ter sido interrompido e escorou a cabeça no meu ombro. — Vocês gostariam de fazer parte da seleção para entrarem no meu grupo de pesquisa? O grupo se encontrará todas as terças e quintas à tarde.

— Não lembro, professor, mas há possibilidade de bolsa de estudos se participarmos da pesquisa? – Questionou Rodrigo despreocupado.

— Há sim. – Giovanni aproximou-se desapontado. — Mas cobre apenas uma disciplina. – Esperou por alguns segundos nossas respostas, nós nos olhamos em dúvida. Ele trocou o peso do corpo de perna e sorriu requerente. — O que acham? Gostariam de participar? É sempre bom para o currículo.

Ele parecia nos contemplar com olhos de súplica como se fosse importante que aceitássemos. *Coitado, será que nenhum aluno está dando crédito à sua pesquisa?* Penalizei-me com a dúvida. Na realidade, eu não lembrava sobre o que exatamente era o estudo, entretanto aceitei o convite e os outros dois foram no meu encalço. Seus lábios abriram-se em conquista, rapidamente ele nos deu as orientações de hora e lugar para realizarmos a prova padrão de seleção e se foi ligeiramente.

Por fim, eu e Gustavo decidimos ir para casa, mas antes paramos na sala de Sérgio, com o simples objetivo de lhe dar um olá. Ele chateava-se se não passássemos pelo menos uma vez por semana em sua sala, apesar de morar duas quadras de meu apartamento e eu ir com bastante frequência visitá-lo.

O fato é que desde que abandonei sua moradia e fui para o apartamento de minha mãe, há quase um ano, ele pareceu ficar carente de minha presença. Eu sentia também falta de nossas intermináveis conversas sobre a vida, a sociedade e principalmente sobre filosofia, enquanto tomávamos chá com bolinhos feitos por Maria, sua mulher, em seu escritório rodeado de livros.

Sérgio sempre fora o meu porto-seguro, eu realmente nutria um grande amor e respeito por ele, e ele por mim, afinal eu era a sua "Ruivinha", apelido que me dera quanto eu tinha apenas quatro anos.

Tivemos sorte, hoje ele iria almoçar em casa e nos deu uma carona. Sérgio deixou Gustavo em casa, e após convenceu-me a almoçar com ele, era aniversário de sua neta Luzia, cedi as suas súplicas.

Após o almoço, eu ouvia, entediada, as conversas dos filhos, cunhados e netos de Sérgio à procura de uma brecha para sair mais cedo do que ao final da festa. Aproveitei-me que Roberto, filho de Sérgio, precisava voltar a trabalhar e ausentei-me também.

As reuniões na casa de Sérgio embaraçavam-me. Mesmo quando ainda morava com eles, sentia-me um peixe fora da água naquela casa a não ser pela presença de Sérgio. Em muitos momentos da infância, refleti como era possível eu, Sérgio e minha mãe sermos tão próximos uns dos outros e ao mesmo tempo tão distantes do resto da família dele.

Os filhos de Sérgio, Anna e Roberto, sentiam-se enciumados por eu e minha mãe termos uma relação de cumplicidade com seu distante pai. Eles não compreendiam como isso se resultou, nem eu tampouco sabia explicar. Contudo, minha mãe entendia que nosso relacionamento com Sérgio alcançara um nível elevado porque nós não esperávamos ele sair do escritório para conversar, como seus filhos faziam, e sim íamos constantemente àquela sala lhe fazer companhia.

Há poucos anos, Sérgio confidenciou-me que quando seus filhos eram crianças não percebera a importância de ser mais presente, pois seu pai também não o fora. Tentou recuperar a afinidade com os filhos apenas quando minha mãe abriu seus olhos ao questioná-lo sobre este aspecto.

Compreendi, neste momento, que assim como Sérgio meu pai também não devia perceber como era distante. Comecei, então, a buscar mais por ele e nossa relação melhorou à medida do possível.

Em divagações, apenas percebi onde estava quando passara uns cinco passos da entrada do prédio em que moro.

No conforto de meu apartamento, tirei o calçado e fui ver meu adorável Lucky, uma belíssima arara azul de quase um ano. Lucky voou até meu ombro e me cumprimentou, alisei suas penas enquanto lhe dava uns petiscos. Dirigi-me ao computador com objetivo de conversar com minha mãe. Nós nos falávamos praticamente todos os dias através da *internet* na hora do almoço ou à noite, o que diminuía minha saudade.

Vê-la na *webcam* e ouvir sua voz iludia-me que ela estava perto, quase palpável. Há quatro anos ela morava no Canadá e desde então essa era nossa principal forma de relação, já que suas visitas ocorriam apenas duas vezes ao ano.

Ter minha mãe tão longe foi, no início, bastante difícil. Sentia muita raiva por ela ter ido, por ter escolhido suas pesquisas ao invés de ficar aqui comigo. Demorei muito a me conformar. Nos primeiros três meses, até tentei morar com ela no Canadá, contudo não me adaptei e retornei certa de que ela voltaria também, o que não aconteceu. *Pôs-me num avião e ficou com seu emprego.* O pensamento acendeu uma fagulha de ira. Foi um baque em meu ego descobrir que minha mãe colocava outros aspectos de sua vida bem à frente do amor que nutria por mim.

Até os meus treze anos, quando ela ainda morava aqui no Brasil, éramos apenas eu e ela, já que Sérgio só estava presente em alguns momentos. Nossa relação era de cumplicidade e, pode-se dizer, amizade. Nós conversávamos sobre tudo e em raríssimas vezes brigávamos. Minha criação estava mais associada à reflexão das consequências dos meus atos do que castigos ou gritos. Por isso, quando ela se foi, senti-me por um longo tempo abandonada. E o fato de ter sido obrigada a voltar a morar na casa de Sérgio agravava minha angústia, por causa de Maria.

Hoje ela não estava *online*, deixou uma mensagem marcando para falarmos à noite.

O interfone tocou duas vezes, era Gustavo.

— Cadê meu bichinho azul?

Gustavo chamou-o e Lucky voou para seu colo.

— Nossa, como ele cresceu! Nem parece mais aquela ave esquálida e sem penas que recebemos da Casa de Resgate de Animais Silvestres. Você agora é uma ave fortona, não é?

Comecei a rir. Meu amigo se habituara a falar com Lucky como se ele fosse um bebê. Sentei-me no sofá enquanto esperava o Gus terminar de paparicar a arara.

— Emily! – Gustavo tentou sugestionar despreocupação, mas eu reconhecia perfeitamente o tom de sua voz e sabia que este significava que ele diria algo desagradável. — O Ricardo passou lá em casa hoje. – O alarme de perigo soou em minha mente. *Não! Não comece a falar do seu belo irmão...* Meu coração apertou-se e a angústia subiu-me até a garganta. Mexi-me no sofá tentando simular calma. — Sabe, ele perguntou de você, está com saudades.

— Sei.

Levantei-me e fui até a cozinha. Eu também sentia saudades do Rick, só que ainda não estava preparada para revê-lo. Estava confusa e chateada. Gus seguiu-me e apoiou-se no balcão, permaneceu em silêncio por alguns segundos. Ele observava-me com olhos sondadores. Suspirou e falou num sussurro, em busca de aprovação:

— Ele gostaria de voltar a falar contigo. – Ele arquejou. — Espero o dia em que tudo voltará a ser como antes. – Gus analisou-me sonhador. — Afinal, nós éramos um trio inseparável. Como seria bom se voltássemos todos a sermos amigos.

Olhei fixamente para ele. *Por que o Gustavo gosta de me atormentar com essas histórias do passado?* Quando me lembrava de Ricardo, eu não pensava em nosso caminho cruzando se novamente. Gustavo estava triste, senti dó e o abracei.

— Ah! Gus, eu sei como é difícil para você nos ver distantes. – Fiquei calada por um momento. Talvez pudesse me mostrar mais confiante para ele. — Não se preocupe. Quem sabe as coisas voltem a ser como antes. – Ele sorriu e eu adverti. — Eu disse talvez.

Gustavo sorriu para mim. *Como é bom deixá-lo feliz.* Pensei contente, porém no meu íntimo não localizava uma aptidão de me relacionar com Rick da mesma maneira de antigamente, havia muita mágoa entre nós. Contudo concordei em iniciar um contato pela *internet*. É provável que conversar com o Ricardo seja até positivo, pois eu realmente sentia muita falta disso.

Eu e Gustavo passamos a tarde e o começo da noite na companhia um do outro, comemos pipoca e jogamos no computador, a conversa rolou solta como sempre, rimos e nos divertimos muito e ele só foi embora quando já era bem tarde. Esta era para mim a pior hora do dia, quando eu ficava sozinha em casa à noite. O medo não me assolava, a solidão sim. Só me restava pegar Lucky no colo e ir conversar com conhecidos *online*. Algumas noites, eu conseguia que o Gustavo dormisse aqui, hoje não.

****

Não me surpreendi quando Giovanni nos informou que eu, Rodrigo e Alice havíamos passado na seleção e fazíamos, agora, parte de seu grupo de pesquisa durante esse semestre.

Além da prova ser bem básica, com enfoque em nosso conhecimento de informática, os outros seis alunos que prestaram o exame desapontaram-se ao saber que teriam que ir dois dias à tarde sendo pago apenas o valor referente a uma disciplina. Pelo jeito, falta de dinheiro não era um problema deles!

Ao entrar no laboratório para iniciarmos a pesquisa com o professor Giovanni, encontrei Alice e Drigo sentados ao redor da mesa vestidos de avental branco.

— Oi, Emily! Por favor, vista um avental, pois já iremos começar.

Giovanni entregou-me o avental assim que atravessei a porta da sala. Ele estava charmoso de branco e, usando seus óculos, lembrou-me dos geneticistas que trabalhavam no laboratório com minha mãe. Atrás dele, a me observar, estava seu colega de pesquisa, Pedro, um professor das disciplinas dos últimos semestres. Ele era alto e bem apessoado, com olhos verdes, como os do meu pai, e um charmoso sorriso. Um homem lindo. Aparentava ser poucos anos mais velho do que Giovanni. Ao sermos apresentados, ele aproximou-se e beijou minha mão, como se faz a um nobre.

— Olá! – cumprimentou-me e voltou-se para Giovanni. — Muito bonita esta sua aluna de longos cabelos ruivos e olhos felinos.

Abusado! Sussurrei internamente. Tive vontade de rir, porém só agradeci o elogio com um leve aceno, minhas bochechas avermelharam-se fortemente. *Esse professor pelo jeito é um conquistador.* Pensei curiosa. Eu ouvira muitas histórias na sala de Sérgio sobre professores como ele, que se dedicam a conquistar alunas. Sentei-me ao lado de Rodrigo que sorria debochado ao me cutucar com o cotovelo para tirar sarro.

— Ganhou o coração do mestre. Arrasando...

A raiva mesclada com vergonha começou a ascender-se, sentia meu rosto pegando fogo. Giovanni solicitou nossa atenção educadamente e iniciou as explicações da pesquisa. Deslumbrei-me ao ouvi-lo, ele discorria com grande paixão sobre seu trabalho de pesquisa que consistia em catalogar e analisar os animais marinhos com semelhanças genéticas buscando seus ancestrais evolutivos. Ele era especialista em vida marinha e seu colega em genética, nosso papel seria auxiliar nas análises dos dados recolhidos em alguma pesquisa anteriormente realizada, uma tarefa relativamente fácil.

E para que o avental? Observei displicente a sala. *Talvez seja para criar um clima de seriedade.* Pensei divertindo-me. Logo descobri que estava enganada. O cheiro de formol envolveu o ambiente e o uso da vestimenta branca se tornou evidente. Pedro aproximou-se com o cérebro de algum peixe imenso na mão, o cheiro nauseante invadiu minhas narinas. Baixei a cabeça, as coisas ao meu redor começaram a rodar e minhas pernas fraquejaram. Tudo ficou escuro.

— Emily! Emily! Sente-se.

Drigo? O som fazia-se distante. *Não, essa voz parece ser de Giovanni.* Abri os olhos e todos estavam à minha volta. Tinham me sentado num banco e Giovanni ainda permanecia a me amparar. O sangue subiu ligeiramente para meu rosto tapando-o de vergonha. *Que fiasco! Será que desmaiei de nojo? Não pode ser, já vi coisas bem piores e...* Torrentes de pensamentos embaraçados apitavam em minha mente.

— A pressão sanguínea deve ter baixado, provavelmente por causa do cheiro forte do formal. Abaixe a cabeça e espere um pouco, logo ficará bem.

Giovanni me salvou do constrangimento com sua fala apressada. Sim, provavelmente era apenas uma reação fisiológica comum. Sorri timidamente e ajeitei-me no banquinho da maneira que pude.

Depois de uns cinco minutos, já me sentia melhor. Pedro continuou a explicação do cérebro, o que fez crescer em mim uma ponta de curiosidade, até comecei a gostar daquilo. Giovanni olhava-me de relance, na certa verificando se eu não iria despencar do banco, novamente acanhei-me.

****

No dia seguinte ao final da aula, enquanto eu me despedia de Alice, que saiu apressada para ir almoçar com sua irmã, Drigo adiantou-se, assim que avistou Gus, em contar como eu havia caído e que por sorte Giovanni tinha sido rápido o suficiente para me amparar antes que eu espalhasse meu cérebro pela sala. Ao parar ao lado deles percebi como Rodrigo fora um bocado dramático. Gus ouvia-o aflito e, ao perceber-me próxima, protestou por eu não ter ligado e pedido para ele passar a noite tomando conta de mim.

— E se te acontecesse alguma coisa? – Seus olhos acinzentados preocupados me deixaram desconsertada. Seus magros braços me apertaram com força. — Tenha mais cuidado, por favor!

— Não se preocupe! Drigo está exagerando! – Olhei para Rodrigo em desaprovação. — Acho que devia fazer teatro e não Biologia.

Rodrigo sorriu descontraído e envolveu-nos num amigável abraço. Minha cabeça não alcançava seus ombros e Gus parecia tão frágil perto dele como se fosse um irmão mais novo apesar de terem a mesma idade.

— Tudo bem. Para reparar o meu exagero dramático, convido todos para almoçarem lá em casa hoje!

Rodrigo deu um largo sorriso e nos apertou mais forte em seu abraço. Eu e Gustavo trocamos olhares confusos. Abri a boca para agradecer o convite, pretendendo rejeitá-lo. Mas não deu tempo, Gus aceitou no mesmo instante e eu obriguei-me a segui-lo.

Almoçar e passar o tempo com Rodrigo deixou-me com duas certezas: Ele e sua mãe possuíam um ótimo relacionamento, no qual faziam brincadeiras um com o outro e se abraçavam constantemente; e que a companhia dele era extremamente agradável.

Ao chegar ao apartamento no final da tarde, primeiramente coloquei na geladeira o pedaço de torta de amora que a mãe de Rodrigo fizera questão que nós trouxéssemos. Ao perceber-me guardando o doce com boa vontade, sorri intrigada.

— Por que está sorrindo? – Gustavo indagou-me. Ele me acompanhara até em casa, concordara em ficar para dormir.

Refleti por alguns segundos. Ele acariciava Lucky interessado, a espera de minha resposta.

— Apenas reparei que não me importei com o fato da mãe do Rodrigo ter nos entupido de comida, mas quando Maria faz o mesmo eu me chateio.

— Emily, isso é porque você tem implicância com a Maria.

— Não tenho não!

Tentei discordar de Gus, mas ele apenas sorriu cético. *É provável que ele esteja certo, talvez seja apenas birra minha, mas o fato é que muitas coisas me incomodam no modo de Maria.* Pensei na defensiva, pois era comum sentir como se ela tentasse controlar meus passos. Nós não tínhamos muitas afinidades uma com a outra desde minha infância, e quando voltei a morar em sua casa, aos treze anos e sem minha mãe, isso se tornou mais evidente devido às nossas constantes discussões.

— A mãe de Rodrigo é muito legal. – Gustavo comentou em reflexão, afastando-me de meus pensamentos. — Eles parecem tão felizes juntos.

Aproximei-me de Gus e afaguei as azuis penas de Lucky ao seu ombro. Percebia a tristeza nos olhos de meu amigo, por ter experimentado um modelo de família oposto ao seu. Seus olhos fixaram-se nos meus e a amargura penetrou-me.

— Sabe, vendo como a mãe de Drigo o trata e como ele a trata: eles conversam e riem como se fossem amigos, ele parece ser ele mesmo sem preocupar-se em ser repreendido por não estar agindo da forma totalmente respeitosa. – Gustavo suspirou. — Percebi mais uma vez como a relação com minha mãe é fria e distante.

— Gus, as famílias são diferentes.

O que eu podia dizer? Não sabia como consolá-lo, afinal os pais dele não tinham muitos pontos positivos em que eu pudesse me firmar para apoiá-los. Ele olhou-me desprotegido como uma pequena criança que precisa de colo. Abracei-o fraternalmente. Lucky estava impaciente entre nós e voou para seu poleiro à busca das frutas de sua tigela. Gustavo encostou a cabeça no meu ombro e falou entredentes:

— O problema é que estou sempre inseguro. Não consigo me aproximar dos meus pais, pois tenho medo de falar o que não devo e causar uma grande decepção. Sabe como eles são, nunca estão dispostos a ouvir nem se importam com o que eu quero. Só sabem dizer: tem que fazer isso porque eu quero, ou, se não fizer, nós também não faremos nada por você, como sustentar esse seu sonho idiota de ser veterinário.

— Gus, já disse para parar de se importar com o que seus pais querem.

— Como não vou me preocupar? – Gustavo alterou a voz, frustrado. — Se moro na mesma casa que eles? Se eles me sustentam?

— Já te convidei para vir morar aqui. – Disse ao afagar seus cabelos. — Foi você que não aceitou!

— Eu não poderia, como me sustentaria? – Ele encarou-me estreitando os olhos, chateado. — Não quero mudar de família, só queria que meus pais me dessem mais valor.

— Eles darão, você vai ver. Afinal, você é a pessoa mais maravilhosa que conheço.

Ele sorriu num esboço tranquilo, soltou-se de meu abraço e olhou-me fixo.

— A pessoa mais maravilhosa? – Ele questionou-me incrédulo, com expressão de menino travesso. — Mais do que meu irmão?

Sorri e fingi pensar qual irmão era o meu preferido. Ele esperava ansioso. Nossos "joguinhos de amizade" eram divertidos.

— Sim, o melhor. – Soltei um risinho brincalhão. — Claro que se você falar isso para ele eu vou negar.

— Então quer dizer que não está mais tão magoada com o Ricardo como antes? Está até com medo de perder uns pontos com ele?

— Não é bem assim. Ainda estou magoada, só não quero causar intrigas.

Mudar o foco da conversa para Ricardo fez Gustavo largar-se de seu drama familiar por um tempo, o que era exatamente a minha intenção. Cutuquei-o na cintura para incomodá-lo e fiz-lhe cócegas. Ele sorriu e passou a mão suave no meu rosto.

— Minha vida seria tão perfeita se eu pudesse amá-la como namorada. – Seus olhos estreitaram-se. A tristeza estava claramente expressa no tom escurecido deles. Ele aproximou seu rosto do meu e seus dedos percorreram suavemente meus lábios. — Se eu a beijasse, quem sabe tudo daria certo?

Ele tocou seus lábios nos meus. Apesar de eu já conhecer o desfecho da história, há muito repetida nos momentos de crise de Gustavo, eu permiti que seus lábios permanecessem encostados aos meus. Meu coração transbordava de aflição, contudo talvez hoje o final fosse diferente. *Sim, se eu me esforçar também posso amá-lo, uma pessoa que é presença constante e a quem amo fraternalmente mais do que qualquer outra*. O pensamento se fez presente por um segundo. Gus afastou-se, apoio sua cabeça nas mãos e sussurrou desapontado.

— Desculpe. Tinha prometido a você e ao meu irmão que não faria mais isso.

— Tudo bem.

Abracei-o, acomodando-o como uma boa mãe faria a um filho desamparado. Ele deixou-se ser consolado por meu silêncio por longos minutos. Sabia como estava envergonhado por ter me beijado novamente.

De tempos em tempos, passávamos por situação semelhante, não um teste de nossa amizade, e sim uma confirmação dolorosa para Gustavo. Nestes momentos minha presença era mais aconselhada do que um discurso inflamado, eu aprendera isso nas diversas tentativas e erros de consolá-lo. Apenas restava-me esperar que seu bom humor voltasse, para retomarmos nossa amizade sem mais vergonhas ou não ditos.

7 – Tarde de Pesquisa

Pedro preparava o cérebro de tubarão martelo para ser mostrado na introdução da pesquisa ao trio quando entrei na sala. Fora sua ideia usar o órgão para auxiliar nas explicações, pois ele tinha grande gosto por anatomia. Rodrigo e Alice chegaram primeiro e por um momento pensei que Emily tivesse desistido de participar. Meu colega ocupou-se em organizar nossos alunos em seus lugares e dar-lhes os aventais. Assim que teve uma chance de afastar-se, ele parou ao meu lado sorrindo divertido.

— Não é essa Alice que te encantou, é? – Ele olhou-a atento e sussurrou mais baixo. — É bastante pegável, seios fartos, eu adoro isso. Mas prefiro as miudinhas.

Diante de tanta grosseria nem respondi, sabia que Pedro estava estupidamente chamando Alice de gorda. Não que isso fosse um empecilho, pois para Pedro bastava ser mulher e jovem. Para mim, beleza não era o principal para que me envolvesse, mas sim uma personalidade forte com um toque meigo, no entanto alunas sempre estiveram fora de cogitação.

Nesse instante, Emily entrou graciosa. *Ainda mantenho meu ponto de vista sobre alunas, porém olhar não poderá causar nenhum mal.* O pensamento deixou-me confuso.

Meu amigo aproximou-se dela como um gavião

espreitando a presa, senti repulsa quando ouvi o modo meloso como ele referiu-se aos seus olhos. Emily fitou-o confusa e ao mesmo tempo curiosa. Percebi que ela agradara-se dele, era provável que se tornasse mais uma de suas conquistas.

Sorrindo vitorioso, Pedro aproximou-se com o cérebro de tubarão na mão, divertia-se com a cara de nojo que provocara em Alice. Rodrigo esticou os olhos interessado. Emily analisou tímida, sua pele clara branqueou-se rapidamente dando-lhe um aspecto belo de boneca de porcelana, seus cabelos ruivos destacaram-se. Quando seus lábios também perderam a cor, soube que ela iria despencar do banco. Num reflexo, consegui ampará-la antes que tocasse o chão.

Todos os presentes amontoaram-se sobre ela com preocupação. Era evidente que sua pressão sanguínea baixara. Pedro ajudou-me a colocá-la sentada no banco. Logo Emily recuperou a consciência e sua cor natural, suas bochechas coraram envergonhadas, deixando seu rosto mais charmoso.

Após tudo ter voltado ao normal e Pedro retomar animado seu discurso anatômico, eu não podia evitar permanecer atento aos movimentos dela até convencer-me que não houvesse mais chances de algo dar errado novamente, não ansiava por mais nenhum acidente.

Na saída da pesquisa, Pedro ria debochado enquanto fechava a porta da sala depois que nossos alunos se despediram.

— Giovanni, se aproveitando de um desmaio para agarrar uma aluna? Sua separação realmente te mudou.

— Deixe de ser tolo. – Levei na brincadeira as palavras de Pedro, afinal eram exatamente isso. — Vamos embora logo.

— Vai investir na ruiva?

— Sabe que não saio com alunas.

— Deveria pensar melhor, essa ruiva é muito gata! — Ele olhou pensativo e sorriu. — Poderia ter mais algumas gramas de seio e bunda, mas ainda é muito gostosa.

— Podia se controlar e parar de falar de nossas alunas desse jeito.

— Vai dizer que não está pensando sobre o que eu disse? – Pedro bateu em minhas costas. — Sei que deseja provar aquele corpinho.

— Pedro, ela é tão jovem. Não deveria falar assim.

— Não se engane, essas meninas com rostinho de boneca são as mais safadas. E sabem o que dizem das ruivas, são raras.

— Muita besteira para um dia só.

Andando ao meu lado pelo corredor, Pedro parecia rever em sua mente os acontecimentos da tarde enquanto cantarolava. Subitamente, ele parou no meio do corredor e segurou-me, quase me fez tropeçar. *Enlouqueceu?* Pensei por um instante ao fitar os olhos arregalados dele.

— Prepare-se, temos um jantar hoje.

— Jantar? – Fui pego desprevenido. *Enlouqueceu mesmo.* Constatei divertindo-me.

— Minha vizinha, uma doçura de tão gostosa, vai levar uma amiga para jantar lá no meu apê. Preferiria ficar solitário curtindo um vinho com as duas, no entanto ela insistiu para que eu achasse um amigo para fazer companhia à amiga dela.

— Não sei, tinha planos para hoje à noite.

— Planos de dormir cedo! – Pedro desafiou-me, para após sorrir maroto. — Não pode dizer não a esse convite, te esperarei às nove horas, se não aparecer eu vou bater na porta de seu apartamento com o vinho e as gatas.

Sorri de acordo. Não tinha realmente nenhum plano melhor para a noite e Pedro tinha bom gosto para mulheres, seria garantido pelo menos uma noite com boa comida e uma conversa divertida.

****

Teca, a amiga da vizinha de Pedro, era uma mulher ousada, sem muitas palavras. Não havia nada em seu rosto que chamasse atenção, uma mulher normal, contudo com seios cheios e empinados pelo silicone. Normalmente preferia as com seios médios e naturais, porém após meu casamento aprendi que para satisfazer os desejos carnais tamanho de seio, bunda ou coxa não faziam muita importância à meia-luz. A janta foi rápida, como de costume no apartamento de Pedro, e fomos os quatro para a sacada envidraçada tomar vinho e conversar futilidades.

Sua vizinha e Pedro não perderam tempo em conversas fúteis e recolheram-se para o quarto. Teca aproveitou o momento para surpreender-me ao sentar-se no meu colo, de perto seus seios pareciam mais fartos ainda. Fazer sexo com mulheres praticamente desconhecidas nao era o que planejara para minha vida, contudo era prazeroso. Minha nova parceria nao estava preocupada com os olhares das outras janelas quando praticamente arrancou minha camisa. Um pouco acanhado, sugeri que fossemos para o quarto de hóspedes. Não desejava descer no dia seguinte e ter alguma senhora horrorizada apontando para mim no saguão do prédio de Pedro, como acontecera com meu amigo no mês passado.

O diferente do sexo com pessoas desconhecidas era a insegurança de não saber o que o outro gostava, ao mesmo tempo da sensação amplificada do novo. Meus colegas e amigos achariam que eu era louco se ouvissem meus pensamentos, contudo ainda gratificava-me mais em transar dentro de um relacionamento do que sexo casual. *Sentir uma mulher que se ama colada ao corpo não tem comparação*. O pensamento me distraiu.

O melhor das mulheres que Pedro costumeiramente me apresentava era o fato de possuírem uma personalidade extrovertida e ousada, não estavam preocupadas com preliminares nem esperavam que se fosse atencioso com elas. Assim, tornavam o ato despretensioso e rápido, prazer garantido sem precisar mentir sobre sentimentos inexistentes. Eu não era bom em fingir sentimentos e também não achava um ato moral fazê-lo para conseguir uma mulher em minha cama. Se dependesse disso, passaria muito tempo sem sexo. Pedro facilitara o alcance de minhas necessidades carnais.

Teca foi uma das melhores mulheres que tivera até agora. Concordei com certa tranquilidade quando ela me ofereceu o número de seu celular e propôs um novo encontro, assim que terminou de vestir suas roupas. Esse era o momento mais tenso do sexo casual, não saber como comportar-se. O que diria: "Obrigado pela transa"? Demorava-me na cama na esperança que a mulher simplesmente se despedisse e fosse embora, sem a troca de muitas palavras. Para minha sorte, Teca era desse tipo. Depois de saciada, apenas me lançou um beijo no ar acompanhado do número de seu telefone e se foi.

****

Em meu apartamento, solitário, senti falta de ter alguém com quem compartilhar minha vida. Recordei as conversas descontraídas, no começo, com Rebeca, quando eu tomava banho e ela fazia chapinha no cabelo. Depois estas se transformaram em reclamações por eu estar deixando o banheiro úmido e ser o responsável por estragar seu penteado. *As coisas mudaram tanto!* A constatação me entristeceu ainda mais.

Minha irmã mais velha, Giordana, aproveitou o final da tarde de domingo para me fazer uma visita. Seu marido e filho estavam fazendo um programa exclusivo de pai e filho sem ela. Gostava quando minha irmã mais velha vinha me visitar, principalmente sem o marido. Agradava-me de Bernardo, o problema era que quando ele estava presente só conseguíamos conversar sobre futebol ou nossas profissões. Giordana, por outro lado, era minha guia. Desde pequeno fiquei muito próximo a ela e desta forma revelava meus sentimentos em sua presença sem constrangimento. Nem com Rebeca conseguia ser sincero sobre minhas emoções, anseios e medos. Minha irmã dizia que rompera em mim a barreira da teimosia masculina de achar que se deve ser forte sempre e de que homem não pode ser sensível.

— Farei uma massa bolonhesa para nossa janta. — Avisei-a assim que ela colocou o pé dentro de meu apartamento. Giordana riu e dirigiu-se a cozinha:

— Meu irmão agora cozinha? — Ela olhou desconfiada para a panela. — Se for comestível já serve, sabe que não sou muito exigente.

Rimos juntos. Ela auxiliou na maior parte da receita. *Rebeca não me deixava nem entrar na cozinha, reclamando que eu não era um bom cozinheiro e faria muita bagunça.* Mais um pensamento para a coleção da frustração. Não me considerava um chefe, mas em algumas ocasiões gostava de fazer algumas receitas que aprendi com minha irmã e minha mãe. Nossa família de descendentes italianos tinha grande apreço por comida, era quase um milagre eu não ser obeso. Se dependesse de minha mãe, eu seria enorme, pois ela cozinhava maravilhosamente bem.

— Já se acostumou com a separação? — Giordana apresentou sua preocupação de irmã protetora.

— Tive que me acostumar. O que posso fazer?

— Tenho umas colegas de serviço, boas moças. Podia começar a pensar em conhecer outra pessoa para namorar.

— Giordana, não comece a tentar me jogar para suas amigas. Você já tentou fazer isso quando éramos novinhos. — Ela olhou-me frustrada. Eu amaciei minha fala. — Não penso em começar um relacionamento por enquanto.

— Deveria! Não é bom ficar sozinho.

— Mas, às vezes, é bom para poder repensar sobre a vida.

— E a que conclusão chegou?

— Ainda nenhuma.

— Não custa nada apenas ir lá em casa jantar e conhecer uma mulher legal.

Minha irmã não iria desistir de arrumar-me possíveis

pretendentes, até que conseguisse ou eu o fizesse por conta própria. Os parentes demonstravam-se mais angustiados com o fim do meu casamento do que eu próprio. Minha mãe estava desconsolada e só sabia afirmar que Rebeca logo me aceitaria de volta, para ela era incabível ter um filho que fosse pai separado. "As crianças precisam de uma família bem estruturada para crescerem fortes." Estas eram as palavras repetidas por minha mãe sempre que nos reencontrávamos após minha separação.

O que adianta uma família estruturada onde os pais nem conseguem dar atenção à filha pois gastam toda a sua energia em brigas? Questionava-me silencioso. Eu até sentia falta de uma companheira, contudo tinha certeza que para Enya o divórcio trouxera mais vantagens do que o contrário. Pelo menos, agora tínhamos um tempo saudável juntos em finais de semanas alternados e alguns dias durante a semana.

— Sabe do que você precisa? – Giordana sorriu como se tivesse encontrado a solução para minha monotonia. — Ter um *hobby*. Achar algo que ocupe seu tempo de forma produtiva ou divertida.

— Leio.

— Não é o bastante, vá procurar algo que faça com outras pessoas. Eu e Bernardo fazemos aula de dança de salão todas as quintas, isso nos tornou mais unidos, relaxados e alegres.

— Sabe que sou desengonçado para dançar. – Repreendi-a. De repente lembrei-me de algo que adorava fazer, porém fui persuadido a abandonar por insistência de Rebeca. — Vou voltar a mergulhar!

— Já é um começo.

Lembrara-me de ter visto um papel colorido na sala dos professores recrutando instrutores de mergulho para uma agência vinculada à faculdade que costumeiramente fazia suas saídas em três feriadões durante o ano. Seria a oportunidade perfeita, só precisaria relembrar todos os cuidados realizando um ou dois mergulhos antes, comprar os equipamentos essenciais e estaria pronto para retomar uma parte interessante de meu passado. Não sei como não pensei nisso antes!

Giordana estava certíssima eu precisava retomar as coisas boas da vida que fui abandonando por conta dos anos de muito trabalho ou por preconceito de minha ex-mulher. A visita de minha irmã renovou meu ânimo, orientou-me em novas perspectivas nas quais o tempo de marasmo havia destreinado minha mente em aludir.

Ao me separar, só conseguia lamentar a perda da segurança de saber tudo o que iria acontecer durante minha semana, mesmo que isso significasse discussões constantes. Senti-me um inútil por não ter sido capaz de manter o amor de minha mulher e, em alguns momentos, até pensei ter sido muito egoísta em não aceitar fazer mais um turno de trabalho para aumentar nosso orçamento, embora fosse provável que houvesse outros motivos não ditos que a levaram a tão drástica resolução.

Atualmente podia dizer que Rebeca fez-me um grande favor ao me libertar de uma relação que só nos causava sofrimento e jogar-me sozinho no mundo. De certa maneira, me deu uma nova chance de alterar minha vida em busca de uma existência mais satisfatória recuperando sonhos esquecidos.

****

A conversa com minha irmã transformara algo dentro de mim, sentia-me confiante e quase feliz. Pedro entrou na sala dos professores animado, enquanto eu estudava o mural de avisos. Invejava um pouco essa constante alegria dele, uma pessoa que não parecia conhecer tempo ruim em seu coração, sempre com um otimismo fora do comum.

— O que está anotando aí do mural? – Pedro aproximou-se curioso. — Ah! Achei que a faculdade estava oferecendo algum serviço de massagem com lindas mulheres para relaxar os professores.

— Muito engraçado! – Ironizei e voltei para minhas anotações. — Vou participar como instrutor de mergulho.

— Mergulhei umas duas vezes há uns anos atrás. É algo bastante divertido.

— A próxima turma de mergulho saíra em 15 dias. Não quer ser um dos instrutores?

Ele sondou o papel com cuidado, como se analisasse quais vantagens poderia ter ao ser instrutor. Leu mais uma vez o papel da programação do curso de mergulho e sorriu.

— Haverá uma festa no último dia. E é um curso para os alunos, provavelmente terá muitas jovens de biquíni. Me dê essa folha! – Arrancou o papel do mural, divertido. — Vou me escrever agora!

— Deveria ir pela beleza de mergulhar e não pelas garotas.

— Mergulhar é o objetivo. – Ele riu debochado ao dirigir-se em minha companhia até a secretária para inscrever-se. — Mas se tiver corpos seminus melhor ainda, não acha?

A secretária olhou-nos com desconfiança quando confirmamos que sabíamos mergulhar o suficiente para sermos instrutores. Deu-nos todas as coordenadas e reforçou que só poderíamos ser considerados instrutores de mergulho se fôssemos a três reuniões exclusivas para novatos no centro esportivo. A boa notícia era que os materiais usados nos mergulhos eram da faculdade, então não teríamos nenhum gasto extra e ainda receberíamos um valor, mínimo, por nosso trabalho.

Ao sair da Secretaria, deparei-me com Emily sentada em um dos bancos do jardim central, lendo um livro. Seus cabelos pareciam de um cobre escuro ao serem tocados pelos raios de sol que atravessavam as árvores. Não pude desgrudar o olhar, a curiosidade em saber o que ela lia atingiu-me. Deveria ser algum romance adolescente como costumava ver sobre a mesa de alguns alunos. Pelo menos ela se interessava por alguma leitura, a maioria, eu desconfiava, nem lembrava o que era um livro.

— Olha! A ruiva está sozinha.

Pedro começou a andar em direção a ela como um lobo que espreita uma gazela. Cada vez que ele a olhava com malícia, meu peito transbordava de raiva. Em alguns momentos, achava que ele fazia isso em minha companhia só para se vangloriar.

Assim que ele demonstrou seu inconveniente charme e sentou-se ao lado de Emily, deslumbrei pela primeira vez o seu penetrante olhar de indignação, não era um olhar encabulado, curioso ou doce como vira diversas vezes durante as aulas e sim um olhar fixo que avisava que não éramos bem-vindos. Quando Pedro retirou, ousado, o livro de sua mão, por um momento temi que ela fosse jogar-se de unhas e dentes sobre meu colega como uma felina defendendo a cria. Senti um pouco de medo por Pedro ao mesmo tempo em que uma vontade infantil de a cena ser concretizada.

Surpreendemo-nos ao perceber que ela lia um dos meus preferidos: Genealogia da Moral, de Nietzsche. Ela era uma garota calada nas aulas e por isso não tinha muita ideia de sua capacidade argumentativa ou de raciocínio, sendo que não esperava que ela se interessasse por filosofia. Pedro foi desagradável:

— Faz tempo que não vejo uma menina nova com um livro desses nas mãos. Está lendo mesmo ou fazendo hora?

O olhar de fuzilamento que ela lhe dirigiu aumentou minha simpatia pela garota. Contudo, Pedro poderia estar certo, algumas pessoas se fazem de intelectuais. Algo muito estúpido, porém corriqueiro.

— Também gosto de Nietzsche. – Demonstrei simpatia. — Foi seu tio que me apresentou a ele. Gostei muito da Genealogia da Moral, esclarece muitos aspectos de nossa sociedade.

Seus olhos se iluminaram, ela virou para mim com um enorme sorriso nos lábios e explicou que o livro era de Sérgio. Sincera, confessou estar no começo e demonstrou interesse genuíno em falar sobre este. Sondei com ela alguns aspectos da obra e ela rebateu minhas ideias com propriedade de conhecedora sobre o assunto, o que me enfeitiçou. Não esperava poder ter uma conversa inteligente com uma garota tão nova. Cada palavra que saía de sua boca aumentava seu placar de vantagem em termos da pré-concepção que fizera dela: já não era apenas uma aluna muito bela, também era uma pessoa interessante.

Logo, Pedro se entediou e deixou-nos a sós. Com ele, podia-se falar tudo sobre genética, biologia ou diversão, contudo detestava filosofia. Era a primeira vez que tinha a oportunidade de falar a sós com Emily e vi essa agradável ocasião como um presente à minha busca por novas perspectivas. Talvez fizesse desse momento uma rotina interessante. Indeciso, propus a ela que voltássemos a dialogar sobre o livro em outro momento.

— Boa ideia! – Ela sorriu encantadora. — Gosto de passar meu tempo livre na faculdade aqui no jardim central lendo.

— Então nos encontramos aqui após o almoço!

— Só fico para almoçar nos dois dias da pesquisa.

— Já é um bom começo para nossas discussões filosóficas.

No caminho para o laboratório, sentia-me renovado e decidi que procuraria Sérgio com maior frequência para retomarmos também nossa rotina de diálogos sobre as diferentes mazelas da vida. Tomando a resolução mais consciente de todo os meus trinta anos: nunca mais deixaria de seguir meus sonhos por causa de uma mulher.

8 – Leituras no Jardim

Nos dias em que ficava para a pesquisa, almoçava no restaurante da faculdade. Rodrigo e Alice voltavam para casa, pois moravam perto, mas em alguns dias Gustavo me fazia companhia antes de ir para seu estágio no Hospital Veterinário. Mesmo quando me demorava no almoço, ainda me restavam quase duas horas de intervalo até o início da pesquisa, então sempre carregava comigo um livro, sentava-me na grama escorada numa árvore ou nos bancos do belíssimo jardim central e me permitia ser invadida pelo lugar e também pelo conteúdo do livro.

Surpreendi-me quando Giovanni e Pedro encontraram-me no meu momento de leitura. Eu lia um dos livros que Sérgio emprestara-me do meu filósofo favorito. Muitas vezes, eu e Sérgio sentávamos e conversávamos sobre a filosofia de Nietzsche, seu entendimento do homem e da sociedade. Lógico que em alguns momentos necessitava da experiência de meu tutor para compreender verdadeiramente os sentidos e as metáforas.

Os comentários de Pedro foram desagradáveis, insinuando que eu era burra ou ainda muito infantil. Demonstrei minha desaprovação com o olhar e o ignorei. Peguei novamente o livro, salvando-o das mãos que o folheavam bruscamente.

Giovanni passou a mão no cabelo insistente em tocar a ponta de seus óculos e sorriu amigavelmente ao falar do seu gosto por Nietzsche, seus belos dentes ficavam parcialmente encobertos pelos lábios finos e rosados. Eu correspondi com um sorriso, esperando, também, parecer amável.

Eu e Giovanni começamos a ponderar sobre o livro e refletir sobre outras ideias deste surpreendente alemão. Era gostoso conversar com ele. Na verdade, nunca havíamos realmente trocado mais do que poucas palavras de cortesia. Ele aparentava estar à vontade enquanto compartilhávamos questionamentos e possíveis certezas. Inclinava-se para frente quando falava e eu me perdia por segundos em seus profundos olhos castanhos. E assim, aceitar o convite dele para reencontrá-lo e discutirmos livros pareceu algo muito promissor e divertido.

****

Lucky voava de um lado a outro no apartamento, pousando no poleiro ou nas pequenas árvores de vaso que estavam espalhadas pela sala, escolhidas especialmente para ele. Ofereci um biscoito e ele acalmou-se e pousou no meu braço para saboreá-lo.

— Lucky! Vamos ver se a vovó tem um tempinho para nós?

Acariciei-o e busquei minha mãe nos contatos *online*. Ela respondeu com um convite para vídeo. Seu rosto surgiu sorridente, estava com seu avental de laboratório, como de costume, e seus cabelos brilhavam com mechas claras.

— O que achou do novo visual? – ela sorriu enquanto passava a mão nos cabelos.

— Diferente.

Não sabia se tinha realmente gostado. Minha mãe deixou-se ficar mais próxima de sua câmera de vídeo e me mostrou os detalhes.

— Eu gostei. Acho que o cabeleireiro acertou na escolha.

— Você deixou que ele escolhesse? – Ri descontraída. – Não parece a mãe que conheço. – Ela desviou o olhar e pude perceber o real motivo de toda a mudança. — Está com namorado novo?

— Emily! Deixe de ser indiscreta.

— Sei que está.

— Ok. Conheci um cara numa convenção de genética em Toronto.

— E onde mais poderia ser?

Nós rimos cúmplices. Os namorados de minha mãe sempre eram do ramo de seu trabalho. Ela os conhecia em convenções, cursos e laboratórios. Isso não me era estranho, pois sua vida eram as pesquisas genéticas. Entusiasmada, ela relatou as características de seu novo amor e enviou-me uma foto: Ela abraçada a um cientista sem nenhum atrativo para mim, mas que com certeza deveria ser um homem inteligente, pois minha mãe os escolhia com base neste requisito.

— Emily, por que não tem mais falado com o Ricardo? Conversamos pela *internet* e ele reclamou que você o tem ignorado.

— Mãe, já conversamos sobre isso. Sabe que estou

chateada.

— Deixe de ser infantil. Vocês se conhecem desde crianças, não deixe que a amizade acabe por uma besteira de adolescentes.

— Não foi besteira!

Irritei-me. *Como ela pode dizer se foi ou não besteira? Ela só sabe de uma parte da história.* Pensei chateada. Ela fez-se concordar comigo, muito mais para não discutir do que por realmente aceitar minha ressalva. Contudo, salientou que eu deveria ponderar melhor e retomar minha amizade com Ricardo.

Alivie-me pelo fato dela ter que desligar por te sido chamada por sua equipe. Minha pulsação acelerara. Lembrar-me de Ricardo havia se tornado um incômodo. Além da falta que sentia de sua amizade, ainda tinha que suportar Gustavo e minha mãe pressionarem-me para retomar nosso contato.

****

Gustavo tocou o interfone e bufei esperando que ele não tivesse nenhuma novidade sobre Ricardo para me atormentar. Ele subiu apressado, estava agitado e impaciente.

— O que aconteceu? – Questionei-o ao abraçar-lhe numa tentativa de acalmá-lo.

Pareceu funcionar e ele sentou-se no sofá agarrado em Lucky. Sentei ao seu lado quietamente, em espera. Nós já havíamos passado por muitas ocasiões semelhantes e eu aprendera que não adiantava forçar quando ele chegava como um furacão, só me restava aguardar até que se acalmasse e soltasse o verbo. Ele suspirou e eu o acompanhei. Olhamo-nos por alguns segundos antes que ele pudesse começar.

— Ah! Meus pais ainda vão me enlouquecer.

— O que foi dessa vez?

Os pais de Gustavo eram um assunto de difícil trato, parecia que eles se esmeravam para inventar formas de atormentar os filhos. Ricardo não se afetava muito com a submissão de sua mãe e a estupidez de seu pai, contudo para Gustavo isto era motivo de grande sofrimento. Seu pai tinha um estilo sargento de ser, dava ordens em casa esperando que todos baixassem a cabeça e as fizessem sem questionar, até mesmo sua mulher.

— Ele começou a me chatear de novo com a história da falta de namoradas. Passou o almoço todo me questionando por que não apresento mais nenhuma menina. Ficou dizendo que na minha idade já tinha "pegado" uma porção de garotas. – Ele ponderou e me olhou desapontado, seus olhos cinza ficavam sombrios quando estava triste. — Foi lamentável!

Acenei conformada. Quando o assunto era os pais de Gustavo, eu não podia fazer nada além de concordar com ele, pois não sabia como dizer algo que pudesse ser útil para consolá-lo. Se ele fosse mais parecido com o Ricardo neste aspecto, não sofreria tanto com sua dinâmica familiar. Suspirei e tentei focar no que Gus dizia.

— Um dia vou aparecer novamente com uma garota em casa só para que ele pare de me incomodar.

— Já te disse para deixar de se importar com o que ele pensa. Ignore!

Era fácil dizer, impossível de fazer. *Como um filho poderia ignorar que seu pai o desprezava?* O pensamento causou-me tristeza. Talvez alguns consigam, mas não era o caso de meu querido amigo.

— Não é tão fácil. Fico magoado quando ele me olha desse jeito. Como se eu tivesse algo errado.

— Algo errado tem é ele, que sempre foi um estúpido com os filhos e a mulher.

Minha voz saiu inflamada de raiva. Gustavo olhou-me pensativo enquanto afagava as penas de Lucky. Verdade que ele não batera nos meninos ou na mulher, todavia fazia o tempo todo com as palavras pior que isso. Insinuando ou até mesmo deixando claro como todos eram imprestáveis, sempre apontava os defeitos dos que o rodeavam.

— Eu devia deixar de me preocupar com ele, mas acabo sentindo pena de minha mãe.

— Ora, Gustavo. O que podemos fazer? Ela é adulta, deve saber o que é melhor para ela.

— Ela não parece lá muito feliz.

— Talvez seja. Quem somos nós para julgar?

— Eu fico fulo com meu pai!

— Eu sei.

Abracei-o sem saber mais o que dizer. Afinal, quem eu era para tentar resolver qualquer situação familiar? Eu que era filha de pais que moravam em países diferentes e distantes e praticamente havia sido criada com uma família substituta, a família de Sérgio. Eu fazia parte de uma família recheada de peculiaridades que me traziam alguns desconfortos.

Permanecemos ainda um longo tempo falando sobre a família de Gustavo. Acho que nossas conversas ecoavam a nós como uma terapia psicológica. Falávamos, repetíamos e remoíamos as mesmas histórias e ansiedades na esperança de que se tornassem algo banal que não nos afetasse mais.

Isso funcionou para mim em relação ao relacionamento atual que mantinha com minha mãe, contudo ainda estava distante de surtir efeitos positivos em Gustavo. Durante três anos, Gustavo e Ricardo aturaram pacientemente minhas lamentações e mágoas a respeito de minha mãe; eu também podia absorver as de Gustavo por mais um tempo. Contudo, a dificuldade agora era estar sozinha nisso. Ricardo não estava mais presente para distrair seu irmão. Eu não era boa em distração, apenas em dar suporte com meus abraços. Ricardo fazia-me realmente muita falta.

****

A chuva caía violentamente na sombria noite, trazia o constante som da água chocando-se contra as persianas com força. Lucky agitava-se no poleiro. Eu estava terrivelmente sozinha, mais uma interminável noite sozinha.

Navegava pela *internet* sem muita convicção. Nestas noites, me perguntava por que decidira morar só no antigo apartamento de minha mãe. Estava quase convencida de que voltar a morar com Sérgio era uma ótima opção quando a pequena caixa de texto piscou. Animada olhei-a, mas meu coração falhou ao perceber o lindo rosto de Ricardo. Sua foto era recente, estava abraçado à sua inseparável prancha de *surf*, os raios de sol faziam seus olhos azuis mais claros e belos e seu inconfundível sorriso também estava lá.

Ricardo diz: Oi! Como está? Gostaria muito de conversar contigo.

Uma mensagem após a outra foi surgindo na tela. Meus dedos aproximaram-se para responder, mas hesitei.

Ricardo diz: Por favor! Responda.

Olhei novamente para sua foto. Fazia uns quatro meses que não nos víamos e nem nos falávamos e após o último dia eu tinha dado um jeito de guardar num lugar bem escondido todas as fotos que tinha dele. No primeiro momento, quis rasgá-las ou até queimá-las, Gustavo não deixou.

Ricardo diz: Emily! Por favor.

Provavelmente era a chuva e a maneira como esta me fazia sentir-me solitária que fez com que eu por fim respondesse. Ele reagiu com um rostinho amarelo alegre. Eu olhava para a tela do computador, em dúvida do que escrever. Seria mais adequado esquecer o último verão e "conversar" como estranhos? Como velhos amigos? Como amantes? Talvez fosse mais fácil apenas desligar a *internet* e fazer de conta que tinha acontecido alguma pane na conexão.

Ricardo diz: Emily, como está a faculdade? O Gus disse que vocês estão gostando.

Então ia ser assim! Iríamos conversar como velhos amigos em busca das novidades, nada muito íntimo ou perturbador. Mantive o padrão. Contei sobre as aulas, a pesquisa, os professores e sobre meus novos amigos. Meu peito inflou-se de satisfação quando Ricardo começou a questionar o quão bonito era Drigo e se éramos muito próximos. Não inventei histórias para deixá-lo preocupado, mas tampouco o tranquilizei. Não pude ser tão boazinha.

Ricardo diz: Estou com saudades.

Ele escreveu depois de uma longa demora.

Emily diz: Não queria conversar sobre isso.

Ricardo diz: Tudo bem. Mas pense a respeito!

Logo ele mudou de assunto e nossa conversa foi fluindo menos tensa. Por algum tempo, parecia que tudo tinha voltado a ser como antes do último verão, quando éramos grandes amigos e às vezes dois adolescentes enamorados. Só nos despedimos quando já estava muito tarde, meus olhos embaraçavam-se e as mensagens ficaram mais lentas.

Deitei-me na cama um pouco aliviada. Não havíamos tocado em nenhum assunto delicado e na verdade não resolvemos nosso passado, no entanto tínhamos dado um pequenino passo para retomarmos nossa amizade.

Um novo relacionamento amigável surgia, abandonando a paixão. Se é que eu podia realmente acreditar que algum dia nós fomos verdadeiramente um casal enamorado. O *nós* foi sempre tão complicado com Rick, éramos muitíssimos amigos e sentíamos atração física um pelo outro. E o que isso realmente significava?

Virei-me de lado na cama, a chuva ainda caía e por um longo tempo o sono me repudiou. Lembrei-me do contorno do rosto, dos pequenos olhos azuis claros e de como o sorriso de Ricardo era maroto e envolvente, sempre esbanjava energia e alegria. Tentei imaginar sua atual felicidade por finalmente morar na praia e fazer Oceanologia na faculdade a duas quadras do mar. Na foto, ele estava mais bronzeado do que de costume e um pouco mais musculoso. Sim, ele estava mais bonito, mais com jeito de homem do que do menino que eu abandonara no verão. Respirei fundo, era desconfortante lembrar-me de seu sorriso. Aquele sorriso que me convencera a ficarmos juntos na praia e a fazer uma tatuagem. Meus olhos fecharam-se e o cansaço finalmente venceu-me.

****

— Emily! – Alice tirou-me de minhas análises da pesquisa ao sussurrar meu nome. Olhei-a e ela aproximou-se puxando o banco para mais perto. — Gostaria de ir numa festa hoje à noite?

— Festa?

Rodrigo ouviu-a e aproximou-se interessado. Alice analisou-o e sorriu estendendo o convite.

— Não sei. Que festa?

Eu não desejava ir a nenhuma festa. Estava cansada, a semana havia sido intensa pois tínhamos feito algumas provas.

— Um cara do quinto semestre vai dar uma festa na casa dele. – Ela abaixou a voz ao perceber que Giovanni e Pedro nos observavam. — Disseram que vai ser ótima.

— Que nada! Vocês querem uma boa festa? – Pedro gritou. — Venham amanhã no meu aniversário. Essa sim será inesquecível.

Pedro saíra de seu lugar e escorou-se no ombro de Alice,

empolgado. Olhamo-nos desconcertados. Pedro nos convidava para seu aniversário? Ou era um deboche? Busquei Giovanni com a visão periférica. Ele permanecia no mesmo lugar nos observando interessado. Pedro passou o outro braço sobre meus ombros, ignorando Rodrigo ao meu lado, e sorriu.

— Falo sério. Se quiserem ir numa boa festa, venham para o meu aniversário. – Ele gritou para Giovanni. — Não é verdade que não tem festa melhor?

Giovanni confirmou timidamente com a cabeça.

— Não sei. – Alice estava desconfiada.

Pedro me entregou um papel com o endereço.

— Estão todos convidados. – Disse animado e olhou-me desejoso. — Claro, seria melhor se não trouxessem os namorados.

Permanecemos em silêncio enquanto Pedro retornava animado para suas análises.

— Talvez devêssemos ir. – Alice sussurrou. — Deve ser uma ótima festa.

Ela estava empolgadíssima. Rodrigo não havia se manifestado, na verdade pouco se ouvia comentários dele referentes a festas de final de semana. Apesar de ser extrovertido, ele mostrava-se reservado sobre detalhes de seus momentos extra-aulas. Eu não estava confiante em ir a nenhuma das festas, me parecia uma provocação desnecessária a minha paciência.

9 – Outros Sentimentos

A chegada de Novembro informava a reta final do semestre, em duas semanas se iniciariam as últimas provas. Este era o período mais atarefado de um professor de faculdade, mas mesmo com as horas vagas praticamente zeradas, eu não deixava de participar do momento de leitura e diálogo com Emily. Criara uma afinidade com a garota sendo possível dizer que passara de um simples professor para algo próximo a tutor. Apesar de me considerar um amigo não muito confiável, pois havia ocasiões, conforme ela mexia o cabelo ou ria, nas quais eu desligava do mundo ao redor e olhava-a com grande desejo. Afastei de minha mente a fértil imaginação sensual que a colocava envolta por meus braços, afinal ela era apenas uma garota e minha aluna.

Dirigia-me para mais um encontro com Emily no banco do jardim, quando cruzei com Sérgio no corredor. Ele gesticulava agitado com dois professores da filosofia.

— Giovanni! — Chamou-me ao livrar-se dos dois que antes estavam ao seu lado. — Que livro carrega aí contigo? Parece interessante.

— O Animal Moral. — Respondi indeciso ao entregar o livro para ele. Sérgio começou a folhear com interesse. — É um misto de biologia com neurologia e padrões culturais.

— Já me indicaram este livro. Poderíamos nos reunir na cafeteria para trocarmos umas ideias?

— Eu adoraria. – Concordei incerto. O que diria para ele? Senti receio de contar a verdade, pois de algum modo percebia que ele não acharia minha intenção nobre ao estar indo dialogar sobre o livro com sua amada sobrinha. — Mas tenho um compromisso.

— Sei. – Ele fitou-me acusador. — É melhor que não se atrase então, Emily já deve estar esperando.

Permaneci desnorteado em um silêncio constrangedor, como uma criança que foi pega em uma traquinagem. Se pudesse, teria desaparecido. Sérgio sorriu divertido, percebera minha culpa, era evidente.

— Está surpreso! – Ele bateu amigável em minhas costas. — Todos que almoçam no *campus* já tiveram a oportunidade de vê-los sentados no jardim entretidos com algum livro.

— Foi um acontecimento casual. – Minha voz saiu insegura, o que só confirmava as minhas possíveis más intenções para com sua sobrinha. Tentei melhorar a impressão. — Estamos fazendo uma dupla de estudos sobre livros interessantes. Emily é muito inteligente.

— Sim, acho que puxou esse gosto e entendimento de filosofia de mim. – Ele riu orgulhoso. — Mas a beleza, com certeza, veio da mãe. Fico feliz que esteja instruindo-a ainda mais.

— Na verdade, fazemos trocas bem parelhas. Ela leu quase tanto quanto eu e me ensinou várias coisas sobre alguns autores.

— Ela teve um ótimo professor — Sérgio apoiou o braço sobre meu ombro e me acompanhou até quase o jardim. — Desde muito nova, Emily ficava à minha volta no meu escritório, questionando-me sobre tudo e divertia-se em ler comigo os mais diversos livros. No começo, tinha que parar quase de frase em frase para tentar ajudá-la a compreender a complexidade das ideias, mas com o tempo ela simplesmente pegava os livros de minha biblioteca particular, lia e vinha filosofar comigo.

— Enya também adora quando eu falo com ela sobre minha profissão.

— Bem, os meus filhos não foram assim. — Era possível perceber certa mágoa na voz dele. Ele parou de andar e avistou Emily. — Ela fica ainda mais linda quando está com a expressão concentrada.

— Concordo.

Uma palavra escapada que entregou meus maus sentimentos. Sérgio sorriu sem fazer nenhum comentário sobre o meu. Talvez ele apenas tenha pensado que eu concordara com ele num simples gesto educado. Ela nos viu e acenou tranquila para Sérgio, ele fez o mesmo e empurrou-me.

— Aproveitem os períodos de conhecimento. É positivo para Emily ter um homem tão íntegro ao seu lado.

Nunca havia me sentido como um traidor antes, mas Sérgio ter me denominado íntegro abalou-me. Um homem íntegro não teria sonhos eróticos com sua jovem aluna.

De repente, perdi toda a coragem de manter-me ao lado dela. O que eu fazia era muito errado, enganava a mim e a ela, enquanto fingia que apenas estava interessado em ser seu tutor. O convívio com ela já havia ultrapassado os limites entre professor e aluno. Apreciava sua inteligência e forma de agir, o problema é que sentia o mesmo por seu corpo e isso não era adequado para a situação. Se pelo menos ela fosse uma aluna de final de curso, perto dos vinte e dois anos, poderia sentir-me menos promíscuo. Rapidamente inventei uma desculpa e cancelei nosso encontro dessa tarde.

****

Durante as horas da pesquisa, evitei ao máximo qualquer contato com ela. Alice começou a falar sobre alguma festa, que chamou a atenção de Rodrigo e até de Pedro. Tentei me concentrar nos gráficos que organizava. Não gostava de festas e até planejava uma desculpa para não ir ao aniversário de Pedro na noite seguinte, porém um alarme tocou dentro de mim quando ele convidou o trio. Além de muita ousadia da parte dele, não era uma festa indicada a jovens, por ter muita bebida e às vezes algumas cenas um pouco explícitas. Havia ido apenas à do ano anterior, contudo ouvira comentários surpreendentes das demais na sala dos professores.

****

Obriguei-me a dar uma passada na festa de Pedro. Não tinha real interesse em ir, contudo quando chegou a hora uma pitada de angústia me cercou ao pensar na possibilidade de Alice ter convencido Emily a ir também. Elas seriam duas garotas jovens num poço de lobos, senti a necessidade de averiguar se ficariam bem.

Rodeadas de música alta, algumas pessoas bêbadas dançavam freneticamente e outras se agarravam sem pudor nos sofás. Estava aliviado por minhas alunas não terem aparecido e ao mesmo tempo frustrado. Teca viera acompanhada de algum novo namorado, então apenas cumprimentou-me ao longe.

A bebida já havia derrubado algumas criaturas nos sofás, desmaiados, inclusive o namorado de Teca. Ao me avistar novamente, ela sorriu e aproximou-se.

— Está bem? Passou a festa toda aí sentado só observando.

— Não gosto muito de festas. – Olhei para o cara estirado no sofá. — Está namorando?

— Situações da vida. – Ela riu e sentou-se ao meu lado. — Até as mulheres selvagens gostam de amor. E seu coração já foi domado?

Olhei nos olhos daquela mulher que já havia me proporcionado noites de prazer e, não sei se foram os copos de bebida que tomara ou por ela aparentar estar verdadeiramente interessada na resposta, ousei dizer o que eu ainda não dissera nem para o meu íntimo.

— Tenho nutrido interesse por uma garota.

— Garanhão. – Teca deliciou-se em ouvir. — Me conte a história, adoro ouvir sobre romances.

— Não tenho nada para contar. Ela é minha aluna, acho-a lindíssima, charmosa, inteligente, divertida e doce. – Ela fitava-me atenta e dei-me conta da besteira que estava dizendo. — Apenas uma ganância de um cara de trinta anos.

— Os sentimentos não conhecem as barreiras da idade.

O namorado de Teca despencou do sofá e acordou, ela riu divertida e foi ajudá-lo. Pedro aproximou-se quase arrastando um cara jovem.

— Giovanni, me ajude a levar meu primo até o quarto.

Carregar o malhado primo de Pedro não foi tarefa fácil, mesmo para dois homens. O cara estava quase desmaiado e arrastava os pés ao invés de andar. Ao ser colocado na cama do quarto de hóspedes, sorriu torto.

— Obrigado, cara! Sou Marcelo.

— Melhor sairmos antes que ele comece a choramingar coisas constrangedoras. – Pedro fechou a porta, animado. — Ainda tenho o resto da noite para curtir.

Ele andou animado até a pista de dança improvisada em sua sala enquanto eu ia embora abatido para o meu apartamento.

****

Enya não teria aula na quinta-feira à tarde e como Rebeca não poderia levá-la para seu escritório ofereci-me para ficar com ela. Meu primeiro impulso foi pedir para Pedro cuidar sozinho da pesquisa para que eu e minha filha pudéssemos ir à praça. No entanto, ao recordar de Emily à minha espera no jardim, ofereci para Enya um passeio diferente. As últimas palavras de Teca simplesmente não abandonavam minha mente: *"Os sentimentos não conhecem as barreiras da idade."* Se esquecesse a nossa diferença de idade, ainda teria o fato dela ser minha aluna, sobrinha de um querido amigo e ter um namorado. Tudo soava totalmente errado, mesmo assim a vontade de me aproximar só crescia e não conseguiria cancelar novamente nossa conversa filosófica.

No jardim, Emily ainda não chegara e Enya corria animada de um lado para outro tentando pegar os passarinhos que pousavam na grama. Ao avistar Emily, meu coração angustiou-se. O que ela pensaria de mim quando soubesse que já tinha uma filha? Me acharia o velho que sou comparado a ela?

Meu medo inicial de ter afastado Emily desmanchou-se assim que Enya jogou seu charme de criança e voltou-se curiosa para os pássaros que a rodeavam nas árvores. Juntamente comigo, Emily sorria divertida quando minha filha me observava abismada por eu saber o nome de alguns pássaros e plantas. Exploramos cada canto do jardim e para minha surpresa minha aluna permaneceu ao nosso lado, incentivando minha filha e mostrando-lhe flores que ainda não vira. De maneira natural, segurou a mão da pequena para auxiliá-la a andar sobre um dos bancos.

Durante a pesquisa, as constantes interrupções de Enya causaram algum atraso no andamento desta. Pedro era tranquilo demais para preocupar-se com isso e aproveitou o momento para impressionar minha filha, lhe mostrando alguns cérebros de animais que estavam nos potes com formol.

No retorno para o apartamento que agora era de Rebeca, Enya falava sem parar de todos os pássaros que vira e dos interessantes cérebros. Ouvi-la fez-me recordar da tarde em que havíamos ido ao zoológico, assim como eu, minha filha adorava animais.

— Sabe de quem eu mais gostei? — Ela projetou-se para frente no cinto. Olhei-a pelo retrovisor demonstrando que prestava atenção. — Daquela menina, a Emily.

— Por quê?

— Ela tem os cabelos mais bonitos que já vi.

Não podia negar que os cabelos acobreados de Emily eram lindos. Contudo, me preocupou que Enya começasse a se assemelhar com o modo de Rebeca falar, sempre se importando só com a aparência e muito raramente com o interior de alguém.

— Não podemos gostar de alguém só porque gostamos de seu cabelo. Se for só isso, podemos dizer que a pessoa é bonita, mas para gostar é preciso mais alguma coisa.

— Tá. – Ela olhou pela janela pensativa. — Já sei. Gosto dela por ser legal comigo.

— Assim é melhor.

— Talvez ela possa vir brincar comigo um dia desses.

A ideia infantil causou-me riso ao imaginar a cara de Rebeca quando Enya levasse sua nova amiga para brincar. Ao mesmo tempo, reparei como até mesmo minha filha percebia Emily nova o bastante para querer brincar com ela e o pensamento me desanimou, fazendo-me sentir-me um completo tolo.

10 – Coração Desperto

As horas do almoço dos dias de pesquisa tornaram-se um momento extremamente agradável, pelo qual eu esperava ansiosamente para reencontrar Giovanni. O engraçado era que nas aulas ou na pesquisa pouco nos falávamos, penso que até evitávamos tal contato. No entanto, o jardim nos reunia e permitia que nossas ideias e palavras fluíssem livremente. O ambiente era envolvido em uma atmosfera quase mágica; as cores, os sons, os cheiros característicos das plantas e a brisa completavam o magnífico cenário, como se não existisse nada além de nós e o jardim que nos cercava.

No último encontro, ao ser apresentada à filha de Giovanni, permaneci atônica por alguns segundos antes que pudesse falar algo. A revelação de ele ser pai assustou-me. *Se ele tem uma filha provavelmente tem algum tipo de relacionamento amoroso.* E foi esse o pensamento que me preencheu.

No primeiro momento, quando ele animado chamava a filha que brincava ocultada por uma árvore, esperei que viesse ao nosso encontro uma mulher segurando um bebê e quando na realidade surgiu uma garota de uns sete anos à minha frente, não sabia se o sentimento dentro do meu peito era de alívio por não ter conhecido naquele momento a mulher de Giovanni ou surpresa por ele ter uma filha de tal idade.

Rapidamente, ao passar o tempo na companhia de Enya, afastei o receio de contato que normalmente eu tinha em relação a crianças. Foi um intervalo muito afável, a menina era simpática e educada. No fundo, porém, saber que Giovanni tinha uma filha me desestabilizou. Eu pensara nele como alguém descompromissado e agora ele aparecia como um homem responsável por sua família e um pai bastante envolvido.

Ao final da tarde, como era de se esperar, o principal assunto entre Alice e Rodrigo era a filha de Giovanni. Alice havia gostado da criança e Drigo reclamava que Enya tinha atrapalhado suas análises, pois não ficara quieta. Ouvi-os sem interferir, entretanto indagava-me mesmo onde estava a mãe dela. Sabia que não teria coragem de investigar com Giovanni. Provavelmente Sérgio conhecia a resposta, no entanto, seria no mínimo esquisito perguntar-lhe.

Aceitei permanecer com minhas suposições até terça-feira e no máximo esperar que Giovanni comentasse algo referente a isso no próximo intervalo. Observei Rodrigo e Alice conversarem animados sobre o assunto, eles estavam bastante curiosos. Sim, eu também estava muito curiosa, não podia negar.

Dentro do ônibus, no caminho de volta para casa, Gustavo contava-me radiante sobre uma palestra que assistira à tarde. Eu não prestava grande atenção; admirava avoada da janela do ônibus a paisagem que passava rapidamente, não conseguia deixar de pensar que Giovanni estaria com sua mulher e isso me inquietava. Desde quando isso me afetava eu não sabia, contudo nesta ocasião o sentimento já se mostrava obsessivamente desagradável.

— Onde está seu pensamento? Estou te fazendo uma pergunta há um tempão e você continua olhando pela janela.

— O que, Gus?

— O que está te incomodando? – Gustavo passou o braço sobre meu ombro e puxou-me para ele. — Vamos, me conte.

— Não tenho certeza. – Respondi aérea. Ele olhou-me penetrante, demonstrando que não estaria satisfeito até saber todos os detalhes. — Não é nada, só estava pensando quem seria a esposa do professor Giovanni.

Ele sorriu debochado.

— Por quê?

— É que ele levou a filha para conhecermos e eu fiquei curiosa em saber como era a sua esposa.

— Sei. – Ele estreitou o olhar ao encara-me — E por que isso te interessa?

— Não sei. Acho que é só curiosidade.

— Emily?

— O que foi?

— Não acredito que esteja a fim do seu professor. Ele é pelo menos dez anos mais velho!

— Gus, é só curiosidade. Não estou a fim de ninguém. Somos apenas amigos.

Gustavo começou a rir e lançou-me um olhar que dizia: "faço de conta que acredito". Virei novamente para a janela e tentei convencer-me do que minha boca dissera. Trocar ideias com Giovanni era um deleite, minha curiosidade não ultrapassava o sentimento de amizade e era natural querer saber mais sobre a vida pessoal de um amigo. Não era?

****

A espera até nosso próximo intervalo no jardim durou uma vagarosa eternidade. Chovia forte, fazia um tempo que o clima não nos aprontava desilusões como hoje. *Onde vou sentar-me para esperar Giovanni?* A dúvida veio com frustração. No jardim não havia lugares cobertos. Continuei sentada no restaurante apreciando os pingos de chuvas escorrem delicadamente pelo enorme vitral, resmunguei baixinho pela inconveniência de chover. Agora não encontraria Giovanni e permaneceria ansiosa sobre sua esposa até o próximo encontro. Ensaiara algumas maneiras de perguntar sobre ela de forma casual, no entanto era provável que não tivesse coragem de questioná-lo.

Giovanni entrou fechando o guarda-chuva e sentou-se à minha frente, no mesmo instante em que eu planejava algum jeito de ficar escorada no pilar de entrada do jardim sem me molhar, só para vê-lo passar.

— Achei que hoje não estaria no jardim para terminarmos nossa conversa sobre O Animal Moral.

Retirou o livro, despreocupado, de dentro da mochila preta e sorriu displicente. Meu coração bateu mais forte e fui tomada por uma sensação de alegria, afinal ele viera ao meu encontro.

— Gostei bastante de Enya, é uma criança adorável.

Tentei parecer o mais casual possível, mas senti raiva de mim por não ter esperado mais para comentar sobre sua filha. Será que ele percebia meu real interesse? Ele ajeitou-se na cadeira e colocou o braço sobre o encosto, olhou fixamente para mim.

— Verdade, ela é. Não temos nos visto muito ultimamente, mas sempre que ela não tem aula gosto de trazê-la aqui. Ela adora vir na faculdade.

Neste dia não abrimos o livro, dialogamos sobre a vida dele. Giovanni contou-me que estava separado de sua mulher desde o semestre passado e que a filha se ressentia por isso. Enquanto ele falava, minha tensão diluía-se e uma sensação confortável nascia. Ele aparentava mágoa quando discursava sobre seu casamento fracassado e sobre sua história.

— Sabe como são as coisas, quando duas pessoas decidem unirem-se porque uma criança está a caminho muitas coisas se complicam e com o tempo elas se desmantelam... Nós namorávamos há dois anos quando Rebeca engravidou, tínhamos apenas vinte e dois anos e não podíamos prever como seria um relacionamento mais sério. Então, com o passar do tempo, surgiram as cobranças e as diferenças acentuaram-se. Quando nos demos conta, o sentimento que nos unira já não existia mais.

Senti uma vontade incontrolável de abraçá-lo, confortá-lo e dizer que sabia exatamente tudo o que sentia, todavia não me mexi e apenas olhei-o com pesar.

Descobri que a decisão de separação partira de Rebeca, basicamente por diferenças em seus ideais de vida. Quanto mais ele abria seu coração, mais eu o compreendia e o admirava. Por sua descrição, Rebeca lembrava-me minha madrasta Suelly, sempre absorvida com sua aparência. Não parecia ser má pessoa, no entanto deixava o dinheiro e a busca pela beleza dominarem sua vida.

— Eu nunca me importei com moda ou luxo. Gosto de estar confortável. Meus gostos não são caros e considerava que o dinheiro que ganhávamos era suficiente. Tínhamos um belo apartamento, dois carros, pagávamos todas as contas e sempre sobrava dinheiro para fazermos pequenas viagens, jantarmos fora e nos divertirmos... – Sua voz soou desapontada. — Mas Rebeca queria morar em um bairro nobre, estar sempre com as melhores roupas, frequentando as festas e os lugares mais caros. – Ele suspirou desanimado. — Um terceiro turno na faculdade nos proporcionaria isso, no entanto, eu não teria mais lazer, não sobraria tempo para minhas pesquisas, minhas leituras... Não achei que conseguiria ser feliz desta forma, vivendo exclusivamente para o trabalho.

Ele falava como se refletisse sobre os acontecimentos, não olhava para mim e sim para um ponto fixo na mesa. Eu me identificava com cada palavra que ele dizia.

— Concordo. – Animei-me. Talvez tenha soado um pouco adolescente demais, mas continuei. — Dinheiro não é o mais importante.

Minha voz inflamava-se de emoção, isso era o que realmente eu acreditava e falar sobre o assunto criava uma sensação de abastamento. Sentia-me com um ar filosófico, como Sérgio costumava ter em nossas conversas. Giovanni sorria e concordava com a cabeça. Entendíamo-nos demasiado bem e percebi, mais uma vez, que éramos bastante parecidos em nossas convicções.

Discorremos sobre outros assuntos e pela primeira vez eu

o sentia mais próximo, como se fosse um amigo de longa data, com o qual se pode falar sobre tudo. Em nossa abstração, quase perdemos a hora.

Chegamos à sala de pesquisa com dez minutos de atraso. Todos nos observaram, mas nada comentaram a respeito. Minhas bochechas coraram e sentei-me silenciosamente em frente às minhas anotações. Alice olhou-me e fez sinal para conversarmos no final da pesquisa. O sorriso malicioso dela não me agradou.

Ao sair no final da pesquisa, Alice apertou minha cintura com ambas as mãos e sorriu.

— Então, anda de conversinhas por aí com o professor!

Ignorei-a e continue a andar. Logo Drigo também estava ao meu lado. Passou o braço sobre meus ombros e riu alto. Alice já estava próxima novamente, ela parou na minha frente e encarou-me com um meio sorriso e olhos atentos.

— Vamos, nos conte, o que está rolando entre você e o professor? – Ela encarou-me curiosa. — Não pode ser só um grupo de estudos. Desde o começo não caí nessa conversa inocente de "Giovanni está me ajudando com alguns livros."

— Eu já disse, Alice, que apenas trocamos ideias sobre livros e sobre a vida. — *Não devia ter contado para ela sobre minhas conversas com Giovanni no jardim.* O pensamento irritou-me e suspirei. — Nada de mais.

— Mas para quem os observa não é isso que parece. Vocês estão deixando muito na cara. – Drigo veio para minha frente e segurou meu queixo com a mão. Meus olhos abaixaram-se, estava confusa. — Vários colegas da Bio já comentaram sobre os olharem de vocês durante as aulas. E na pesquisa percebo isso também.

— Que olhares?

— Toda vez que olhamos para o professor, ele está te observando. Nas aulas, na pesquisa e quando conversam. Ele te olha sempre com um meio sorriso nos lábios e com os olhos brilhando e você faz o mesmo.

Eu havia percebido o meu próprio interesse, mas não os olhares dele. Sorri. Meus pensamentos voavam, meu coração despertou e eu sorri novamente.

— Por que está sorrindo? – Alice me fitava como se eu fizesse algo muito estranho. Sorri novamente.

— Não tinha percebido que isso acontecia. Acham mesmo que ele fica me olhando?

— Claro! É perceptível! Olhando não é bem o termo, está mais para te devorando com os olhos. – Alice riu. — Então? O que tem entre vocês?

— Nada.

Saí andando. Alice e Rodrigo ficaram para trás, meus passos tornaram-se leves e minha mente flutuava. *Eles podem estar certos? Estaria mesmo Giovanni interessado por mim? A dúvida* pareceu ótima. Não pensara que poderia haver alguma possibilidade dele nutrir algum interesse por mim. Apesar de minha negação consciente, eu também já estava a fim dele há algum tempo, contudo era como uma grande admiração, uma espécie de amor platônico, algo que sabemos que nunca se realizará, e me acostumara a conviver com isso. Como ele com seus trinta anos alimentaria algum interesse em uma simples aluna de dezessete? Isso não me parecia muito sensato. Poderia ser a atração física? Esta seria uma resposta pertinente para explicar a tensão entre nós. Ele apenas nutria algum desejo sexual por mim, com era evidente em Pedro.

****

Nos próximos dias de aula, Alice e Rodrigo rodearam-me na tentativa de descobrir algo que pensavam acontecer entre eu e o professor, enquanto eu procurava ficar atenta a todos os movimentos de Giovanni durante a aula. Ao final de uma aula, impaciente com os questionamentos de meus amigos, pronunciei-me irritada:

— Alice, pare de inventar coisas. Não sei por que me chateia sobre Giovanni. Já percebeu que é o Pedro que se insinua?

Alice lançou-me um olhar desafiador diante de minha indignação. Ela aparentava frustração com minha falta de interesse em confidencia-lhe sobre o que ela imaginava estar acontecendo. Rodrigo sentiu as faíscas entre nós duas e colocou-se no nosso meio, com um sorriso maroto.

— Emily, não falamos nada de Pedro, pois sabemos que ele se insinua para várias alunas e percebemos que você não nutre nenhum interesse por ele. – Fez uma pausa e olhou-me profundamente. Pude ver meu rosto irritado refletido no espelho de seus olhos verdes. — Mas não é a mesma coisa com o outro professor. – Ele passou o braço sobre Alice e tranquilizou-me. — Tudo bem. Não vamos mais te incomodar sobre esse assunto.

Alice bufou, sem dizer mais nada. Permaneci atenta às

reações de Giovanni durante a semana, contudo só percebi umas poucas olhadas, nada mais do que isso. Concluí que meus amigos estavam empolgados demais e aumentavam a realidade e meu coração desiludiu-se na mesma medida em que se aliviou. Era mais confortável continuar com nossos gostosos diálogos despreocupados sobre filosofia do que iniciarmos conversas cheias de duplos sentidos e dúvidas. Ainda temia pelo que havia acontecido no último mês de verão com Ricardo, não desejava repetir a experiência com Giovanni.

****

Eu e Sérgio almoçávamos juntos no restaurante da faculdade. Ele falava animado sobre uma tese de Mestrado que avaliava, quando Giovanni e Pedro aproximaram-se educados. Sérgio sorriu largamente e os convidou para sentarem-se conosco. Pedro me cumprimentou com um leve aceno de cabeça, o que me pareceu inusitado, pois ele costumava me dar longos dois beijinhos no canto da bochecha. Observei-o incrédula. *Então, ele posa de bom moço na presença de Sérgio?* Pedro manteve-se distante e sério.

Logo, como era de se esperar, Giovanni e Sérgio iniciaram uma análise inflada sobre a tese de Mestrado. Pedro bufava entediado e fazia sinal para sairmos dali, sempre que nossos olhares se cruzavam. Ignorei-o e participei por um tempo da discussão filosófica dos outros dois.

Pedro levantou-se.

— Giovanni! Temos que nos apressar senão chegaremos atrasados a reunião.

— Sim. — Giovanni levantou-se desanimado. — Continuamos nossa conversa num outro momento.

Sérgio concordou com um simples movimento de cabeça. Meus olhos se encontraram por segundos com os de Giovanni. Ele sorriu e fez uma mesura para se despedir. Observei-o andar desajeitado até a saída, enquanto eu mastigava um pedaço de frango assado.

— Tenha cuidado com esses homens mais velhos!

— O quê?

— Ora, minha querida. Não se faça de tola. – Sérgio sorria entendido. Observei-o minuciosamente, estudei sua feição. Com grande convicção respondi:

— Não se preocupe, já sei me cuidar.

— Sei que sim. – Sérgio espetou um brócolis e observou-me de relance. Seu olhar me aquietou. Busquei distração em minha massa aos queijos. — Apenas espero que esteja ciente do que seu coração está aprontando.

— Não está aprontando nada. – Abaixei minha cabeça, aquela conversa me deixou desconfortável.

— Eu sei que mais adiante irá me contar o que está acontecendo. – Sérgio lançou-me um olhar astuto. Passou a mão em minha cabeça de leve. — Só não esqueça que ele é um homem mais velho, não é como o garoto Ricardo com quem estava acostumada a ter um relacionamento amalucado de adolescente.

Permaneci boquiaberta. Sérgio levantou-se e foi pagar a conta. *Como Sérgio sabia de Ricardo?* Na certa, havia sido minha mãe a fofoqueira. Teria uma longa conversa com ela hoje quando chegasse ao meu computador.

A fala dele ofendeu-me, mas me prendi ao comentário de "ele é um homem, não um garoto." Ele já devia ter conhecimento da maneira assanhada com a qual Pedro me rodeava. Será que ele pensava que eu iria cair na dele? Corri até ele, na tentativa de provar minha maturidade e recuperar meu orgulho. Sérgio virou-se distraído.

— Sérgio! Não sou criança e não vou cair nas histórias de Pedro.

— Eu não disse que iria. – Ele sorriu triunfante e saiu.

Como não disse? Ficou insinuando isso. Senti raiva do modo irônico dele. Não parecia ter acreditado em nenhuma palavra minha. *Achei que ele me conhecia melhor.* Pensei magoada.

11 – Revelação

Em nosso último encontro, que deveria ser no jardim mas ocorreu no restaurante, as bochechas de Emily coraram acanhadas ao tentar ser simpática elogiando minha filha. Compreendi que ela tentava abrir uma brecha para conversarmos sobre outras coisas que não aquelas presentes nos livros. Pensei que se falasse sobre meu divórcio, ela poderia me contar sobre seu namorado da veterinária.

O que começou como um empurrão para saber um pouco mais sobre ela acabou sendo uma exposição total de algumas mágoas que eu ainda guardava sobre meu casamento fracassado. Em alguns momentos, me senti um sentimental idiota ao relatar como as coisas se deram em meu passado. Contudo, toda a vez que ela sorria era um incentivo para que eu continuasse a expor meu coração e novamente surpreendi-me ao descobrir como pensávamos de maneira semelhante.

Saber que acreditávamos nos mesmos objetivos de vida e que ela não dava tanta importância ao consumismo assim como eu fez-me refletir se eu não havia sido estúpido em escolher Rebeca como minha esposa. Não que tivesse sido realmente uma escolha, pois casamos quando ela engravidou, mesmo assim eu desejei namorar Rebeca por um longo tempo antes do ocorrido. Era como se eu ignorasse a pessoa que ela sempre foi.

As palavras empolgadas de Emily ao concordar com meu estilo de vida fizeram meu peito bater mais forte. Por alguns segundos, pensei na possibilidade de beijá-la ali mesmo no restaurante. Se ela não fosse tão nova e minha aluna, teria iniciado a conquista.

Perdi-me na conversa e na hora, chegamos à pesquisa com dez minutos de atraso. Contrariado, percebi como Alice e Rodrigo miraram-nos acusatórios, o rosto de Emily tornou-se vermelho e penso que o meu também. Pedro apenas sorriu divertido.

Não tive coragem de lançar nenhum olhar sobre ela, com receio de colocá-la em alguma situação estranha com seus amigos, já que Alice me observava com olhos esbugalhados de curiosidade, policie meus movimentos. Decidi que me controlaria e evitaria olhar ao máximo para Emily nas aulas ou na pesquisa, pois não desejava que ela ou seus amigos pensassem que eu estivesse me insinuando, e quem sabe até fazer uma queixa aos coordenadores. Eles não gostavam de professores que se envolviam com alunas. *Nunca fiz isso na minha carreira inteira, no entanto é provável que seja acusado diretamente para a coordenação, algo que nunca aconteceu com Pedro, eu não sei como.* O pensamento gerou-me culpa por meu mau comportamento.

Ao saírem, Pedro me rodeou curioso.

— A discussão filosófica estava tão boa que você se atrasou?

— Não podíamos deixar pela metade.

— Sei muita coisa que não se pode largar na metade. – Ele riu divertido. — Me conta outra, você está investindo na ruiva?

— Não! Só a acho bonita e uma boa companhia para conversar, apenas isso.

— Então não se ofenderia se eu a conquistasse com meu charme?

O questionamento de Pedro transtornou-me. Um desejo de socá-lo quase roubou o controle de minha mão, mas respirei fundo. Estava preso numa armadilha: se o impedisse, teria que assumir que contrariava toda a ética que sempre cobrei dele, e seria azucrinado por ele para o resto dos anos. Por outro lado, se permitisse que ele aproximasse-se de Emily poderia testemunhar ele a ganhando como a um prêmio. Lembrei-me das palavras trocadas naquela tarde e no fato dela ter namorado e decidi que poderia dar algum crédito a ela.

— Faça o que quiser!

Ela não se entregaria para Pedro, pelo menos era o que eu desejava acreditar. Ele riu pensativo e deliciou-se.

— Tenho outras em vista, mas quem sabe o que pode acontecer? Eu não perderei a chance quando ela surgir.

— Tenho certeza que não.

A confiança de Pedro preocupou-me, sabia que apesar do jeito galanteador dele nunca faria algo forçado com nenhuma garota, entretanto seu charme e seu corpo malhado poderiam enfeitiçar Emily. Ela era esperta, porém ao mesmo tempo era muito nova. As jovens normalmente caíam com mais facilidade na rede de Pedro. Arrependi-me, devia ter barrado sua iniciativa. Agora era tarde, voltar atrás só complicaria tudo, nada me restava a não ser pagar para ver.

12 – Mergulhando na Paixão

No último mês do semestre, eu e Giovanni continuamos a nos encontrar nos intervalos das terças e quintas sem nenhuma mudança. Penso que de certa forma estávamos nos tornando amigos, apesar de meu coração bater sempre mais forte quando ele se aproximava ou inclinava-se para explicar melhor algum trecho do livro que líamos. Seu perfume doce enchia meus pulmões alertando meus sentidos.

Alice e Drigo desistiram de me atormentar e agora estavam envolvidos com a nova paixão repentina que Alice alimentava por um colega de Gustavo que conheceram numa festa da faculdade. Ela estava esperançosa que as férias de verão seriam bastante proveitosas para seu romance, pois descobrira que o menino veraneava na mesma praia que ela e Rodrigo.

No último dia de aula, despedi-me de meus queridos colegas com a certeza de que os próximos semestres seriam igualmente interessantes. Combinamos de nos encontrarmos para curtir um dia quente na praia. No ônibus de volta para casa, Gustavo tirou um papel muito colorido da mochila e jogou o para mim.

— Olha o que achei no mural de eventos. Você vai adorar!

Olhei o papel e li as informações de um curso de mergulho de dois dias na praia, considerada a mais bonita e interessante do estado vizinho. O curso tinha uma parcela de custeio da faculdade e não sairia muito caro. Vibrei ao ler o folheto e decidi que me matricularia pela *internet* assim que colocasse os pés em casa.

— Eu sabia que iria gostar.

Gustavo olhava-me com um largo sorriso de contentamento. Dei-lhe um longo abraço de agradecimento, afinal fazia alguns anos que desejava aprender a mergulhar. No semestre anterior, Ricardo prometera que iríamos fazê-lo, depois de tudo que se sucedeu, entretanto, mergulhar parecia algo sem sentido. *Não! Não pense nisso agora...* Sacudi a cabeça como se buscasse espantar os pensamentos melancólicos e me foquei na novidade. Finalmente iria mergulhar!

Passei a semana toda ansiosa, arrumava e desarrumava minha mala. Sempre tive grande dificuldade em escolher roupas e acessórios adequados para viajar. Para meu alívio, Gustavo estava presente nestas situações e pacientemente orientava-me, tirava da mala os exageros e colocava alguma peça de roupa essencial que eu esquecera. Eu tinha mais experiências de viagem, mas Gus por algum motivo parecia entender mais de malas.

— Não vai colocar nenhum vestido para alguma ocasião especial?

— Que tipo de ocasião?

— Um pessoal da faculdade disse que nestes cursos sempre há espaço para festa.

— Então vou levar meu vestido vermelho. Ele é simples e adequado para uma praia. – Gustavo concordou com a cabeça.
— Ah, é uma pena que você não vai comigo. Nós nos divertiríamos tanto.

— Eu gostaria, mas estarei visitando meus avôs nestes dias. E não queria me estressar com meu pai. – Ele abraçou-me antes de sair. — Estarei ansioso para saber de tudo. Se for realmente um bom passeio, vamos juntos ao próximo.

****

Mal consegui controlar minha excitação ao entrar no ônibus que nos levaria ao início da aventura de mergulho. Reconheci alguns colegas da Biologia, cumprimentei-os e sentei-me mais atrás.

O dia estava meio nublado, mas isso não importava, pois teríamos uma viagem de seis horas pela frente. Com sorte, o tempo estaria agradável ao chegarmos, pelo menos era isso que a meteorologia afirmava em páginas especializadas que eu havia visitado pela manhã.

Dormi no início da viagem, acordei quando quase chegávamos. Da janela do ônibus já conseguia observar o mar com suas longas ondas brancas e a fina areia sendo levemente carregada pela brisa. Seguimos por trás das dunas, numa estrada coberta pela areia e chegamos de fronte a nossa pousada.

Enquanto carregava a mala, aproveitei para analisar os detalhes do lugar. Era simples num estilo rústico e muito aconchegante. Os quartos ficavam ao longo do comprido corredor e na entrada havia uma ampla varanda com um enorme sofá coberto por almofadas. Os quartos eram pequenos, cada um com quatro camas de solteiro. Fiquei no quarto com três meninas desconhecias. Larguei a mala sobre minha cama e apressei-me em vestir meu biquíni e uma saia curta para rapidamente me locomover até a praia.

Muitos alunos já estavam na beira do mar, alguns na areia e outros aproveitavam as águas salgadas enquanto esperavam o almoço. As aulas de mergulho seriam iniciadas mais tarde, em uma lagoa próxima à praia, só amanhã iríamos para o oceano.

Sentei-me na areia a apreciar a imensidão azul e saboreei os raios de sol que tocavam minha pele, bem protegida com meu bloqueador solar, é claro, pois eu com a pele clara que tenho costumo ficar vermelha e não bronzeada. O cheiro agradável da areia tocada pelo sol acariciou meu olfato. Fechei os olhos e inundei-me com a ótima sensação de estar na praia novamente.

— Não sabia que gostava de mergulhar.

Levantei-me num sobressalto, tropecei nas minhas próprias pernas e quase caí. Na minha frente estavam Pedro e Giovanni. Vestidos com bermudas e sem camisa, eles sorriam para mim. Pedro tinha o abdômen bem definido e malhado, contudo foi para Giovanni que olhei com maior interesse: seu tórax era largo e magro, desprovido de pelos e me parecia tão belo. E seus olhos expressivos, livres dos óculos, eram fascinantes. Tentei cumprimentá-los e sorri amigavelmente. Tinha certeza que eu devia estar fazendo cara de boba quando tentei iniciar uma conversa casual:

— Vocês também mergulham?

— Somos os instrutores há três edições do curso. Primeira

vez? – Pedro indagou com um sorriso malicioso.

— Sim. – Contive-me em ser direta, não me agradava o jeito que Pedro me observava, analisava-me dos pés a cabeça.

— Venha almoçar na nossa mesa, assim já estará segura com a companhia dos instrutores. – A voz de Pedro soou irônica ao dizer isso.

Não desejava aceitar, mas Giovanni repetiu o convite e eu não resisti. Pedro fez sinal para eu tomar a frente. Dei uns dois passos e ele chegou ao meu lado e colocou o braço sobre meu ombro.

— Nossa! Adorei sua tatuagem de estrelas triplas na nuca.

Olhei-o desconcertada, apenas agradeci o elogio com um aceno discreto. Pedro engatou um monólogo sobre possíveis desenhos que ele escolheria caso fosse fazer uma tatuagem algum dia. Assim como Giovanni, permaneci em silêncio até alcançarmos o restaurante.

Durante o almoço no *buffet* da pousada, conversamos sobre a aula de mais tarde e o que eu deveria esperar do primeiro mergulho, eles ofereceram-se a me ajudar no que fosse preciso Ao final do almoço, eles juntaram-se aos outros instrutores em uma reunião privada e eu me mantive jogada sobre as almofadas da sacada um pouco atordoada.

Sentia-me sortuda por ter encontrado Giovanni nesta belíssima praia, no entanto ao mesmo tempo estava intrigada, pois ali eu poderia realmente ver como ele era fora da faculdade, em um lugar onde havia muitas garotas mais velhas e atraentes que podiam chamar sua atenção. Pedro estava bastante atento a todas que passavam e provavelmente

Giovanni, apesar de discreto, também estaria.

O coordenador convocou todos e nos pusemos a caminhar até a lagoa. A água era de uma cor esverdeada muito límpida. Senti certa alegria em perceber que Giovanni seria meu instrutor e fiquei aliviada por não ser Pedro. Ele me entregou o macacão de mergulho e ajudou-me a fechá-lo de forma correta e colocou os tubos de oxigênio nas minhas costas, ajeitando os óculos e o respiradouro. Seu toque era delicado.

Todos os alunos fizeram diversos ensaios e exercícios no raso, para após aventurarem-se com os pés de pato no fundo da lagoa, acompanhados dos instrutores. Havia um instrutor para cada três ou quatro alunos.

A sensação de flutuar e da água contornando o meu corpo ao mergulhar era encantadora. Sentia-me leve. Os peixes passavam à minha frente e algumas vezes consegui tocá-los. Giovanni constantemente puxava minha mão para mostrar-me cardumes específicos e corais. Foi tão envolvente vê-lo dentro da água. Por vezes os raios de sol refletiam sobre seus olhos brilhantes, não dava para perceber muito dele com todos aqueles aparelhos no rosto, no entanto, seus olhos eram sempre inconfundíveis e me guiavam pelo maravilhoso mundo aquático. E, neste instante, eu tive absoluta certeza que estava completamente apaixonada pelo meu professor.

Ao finalizar a aula do dia, guardamos nossas roupas de mergulhos e nos reunimos para jantar. Tínhamos passado a tarde em função de orientações, experimentações e alguns mergulhos. Depois de comer, alguns se retiraram a seus quartos, outros foram aproveitar a praia e outros prefeririam conversar nas fofas poltronas da enorme sacada. Apesar de estar cansada e desejar dormir, acabei por sentar nas almofadas na companhia de Pedro, Giovanni e uma dupla de meninas.

Conversávamos sobre os mergulhos, contudo, logo Pedro convidou as garotas para passearem na praia, na certa esperava conseguir tirar uma casquinha. Sorri ao vê-lo sair, as duas iludiam-se com seus elogios, mas eu já estava vacinada. Fiquei em paz com Giovanni ao meu lado. Por algum tempo contemplei a beleza da praia que ia tornava-se prateada com a chegada da lua.

— Seu namorado não quis vir mergulhar também? – Giovanni interrompeu meu momento de contemplação. Olhei-o de forma interrogativa.

— Namorado?

— O menino magro do curso de Veterinária que está sempre de braço dado contigo na porta da sala.

— Ele não é meu namorado! – Giovanni só podia referir-se a Gustavo, muitas pessoas perguntavam se éramos namorados. Sorri. — Ele é meu melhor amigo. Nós nos conhecemos desde os meus quatro anos.

— Por isso vocês parecem tão à vontade juntos.

Ele sorriu educadamente e mudou de posição na cadeira. Sorri de volta e contemplei mais uma vez o mar. De certa forma, o nervosismo percorreu minhas veias e eu não sabia como continuar a conversa. Giovanni tomou a dianteira:

— Desde que conheço o Sérgio, há cinco anos quando iniciei a dar aula na Biologia, ele sempre fala sobre você. Sobre as coisas que te ensinou, sobre seu sorriso e seu caráter. Teu tio te adora.

— Na verdade, ele não é meu tio, não temos nenhum laço de sangue. Mas é como se fosse.

O motivo que me fizera querer explicar a real relação entre mim e Sérgio não se fez claro em minha mente. Não me habituava a contrariar as suposições alheias de que éramos parentes de sangue. *Por que o fiz agora?* Voltei a calar-me.

— Eu não sabia.

— É que a história é longa.

Disse esquiva ao olhá-lo e ele aproximou-se curioso, faz sinal com a cabeça para que eu contasse mais. Aconcheguei-me nas almofadas. Não costumava descrever a história de minha vida, já que os que me eram valiosos sempre fizeram parte desta. Observei-o por alguns segundos, seus olhos brilhavam e ele parecia realmente interessado. Suspirei e inicie o relato.

— Minha mãe morava com os pais numa cidadezinha pequena onde não existiam escolas de ensino médio, muito menos faculdades, mas tinha grande desejo de continuar os estudos, adquirir novos conhecimentos. Meus avôs achavam isso uma grande besteira, pois para eles uma boa mulher deveria contentar-se em ficar em casa costurando, cozinhando e cuidando dos filhos e do marido. Minha mãe tinha horror a essa ideia.

Isso eu sabia bem, afinal não era por menos que nunca se casara e por mais que tivesse sido uma boa mãe, havia me deixado por sua paixão às pesquisas genéticas. Acho que suspirei tomando fôlego antes de continuar. Giovanni não se mexeu, seus olhos estavam atentos a mim.

— Ela não deu atenção aos pais, saiu de casa para a cidade grande, em busca de emprego para completar seus estudos.

Lembrar-me de como minha mãe reagia às dificuldades orgulhava-me. Meu avô dizia que ela possuía um espírito masculino, como se só aos homens fosse permitido seguir seus sonhos. Nas três vezes que visitei meus avôs, pude compreender por que minha mãe se afastara deles sem demonstrar saudades, eram completamente o oposto de tudo que ela acreditava e me ensinara.

Giovanni pareceu divertir-se com a história.

— Não podia imaginar sua mãe de outra forma, Sérgio não teria admiração por alguém submisso aos desejos dos pais.

— Isso é verdadeiro. Acho que é por isso que eles se entendem tão bem. – Giovanni incentivou com um aceno de cabeça que eu continuasse. — Minha mãe conseguiu o emprego de babá dos filhos de Sérgio para manter seus estudos. Assim ela mudou-se para a casa dele e, logo nos primeiros meses, ela e Sérgio criaram uma grande afinidade, como se minha mãe fizesse parte de sua família. Mesmo depois que as crianças cresceram, ela continuou morando com eles.

— Isso é típico do Sérgio. – Giovanni falou pensativo. — Ele costuma ser um grande pai para todos.

— Só para os que ele realmente respeita.

Menos os seus verdadeiros filhos. O pensamento pareceu controverso em demasia. De certa forma, isso era bastante irônico, pois todos que conheciam Sérgio em seu trabalho o viam como um grande pai, algo questionado por seus filhos de sangue. Giovanni concordou com a cabeça com ar de orgulho.

— Minha mãe morou com eles até terminar a pós-graduação e conseguir ser selecionada para trabalhar em pesquisas relacionadas a doenças genéticas na Inglaterra. Ficou lá por uns seis anos e, nesse meio tempo, eu nasci.

— Uma inglesa! — Ele riu descontraído, e fez um gesto com a mão como se eu fosse da realeza. Empurrei-o levemente no ombro em pedido para ele parar de implicar. Rimos juntos. — Ainda sabe falar inglês? Podíamos iniciar nossas discussões com livros em inglês.

Sorri divertida. Seria interessante, então concordei com um aceno. Giovanni esboçou um sorriso e ajeitou-se nas almofadas:

— Por que voltaram?

— Acho que minha mãe sentia saudades de seu país e de Sérgio. Voltamos quando eu tinha quatro anos. Assim que ela conseguiu comprar um apartamento perto, nos mudamos da casa de Sérgio.

— O Sérgio comentou comigo que sua mãe está no Canadá.

— Sim, ela mora lá há uns quatro anos. Como eu não quis ir junto, morei na casa de Sérgio até o ano passado, quando terminei o ensino médio e fui morar sozinha no nosso antigo apartamento.

Baixei meus olhos, ainda doía-me lembrar que minha mãe estava tão longe. Receei demonstrar meu ressentimento a Giovanni. *O que ele vai pensar a respeito? Que sou uma criança que não consegue viver longe da mãezinha?*

Ele conteve-se em olhar-me de canto e não perguntou nada. Fiquei aliviada, pois não queria falar da partida de minha mãe e sobre os anos de brigas que se seguiram entre eu e Maria. Minha mãe sempre me criara de forma bastante independente, na qual eu ia e vinha sem grandes explicações e Maria nunca aceitou ou compreendeu isso, frustrava-se quando eu não permanecia em casa e principalmente quando não agia como uma "donzela".

Olhei para o mar, na escuridão mal se conseguia ver a espuma branca das ondas. A maioria das pessoas tinham se retirado para seus quartos. Giovanni levantou-se, se espreguiçando.

— Já é tarde, nós nos distraímos e acabamos por perder a hora. Melhor irmos dormir, pois amanhã teremos um longo dia.

Levantei-me e despedi-me.

De manhã, acordei-me rapidamente, pois finalmente iríamos mergulhar no oceano, o que me parecia mais emocionante do que nadar na lagoa de uns poucos metros de profundidade.

Pegamos uma escuna para chegarmos ao lugar dos mergulhos, meu coração saltitava excitado. Giovanni estava entretido com um grupo de estudantes que procuravam avistar os golfinhos, juntei-me a eles. Conseguimos contemplar alguns, meio distantes.

Chegada a hora do mergulho, colocamos nossas roupas e equipamentos, e bateu-me um imenso nervosismo. Não estava certa se desejava realmente mergulhar naquela imensidão. Olhei em volta e comecei a ter a ideia fixa de que poderia ser atacada por algum tubarão ou que não conseguiria subir novamente à superfície e me afogaria. Sentei-me na borda do barco sem coragem para pular. Quase todos já mergulhavam e eu permanecia parada agarrada com as mãos na beirada da escuna como se estivesse congelada.

— Emily! Venha, chegou a hora de mergulhar.

Giovanni na água agitava as mãos ao convidar-me a pular e eu não me mexi. Ele aproximou-se do barco, segurou-se na borda e mirou-me com olhos confusos.

— Não vai mergulhar?

Acho que fiz que não com a cabeça e ele sorriu. Deixou-se cair suavemente ao mar e nadou parando na minha frente, sorriu de maneira amável.

— Desça que eu te seguro. Não se preocupe, ficarei todo tempo ao seu lado.

Ele observava-me seguro de si. Eu me acalmei, finalmente desci. Ele pegou minha mão para mergulhamos juntos. Às vezes, ele me segurava pelo suporte do oxigênio, às vezes, pela mão, cumpria sua promessa de não distanciar-se. Mergulhar no amplo oceano de mãos dadas com Giovanni foi algo simplesmente estupendo.

Na volta, algumas meninas aproveitaram um banho de sol deitadas sobre a cabine, eu com toda a minha brancura me contentei em procurar uma sombra onde pudesse admirar o mar e recordar a sensação mágica de ter Giovanni ao meu lado dentro da infinidade azul. Passei a viagem a observar os movimentos dele ao longe, por sentir-me inibida em ficar ao seu lado, afinal havia monopolizado sua atenção por muito tempo durante o mergulho.

Ao desembarcarmos, percebi que um grupo de pessoas decorava a parte da praia entre nossa pousada e a vizinha. Eles colocaram pedestais com tochas, um balcão para as bebidas e arrumaram ramos de flores na areia. Com certeza haveria uma festa.

Pedro passou correndo por mim e parou à minha frente.

— Analisando a decoração da festa? Estas são as melhores do ano, depois dos meus aniversários, claro! – Ele sorriu e tocou meu cabelo com as pontas dos dedos. — Prepare-se para ter um luau inesquecível. Estes são os meus preferidos, muita alegria, dança e ótimos coquetéis. Nosso *barman* faz os melhores drinques que já bebi.

Ele prosseguiu seu caminho alegremente, como uma criança que ganhara um brinquedo novo. Achei graça. *Será que Giovanni vai à festa?* Meu coração tolo agitou-se.

Coloquei meu vestidinho vermelho com branco frente-única e minha rasteirinha branca. Soltei os cabelos, passei um lápis no olho e um brilho nos lábios. Sentia-me bonita. *Gustavo acertou ao me persuadir a trazer o vestido.* Pensei ao sair do quarto. Como desejava que ele estivesse ali comigo, meu parceiro fiel de dança. A insegurança quis espetar-me, não me lembrava de nenhuma festa que houvesse ido sem meu amigo. Contudo, estar sozinha era apenas um detalhe comparado à ansiedade de ver como Giovanni estaria e se comportaria. *Só espero que ele não decida juntar-se com alguma garota.* Meu peito estreitou-se com o pensamento.

A equipe da organização realizara um belo trabalho, o local da festa estava todo iluminado com tochas sem ficar claro em demasia. Havia uma mesa com frutas e grandes ramos de flores coloridas presos em suportes por todo o local. No centro havia um grande círculo vazio no qual as pessoas dançavam e na sua frente localizava-se uma bancada que servia como bar junto com alguns bancos e cadeiras.

A música eletrônica atravessava os alto-falantes espalhados na areia, mas de tempos em tempos um grupo se armava de violões e cantava músicas pedidas pelos convidados. Encontravam-se pessoas de diferentes idades e provavelmente da maioria das pousadas próximas.

Avistei ao longe Pedro e Giovanni escorados na bancada do bar. Pedro acenou-me e Giovanni, como de costume, limitou-se a sorrir. Eles e todos os instrutores estavam de bermuda branca e uma camisa justa preta estampada com o logo da escola de mergulho, com um colar havaiano de adorno. Aproximei-me em dúvida, não tinha certeza se Giovanni me queria ali, porém como Pedro convidou-me optei por ficar. Pedro cumprimentou-me com dois beijinhos ao seu estilo.

— Hum... nossa ruiva esta cheirosa. – Comentou com Giovanni.

O sangue subiu-me, pensei duas vezes para não dar uma resposta bem deseducada a seu atrevimento. Sua ousadia fora dos muros da faculdade me chateava mais do que de costume. Contive-me e escorrei-me também na bancada.

— Está gostando da festa? – Giovanni perguntou-me e eu apenas afirmei com a cabeça.

Por um tempo permanecemos os três ali parados. Entediada, decidi-me por dançar e dirigi-me à pista. Afinal, desconcertava-me o silêncio ao lado de Giovanni. Dancei por um longo tempo, sem perdê-lo de vista. *O que faria se ele desse sinal de querer alguma garota da festa?* Pensei perturbada com a possibilidade. Ele continuou onde estava durante todo o tempo, às vezes sentava nos bancos e conversava com algum aluno ou instrutor. Isso me aliviou.

Pedro passeava por todos os lugares, entrava no meio de rodinhas de alunos e dançava, conversava com todos que encontrava e por vezes agraciava-se para algumas alunas. Várias vezes passava à minha frente, sorria ou tocava meu cabelo.

Minhas pernas estavam cansadas, sentei-me no banco ao lado de Giovanni.

— Não achei que gostasse de dançar. – Giovanni disse, ao fitar-me intrigado.

— Gosto. Normalmente o Gus é meu parceiro fiel de dança. – Ele olhou-me em silêncio, seus olhos estavam estreitos. *Não devia ter mencionado Gustavo, agora ele vai pensar que sou a fim de meu amigo.* Tentei mudar a direção da conversa. — E você, não dança?

— Não, eu sou muito descoordenado para isso. – Ele olhou encabulado para frente.

Eu deveria fechar a boca, pois só dava mancada. Suspirei e enrolei meu cabelo num coque. Senti um gostoso arrepio quando os dedos dele passaram suaves sobre minha nuca. Em reflexo, soltei o cabelo, ele olhou-me encabulado e esboçou um acanhado sorriso.

— Gostei de sua tatuagem.

— Obrigada.

Virei fixamente para frente. Estava confusa. Giovanni não costumava demonstrar interesse em mim como Pedro fazia, me tocando. E esse comportamento repentino arrancava minha segurança de manter-me apenas como uma amiga.

— Qual o significado da tatuagem?

Ele olhava-me tímido e curioso. Encarei-o mais consciente da tensão surgida e sorri.

— É uma jura de amizade eterna.

Pedro nos interrompeu, segurava dois copos na mão com canudinhos e pedaços de abacaxi como enfeites. Giovanni emburrou-se como nunca havia visto antes. *A presença de Pedro o perturbou?* Essa constatação alegrou-me.

— Tomei a liberdade de lhe trazer o melhor drinque do bar. Prove, vai adorar.

Pedro sentou-se ao meu lado e colocou o copo à minha frente. Sorri encabulada.

— O que é?

— É uma *Pinã Colada* feita com abacaxi, leite de coco e, claro, bastante *vodka*.

Ele sorriu enquanto eu analisava o copo. Já havia bebido caipirinha, contudo não conhecia esse drinque. Tomei uns goles, era saboroso e realmente tinha bastante *vodka*. Torci o nariz ao sentir o álcool descer pela garganta. Pedro riu.

Giovanni apenas nos observava silencioso, e aceitou uns goles de minha bebida. Conversamos por um tempo. Pedro foi buscar mais bebida e entregou-me mais um copo.

— Pedro, você não deveria oferecer tanta bebida a Emily, afinal ela ainda é uma garota.

Neste instante, a raiva possuiu-me. *O que o Giovanni pensava ao chamar-me de criança que não aguenta duas bebidinhas?* Tomei o copo quase num gole e meu rosto avermelhou-se. *Eu farei dezoito anos daqui a uma semana e ele insinua que sou muito nova. Ele deve achar-se tão adulto.* A torrente de pensamentos chateava-me e tirou qualquer esperança que fora criada em momentos anteriores na companhia de Giovanni. Eu o fitei sem dizer nada, sentia meus olhos o fuzilarem.

Pedro puxou minha mão e me convidou para dançar, minhas pernas fraquejaram quando levantei. Ele amparou-me e sorriu triunfante. Esperei um momento, olhei bem para Giovanni demonstrando que mantinha o controle e não estava bêbada (talvez um pouco tonta) e acompanhei Pedro. Começamos a dançar. Ao longe, eu via que Giovanni nos observava enquanto tomava um drinque aos goles.

Ele pode beber quantos quiser e eu não? Minha raiva não ansiava diminuir. Meus olhos estavam atentos a ele. Os dedos de Pedro tocaram minha nuca e seu corpo colou-se ao meu, no reflexo virei meu rosto e ele beijou minha bochecha. Separei-me de seus braços.

— Não fuja, minha ruiva. — Ele aproximou-se novamente envolvendo seus braços em minha cintura. Giovanni ainda nos observava. — Te acho muito gostosa, pensei em aproveitarmos a noite juntos. O que acha de irmos para um lugar mais reservado?

— Não estou interessada.

— Eu te garanto que será uma noite maravilhosa.

— Não, obrigada, vá procurar outra.

Desvencilhei-me de seus braços e sai andando pela praia. Minha raiva embolava-se em minha garganta. Não aguardava receber uma proposta tão direta de Pedro; mesmo sabendo como ele era atirado não imaginei que fosse tanto. Mas, no íntimo, o que me mantinha enfurecida era o fato de Giovanni ter permanecido nos apreciando sem reação, sem demonstrar nada. Tinha agora certeza que além de me achar criança, ele não nutria nenhum sentimento além de amizade por mim.

Sentei-me na areia e segurei meus joelhos apertados nos braços, observei os riscos brancos das ondas ao quebrarem-se na praia.

— Não devia vir tão longe, pode ser perigoso.

Levantei a cabeça e avistei Giovanni em pé ao meu lado, seu rosto expressava apreensão.

— Só preciso pensar um pouco, depois volto à festa.

— Então ficarei aqui.

Ele sentou-se ao meu lado com as pernas estendidas, apoiou-se sobre as mãos e apreciou a água do mar, num gesto despreocupado. Eu queria gritar com ele, mandá-lo embora e dizer-lhe que não precisava de babá, no entanto detive-me em permanecer em silêncio e olhar para frente.

— Não deveria chatear-se com Pedro, ele está sempre em busca de um romance não importa onde e com quem.

— Você quer dizer a procura de sexo.

Envergonhado, Giovanni esboçou um curto sorriso. A calmaria iniciara seu caminho dentro de meu peito, por algum tempo o observei pelos cantos dos olhos. *Como ele é bonito e envolvente. Não importa o quanto eu esteja brava ou confusa, é só ele chegar e a paz reina.* Ele olhava-me como se tentasse decifrar o quanto eu estava magoada ou não. Estiquei meus joelhos e imitei sua posição.

— Fiquei surpreso por ter rechaçado o Pedro, pensei que estivesse interessada nele.

— O quê?

Fitei-o espantada. *Sim eu o acho bonito, mas agora estar interessada estava distante de acontecer.* Pensei silenciosa com indignação. Magoei-me e baixei a cabeça. *Afinal, o que ele pensa de mim? Acreditou que eu ia transar com Pedro só por ter bebido um pouco?* Contemplei-o novamente com cólera e percebi meus olhos lubrificarem-se com lágrimas. *Não vou chorar!* Voltei-me para o mar e respirei profundamente.

— Desculpe, acho que tirei conclusões erradas.

— Muito erradas!

Permanecemos ali em silêncio um longo tempo. Pensei em algo para dizer ou como iniciar uma conversa, nada veio em minha mente; na verdade, não desejava falar, eu estava magoada. Contentava-me em olhá-lo de relance e assim certificar-me que ainda mantinha-se ao meu lado. Giovanni mudava de posição e, por vezes, suspirava impaciente, contudo não tirava os olhos do mar.

Enfadei-me de permanecer ali sem assunto e levantei-me, com o intuito de ir para o quarto dormir. Sacudi a areia de minhas pernas e mãos e inicie minha marcha sem me despedir ou olhar para trás. Avancei uns três passos e senti Giovanni puxar minha mão, ao virar-me ele estava à minha frente e encarava-me seriamente. Perdi qualquer capacidade em falar, sorri largamente e aproxime-me um pouco mais dele.

Nossos olhos estudaram-se em profundidade e ele envolveu seus braços em minhas costas e puxou-me ao seu encontro. Nossos lábios tocaram-se, eu quase me esqueci de respirar, meu corpo estremecia extasiado, minhas mãos acariciavam seus cabelos. Eu podia ficar pela eternidade naquele beijo, naquela sensação magnífica e... ele separou-se de mim.

Sorri encorajando-o a voltar a beijar-me, meu corpo ainda mantinha uma gostosa sensação, contudo ao olhar Giovanni foi temor o que nasceu no meu peito. Ele andava desnorteado de um lado para o outro, mirava preocupado o chão, de repente fitou-me confuso.

— Eu não devia ter feito isso, foi um erro... Desculpe.

Horrorizada, observei-o enquanto ele caminhava ligeiro para a pousada. Minhas pernas não se mexiam e meu coração se estrangulara em angústia. Eu não conseguia compreender a sua reação final. Para mim, o beijo fora ótimo e achei que ele sentira o mesmo. Minha cabeça doía, todo o meu corpo doía. Fiquei em pé sozinha e desnorteada por algum tempo, até que minhas pernas me levaram até minha cama.

As meninas do quarto já dormiam. Deitei-me e permaneci a fitar o escuro, não conseguia entender, não conseguia pensar e não conseguia chorar, até que adormeci.

Na manhã seguinte, foi uma das meninas que me despertou, pois eu havia perdido a hora e o ônibus já estava quase saindo. Levantei-me rapidamente, minha cabeça latejava e eu ouvia como um sussurro a voz de Giovanni "foi um erro, foi um erro". *Por que um erro? Ele não gosta de mim? Se não gosta, por que me beijou? Está envolvido com outra pessoa?* Muitas perguntas sem nenhuma resposta.

Algumas lágrimas fugiram de meus olhos. Peguei minhas coisas e fui para o ônibus. No caminho, olhei em todas as direções à procura de Giovanni, no entanto sabia que ele fora embora de carona com Pedro. Sentei na última poltrona em torcida para ninguém vir sentar-se ao meu lado, o que aconteceu, e pude ficar toda a viagem sozinha com meus pensamentos e algumas lágrimas que não consegui conter.

Eu só desejava reencontrar Giovanni. Eu exigiria uma explicação, talvez o xingaria ou o beijaria. Não sabia, só queria parar de sentir a angústia que me corroía e resolver a situação. Teria me sentido melhor se o beijo fosse apenas um homem seguindo seus impulsos físicos, mas ele o considerar um erro fora um golpe de machado em meu coração.

O problema é que eu seria obrigada a conviver com isso até o fim das férias de verão, por dois meses, até ser possível reencontrá-lo.

✶✶✶✶

Não imaginaria que minhas férias fossem ser repletas de ansiedade. As palavras de Giovanni haviam mesmo me atormentado. Gustavo fazia o possível para me distrair, no entanto isso não se mantinha por muito tempo.

Minha mãe ficou comigo no apartamento por vinte dias, o que me permitiu desligar-me por um tempo da dúvida do que havia acontecido naquela noite na praia. Pensei em contar para ela sobre o ocorrido, porém não me pareceu pertinente. Permanecemos o máximo de tempo juntas para saciar as saudades. Sérgio e Maria estavam continuamente conosco desde a chegada dela. Maria queria saber todas as novidades do Canadá, ela maravilhava-se quando minha mãe relatava sobre o país e sua cultura peculiar.

Na manhã de meu aniversário de dezoito anos, acordei com uma terrível dor de cabeça. Arrastei-me para fora da cama em busca de um comprimido. Ao chegar à cozinha para pegar um copo de água, avistei Gustavo fazer o café.

— Bom dia! — Ele abriu um enorme sorriso e correu para me abraçar. — Feliz aniversário. Finalmente dezoito anos.

Agradeci-o com um sorriso torto que fazia minha cabeça doer mais. Ele olhou-me com pesar e me entregou o copo de água, pois já conhecia minha expressão de dor de cabeça. Manteve-se em silêncio ao meu lado enquanto esperava o remédio surtir algum efeito. Impaciente, tirou um pequeno pacote prateado com um enorme tope fofo igualmente prateado de baixo do balcão da cozinha.

— Quer seu presente agora ou só à noite quando sairmos para dançar?

— Pode ser agora. — Sorri e peguei o embrulho.

Gus não conseguia conter por muito tempo a vontade de

me entregar os presentes, era normalmente dele o primeiro que eu recebia. Como ficara para dormir na noite anterior, mesmo no sofá, pois minha mãe ocupava seu antigo quarto; eu percebera que, como de costume, Gustavo queria garantir ser o primeiro a me presentear. Sorri pensativa. Observei o pacote interessada. *O que ele teria escolhido desta vez?* Abri-o com cuidado. Ele esticava os olhos para o embrulho sondando minha reação. Era um lindo colar de prata com um delicado pingente de coração com letras em baixo relevo "Amigos para sempre".

— É lindo, adorei!

Eu o abracei com força e ele correspondeu. Gustavo ajudou-me a colocar o colar. E fitou-me com segundas intenções.

— Por que está me olhando assim?

— É que chegou um presente para você está manhã.

— De quem?

Meu coração bateu mais forte enquanto Gustavo trazia da sala um lindo buque de flores. Admirei as flores com animação, eram crisântemos vermelhos. Peguei o cartão, empolgada, até lê-lo. Em meu rosto deve ter ficado evidente o desapontamento, pois Gus olhou-me com desaprovação.

— Não gostou?

— Claro que sim, adoro flores. Agradeça seu irmão por mim.

— Então o que foi?

— É que achei que eram de outra pessoa.

Uma suposição completamente idiota, pois era provável que Giovanni nem soubesse onde eu morava, ou a data de meu aniversário. Contudo minha parte nada racional desejou que as flores houvessem sido enviadas por ele. Gustavo sorriu compreensivo e passou a mão nos meus cabelos.

— Tire essa tristeza do coração. Hoje tem festa, nós vamos nos divertir muito.

Concordei com a cabeça, sentia-me tola.

À noite, quando me arrumei para a festa sem vontade de sair, meu pensamento focava-se no verão passado com Ricardo, cada vez que olhava as flores no vaso em cima da cômoda do quarto, e misturava-se com as incertezas da noite do beijo com Giovanni. Meu coração estava pesado, por algum motivo obscuro me lembrar de Ricardo não me magoava na mesma proporção do que aquela noite na praia, onde fui deixada sozinha.

Gustavo apareceu sorridente na porta do quarto.

— Olá, estamos todos prontos, só te esperando. – Ele rodeou-me com um largo sorriso e sentou-se na cama. — Você está lindíssima. O colar deu um toque final. Sou muito bom na escolha de colares. – Ele riu ao referir-se ao seu presente que eu usava. Gustavo levantou-se e parou à minha frente. — Só falta um pouco de alegria. – Forcei um sorriso, ele pegou minha mão — Vamos. Deixe as preocupações aqui no quarto e vamos curtir a festa.

Ao descermos, Alice abriu a janela do carro no assento do carona e acenou-nos empolgada. Assim que entrei, ela e

Rodrigo me brindaram com um belo pacote de presente estampado com flores amarelas. Drigo dirigia o carro que ganhara do pai ao completar a maioridade, quase um ano atrás. Ele observava-me pelo retrovisor em espera de minha reação ao abrir o presente. Não pude evitar abrir um sorriso agradecido, era uma caneca e uma tigela para cereal matinal vermelhas com fotos de nós quatro estampadas nelas.

— Agora vai ter que se lembrar de nós cada vez que tomar o café-da-manhã.

Drigo sorria animado demonstrando que a escolha do presente partira dele.

A festa estava maravilhosa, tocaram músicas que curtíamos e dançamos até amanhecer. Descobri que Rodrigo era um ótimo parceiro de dança. Alice passou pouco tempo em nossa companhia, pois encontrou um antigo "rolo" e passou a festa com ele, primeiro numa discussão sem fim sobre o porquê dele não a ter procurado mais e no final numa dança apaixonada que resultou em uma saída para um lugar mais reservado. Eu estava certa que Alice não tinha mais jeito, ela caía com tanta facilidade na lábia dos homens que eu, por vezes, duvidava de sua capacidade lógica. Provavelmente amanhã ou depois ela encheria minha tela do computador com lamúrias sobre como os homens são cafajestes. Pobre Alice!

Contrariando a ideia que eu nutria de Rodrigo, ele passou a festa ao nosso lado. Não sei por que, eu pensava em Drigo como um daqueles meninos que chegam numa festa e vão direto à busca de algum momento de amor. Talvez isso se devesse ao seu modo extrovertido e divertido de ser. Gustavo estava bastante animado e, como eu o conhecia, sabia que tentava causar uma boa impressão ao novo amigo.

****

O restante das férias passei entre filmes e passeios pela cidade acompanhada de Gustavo, salvo na última semana, quando fiz minha visita anual ao meu pai na Inglaterra.

Em todas as minhas férias, desde os oito anos quando minha mãe me levou pela primeira vez para conhecê-lo, eu reservava uma semana para ele. Gostava muito desta viagem, mesmo depois dele casar-se e ter outra filha, Megan. Meu pai me abraçava e me dizia como eu havia crescido; sendo que minha estatura não se modificava há uns dois anos, eu achava isso engraçado.

Passar o tempo com meu pai era sempre agradável, ele tinha um jeito carinhoso, apesar de desajeitado. Como não tínhamos muito contato durante o ano, e na verdade nunca tivemos, ele parecia não saber o que fazer em minha presença. Tentava o possível e o impossível para me agradar, me enchia de presentinhos e me levava aonde eu desejasse.

Minha meia-irmã Megan mostrava-se um pouco frustrada com minha presença, pois precisava dividir a atenção de nosso pai. Durante minha visita, eu e ela mantivemos um relacionamento pacífico, como se pode ter com uma menina de sete anos. Nosso contato era tão escasso durante o ano que pouco sabíamos uma da outra.

Suelly, a mulher de meu pai, costumava ser educada comigo em minhas visitas e eu agia da mesma forma com ela. Educada e distante. Acho que não tínhamos nada em comum que fosse capaz de gerar um interesse mútuo de tornarmos nosso relacionamento mais cúmplice. De certo modo, para ela, minha visita era apenas um período onde ela tinha que deixar um pouco de lado suas excursões em clubes, *shopping* e salões de beleza para ser minha anfitriã. Diretamente a mim ela nunca resmungara por me ter por perto ou me destratara, mas seu olhar superior e esnobe transparecia sua frustração com minha presença. Como eu estava ali para ver meu pai, eu apenas me fazia de tola e mantinha toda a relação no nível perfeitamente educado do por favor e obrigada.

A semana passou rapidamente e logo eu estava em casa, envolvida com a preparação de meu material para o segundo semestre na faculdade. Minha atenção se dividia entre Lucky, que bicava algumas folhas coloridas do fichário, e Gustavo, que andava impaciente pelo apartamento ao tentar decidir se iria ou não iniciar algum estágio mais simples no novo semestre. E Giovanni, bem, esse se mantinha em meus pensamentos, como um pano de fundo que mesmo não estando em evidência permanecia constantemente lá.

13 – Mergulho Incerto

Durante a mudança para o novo apartamento, ao final das férias de verão, mantive meu corpo ocupado em colocar coisas nas caixas, carregá-las e desencaixotá-las. No entanto, não conseguia distanciar meu pensamento do beijo na praia.

Revia diversos acontecimentos do semestre com ambivalência: minha atração física por Emily era incontestável, assim como a admiração que eu nutria por sua personalidade e suas ideias. O dilema estava no que eu devia fazer com isso, depois de meu comportamento irresponsável.

A lembrança de deparar-me com Emily assim que eu e Pedro chegamos ao curso de mergulho, de seu corpo apenas coberto por um biquíni e uma saia curta, o cabelo para o lado que deixava a mostra suas costas e uma tatuagem sensual de três estrelas, que até então eu desconhecia, ainda me preenchia com desejo.

No momento, soube que sair disso ileso seria quase impossível, mas esforcei-me para manter a sanidade e permanecer na companhia de Emily como um amigo, convencendo a mim mesmo de que eu não era um garoto tolo e sim um homem responsável.

O primeiro erro foi fazer dela minha aluna de mergulho

mantê-la tão próxima em um ambiente que me fascinava de antemão. A intenção soou nobre quando a coloquei em minha lista de alunos, objetivava tirá-la do alcance das garras de Pedro como podia se esperar de um amigo preocupado.

O segundo foi acreditar que por termos passado um tempo descontraído com conversas no relaxante sofá da varanda, onde pude perceber a mágoa evidente em sua voz ao falar da mãe que estava distante; eu passaria a considerá-la apenas uma jovem aluna necessitada de proteção. Isso camuflou meu instinto e fez-me novamente tranquilo na presença dela, enganou-me de que finalmente havia voltado a ser o Giovanni controlado e correto de sempre. Esse sentimento agarrou-se forte na minha mente e desta maneira mergulhar com ela tornou-se apenas um afazer agradável de professor e aluno. O medo dela em pular no mar, no último mergulho, convocou novamente meu sentimento mais protetor e fortaleceu essa nova certeza interna de ser capaz de sustentar uma amizade com aquela garota de cabelos ruivos.

O terceiro, o provocador dos erros subsequentes, foi permitir-me ser levado por essa falsa sensação de que devia resguardá-la de Pedro, comparecendo a festa na beira da praia. Assim que avistei Emily em um vestido de verão vermelho e branco, com seus lábios levemente rosados e os olhos destacados por conta da maquiagem suave que lhe dava ao mesmo tempo um tom meigo e sensual, desesperadamente percebi todo o meu desejo retornar e atingir-me como não o sentia desde o início de minha adolescência.

Neste instante, deveria ter seguido meu caminho solitário para o quarto, contudo ao perceber Pedro atirar seu charme constantemente sobre ela, minha necessidade interna e egoísta de permanecer por perto aumentou. Emily dançou por um longo tempo, graciosa, atiçava mais e mais minhas entranhas. Novamente fui derrotado por meus instintos ao não conseguir evitar sentir-me convidado a tocar sua tatuagem sensual quando ela voltou a estar ao meu lado no bar. Instantaneamente repreendi-me por tamanha ousadia, agira igualmente a Pedro, envergonhei-me. Ela olhava em silêncio para frente, assim percebi como ela se perturbara com meu toque; quis desculpar-me, porém isso entregaria que houve uma segunda intenção de minha parte.

Pedro trouxera um drinque, que oferecera a Emily de forma maliciosa. Analisei a situação, receoso de que ela houvesse caído no incentivo dele. Ao vê-lo traz um segundo copo, eu o repreendi-o na esperança dela me dar razão. Contudo, ela deixou claro com um olhar raivoso que eu era apenas o professor chato que estragava sua diversão. E quando ela foi dançar com ele, eu pensei tê-la perdido. Tomei um grande gole de meu drinque frustrado. Pedro tentou beijá-la. Fiquei apreensivo, porém Emily desvencilhou-se dele e afastou-se da festa com passos pesados pela areia.

O lamentável quarto erro aconteceu quando sem pensar fui atrás de Emily. Meu instinto protetor dizia-me que isso era o que um amigo ou tutor deveria fazer. Como foi fácil enganar-me! Meu começo de conversa não foi bem recebido por ela, mas eu sentei-me ao seu lado mesmo assim, cada palavra que eu dizia parecia aborrecê-la mais, então apenas calei-me.

Emily levantou-se silenciosa e de forma graciosa sacudiu a areia de suas pernas e mãos. Ao vê-la afastar-se, num impulso andei até ela e peguei sua mão, o pior erro de todos! Confuso, encarei-a ao pensar em algo para dizer que justificasse minha ação, sem ser capaz de qualquer explicativa racional. Mesmo agora, ao colocar os livros na nova estante, não encontro o porquê de ter feito aquilo.

Aquela garota me pegou desprevenido quando abriu um sorriso luminoso e deu um passo em minha direção; nossos rostos ficaram próximos e em instantes toda a minha capacidade de raciocínio evaporou-se, tornou o desejo o mandante. Envolvia-a com meus braços e a puxei para mim. Quando nossos lábios se tocaram num beijo, tive a certeza que ela também me queria. Sentia as mãos de Emily em meu cabelo e sua boca úmida colada à minha. Minhas mãos preparavam-se para tocá-la com mais sedução quando recuperei a razão e dei-me conta do que provocara.

Recordar novamente como abandonara o meu código de ética ao seduzir uma aluna, com todo o agravante dela estar sobre influencia do álcool e em um momento que aparentava fragilidade, só aumentava a dúvida de quem eu realmente era. Pensava desde então que aceitaria como justiça Emily sentir-se ofendida e que eu perdesse meu emprego quando ela relatasse o fato a Sérgio.

A cada nova caixa trazida ao novo apartamento, a ligação do RH da faculdade informando minha demissão parecia ser o correto a acontecer-me. Mesmo arrependido de meu comportamento, não era realmente remorso o que meu coração parecia sentir. Quanto mais eu pensava como fora errado ter me aproveitado da situação para beijar uma garota tão jovem, mais eu queria repetir o erro. Em alguns momentos, conseguia bloquear minha culpa e pensar que talvez Pedro tivesse razão.

Na viagem de retorno daquele último feriadão de mergulho, Pedro manteve-se calado algum tempo até que se virou para mim com um sorriso debochado.

— A Ruiva comeu sua língua? — Ele riu e virou-se para o volante. — Então tive sorte de escapar de seus dentes.

— Do que está falando? — Enraiveci-me com sua ironia sem sentido, minha cabeça já latejava de culpa e não precisava dele para agravá-la. — Continua bêbado?

— Giovanni, deixe de ser sem graça. Me conte os detalhes: ficaram só nos beijinhos ou a Ruiva liberou tudo?

— Do que está falando?

— Uma das garotas com quem tive a honra de terminar a noite me contou uma história curiosa. Ela foi fumar um cigarro, um pouco afastada da praia, e viu uma garota ruiva aos beijos com um dos instrutores. — Pedro sorriu divertido, enquanto eu o olhava apavorado como se fosse um menininho completamente desprotegido ao ser pego comendo doces antes do jantar. — Não vá dizer que não era você! A Ruiva estava atacando outro instrutor? — Ele estacionou o carro no acostamento e me fitou sério. Engoli em seco. — Giovanni, você me surpreendeu. Sempre condenando minha atitude com as alunas e agora agarra uma na praia! – Ele riu ao procurar a térmica no banco traseiro. — Isso é um bom começo.

— Não é começo de nada. Garanto que não vai acontecer de novo.

— Então assume que foi você? – Pedro tomou um gole do café que trouxera para nos manter alerta na estrada. Eu apenas queria desaparecer por ter sido descoberto fazendo algo irresponsável. — Sabia que estava enlouquecido pela ruiva.

— Dá para parar de chamá-la assim?!

Minha voz elevou-se. Estava com raiva de mim por ter sido fraco e com raiva de Pedro por ser enxerido. Ele sorriu debochado e num impulso de cólera eu o acertei com um soco, Pedro colocou a mão no nariz choramingando.

— Giovanni, eu estava só brincando!

Ele limpou o sangue que começava e escorrer com a manga da camisa.

— Desculpe! Nunca havia feito isso antes.

Peguei uns guardanapos que haviam sobrado no porta-luvas do lanche que comemos no início da viagem e entreguei a ele. Por sorte, eu não tinha um soco muito forte e não causei muitos danos ao nariz de meu amigo. Culpado, ofereci-me para dirigir o resto do trajeto. Pedi mais algumas vezes desculpa, pois não me sentia no direito de lhe ter agredido. Ele permaneceu em silêncio ao meu lado com o nariz para cima alguns minutos, até que começou a rir.

— Está virando rotina eu sair do curso de mergulho com o nariz estourado. Terei mais cuidado no próximo.

Ele fazia referência ao nosso segundo curso de mergulho quando ele envolveu-se com uma das instrutoras, e como resultado teve uma briga com o atual namorado dela. Precisei dirigir toda a viagem de volta enquanto Pedro mantinha-se desmaiado pelo anestésico dado pela enfermeira da pousada e carregava um enorme curativo no nariz.

— Sinto muito – Tentei redimir-me novamente.

— Tudo bem, eu mereci por ficar fazendo graça de sua garota.

— Ela não é minha garota.

— Vai continuar negando?! – Olhei-o de canto. Ele sorriu brincalhão e fingiu proteger o nariz para evitar um novo soco. Arrumou-se no banco e suspirou. — Desde quando me falou que queria colocar a Emily como bolsista eu soube que estava interessado nela. – Ele abaixou a cabeça em sinal de amizade. — Peço desculpas por ter sido um mau amigo e ter dado em cima dela.

— Estamos quites. – Minha raiva passara no instante em que o acertei. Estranhamente, no momento pedir um conselho de Pedro pareceu algo cabível. — E o que eu faço agora?

— Sobre o quê?

— Ora... – Sentia-me encabulado. — Eu beijei uma aluna.

— Ela não queria?

— Na hora ela parecia estar em sintonia comigo.

— Então qual o problema? Ela já deve ser maior de idade, não vejo onde está o problema. Se ela não estivesse de acordo em te beijar teria te empurrado como fez comigo sem nenhuma cerimônia.

De repente, as palavras dele fizeram sentido. Emily não fora desmiolada ao ponto de deixar-se seduzir por Pedro, então de certa forma ela não estava só a procura de uma fantasia de professor e aluna, ela tinha optado por mim. Não que isso tirasse minha culpa, mas fazia com que me sentisse menos aproveitador.

— Giovanni, devia largar mão de ser tão controlado e seguir a vida com mais leveza. – Ele tirou o guardanapo do nariz para certificar-se que o sangue parara. — Deveria ter curtido a noite. Afinal, perdeu uma ótima oportunidade, depois das férias ela provavelmente já estará envolvida com outro. Sabe como os interesses das jovens são volúveis.

— Isso seria um alívio.

— É muito pior do que eu pensava! – Pedro riu com meu desabafo. — Não queria só uma transa, não é? Cara, ela te fisgou de vez.

A risada de meu companheiro de viagem ecoou dentro do carro e de minha cabeça, como se ele estivesse ali do meu lado entre caixas de papelão. *"Ela te fisgou de vez."* E se isso fosse verdade, como eu poderia ser tão infantil em deixar-me apaixonar-me por uma garota dez anos mais nova? Voltei a ponderar minhas opções. A ligação do RH ainda não ocorrera, o que começava a dizer-me que manteria meu emprego e isso significava que inevitavelmente cruzaria com Emily nos corredores, o que talvez fosse pior.

Concentrei-me na compra de alguns móveis para o novo apartamento e deixei a angústia de não saber o que fazer quando me deparasse frente a frente com Emily para quando isso realmente fosse inevitável. Secretamente, eu imaginava que a sensação de ambivalência em meu peito desapareceria até o começo das aulas em poucas semanas; já que a outra possibilidade de resolução que eu esperava para me afastar desse inevitável encontro não se concretizou ao receber o papel de negativa da coordenação do curso.

Havia me inscrito, logo após minha separação com Rebeca, para uma bolsa de doutorado na Inglaterra. Este curso era meu grande sonho ao terminar o mestrado há quatro anos, contudo não me inscrevera nele por temer deixar minha pequena filha e mulher sozinhas por tanto tempo. Rebeca até me incentivara a fazer, dizia que meu salário seria quase dobrado. Lamentei não terem me dado a bolsa, viajar neste momento seria maravilhoso para minha carreira e também para organizar minha mente.

No novo apartamento, Enya tinha um quarto para ela, o que permitia que fosse mais agradável que ela passasse os finais de semana comigo. Dei-lhe de presente a possibilidade de escolher como o desejava. Primeiro, ela quis todas as paredes e móveis pintados de rosa. Pensei que seria ofuscado por seu quarto toda a vez que passasse perto e com perseverança consegui convencê-la a deixá-lo mais neutro. Assim compramos os móveis rosa, mantivemos as paredes brancas, escolhemos algumas roupas para ela deixar no armário para emergências e, claro, alguns brinquedos.

— Posso levá-los para o meu antigo quarto? — Enya segurava os brinquedos em dúvida quando nos arrumávamos para entregá-la a Rebeca. — E também posso trazer os outros brinquedos para cá?

— Claro! Terá dois quarto, então tudo o que está neles é seu.

— Legal! — Ela admirou seu novo espaço e sorriu. — Tenho dois quartos!

Peguei-a no colo com certo esforço, afinal já estava quase com oito anos e começara a ser pesada para meu braço, mesmo assim sentia-me bem ao levantá-la do chão, pois ela envolvia meu pescoço com seus pequenos braços e me abraçava com carinho. *Minha filha é a coisa mais preciosa que tenho na vida. Meu casamento não deu certo, porém gerou uma vida importante.* Esse pensamento me confortava quando tentava aceitar o ódio repentino de Rebeca e esforçava-me para suportar sem revidar suas agressões verbais toda vez que nos cruzamos.

No intuito de aproveitar as férias, aluguei uma casa na praia para passar vinte dias com Enya. Estava um pouco receoso de ficar tanto tempo com ela sozinho, pois nos anos anteriores sempre tivera a presença de Rebeca para confortá-la em seus momentos de criança manhosa. Mas devia à minha filha um bom tempo de férias, não seria justo com ela mantê-la no calor da cidade por sentir insegurança. No entanto, fiquei muito aliviado quando minha irmã, sua família e meu irmão convidaram-se para dividir o aluguel e passar o tempo conosco.

Giordana salvou-me em todos os momentos que foram necessários a presença de uma mulher para auxiliar Enya e nos proporcionou uma temporada de férias muito boas. Minha filha distraía-se com o primo Leonardo, apesar dele ser pouco mais que um bebê, ela não desgrudava do seu lado demonstrando interesse nele.

Eu, Bernardo e Filippo, meu irmão mais novo, aproveitávamos o final da tarde quando as crianças e Giordana dormiam para jogarmos carta e pescarmos. Pescar não era minha atividade preferida, no entanto, era a de Bernardo e ele nos convencia a acompanhá-lo. Filippo logo se cansou em estar no marasmo de nossa companhia e tratou de conseguir uns amigos da sua idade na praia para aproveitarem as noites com festas.

Filippo era seis anos mais novo e completamente diferente de mim. Desde cedo, demonstrou que seu interesse nas mulheres era mais próximo do de Pedro do que do meu, na verdade meu amigo me lembrava constantemente meu irmão. Quando ainda morávamos na mesma casa, eu e Filippo dividíamos o mesmo quarto e era mais frequente eu ouvir seus conselhos do que ele os meus, pois sua experiência social era vastamente maior que a minha.

Uma Enya encantada seguia Leonardo pela casa. Ele choramingou, devia achar um tédio ter uma menina à sua volta sem deixá-lo morder seus brinquedos em paz. Giordana o pegou no colo e minha filha sentou-se ao meu lado, irrequieta por sua "boneca" de verdade ter sido afastada.

— Quero um irmão para mim!

— Irmão? – Olhei-a pensativo. — Já tem um primo.

— Eu sei, mas só vejo o Lele às vezes. Me dá um irmão?

— Lamento, mas não é possível no momento.

— É só emprestar sua sementinha para mamãe.

— Acho que ela não vai querer.

Sorri constrangido. Na certa, Enya ainda não tinha uma real noção de como eram feitos os bebês. Olhei em volta à procura de minha irmã, ela saberia como ter essa conversa com minha filha melhor do que eu. Suspirei ao decidir como e se devia explicar alguma coisa. Mas para meu grande alívio, ela ainda não estava tão interessada na mecânica do ato e riu complacente.

— Tudo bem. - Ela levantou-se e foi conferir o que seu primo fazia no colo de Giordana. — Quando morar de novo lá em casa, terei um irmão.

Desejei puxá-la para meu colo e esclarecer que eu e sua mãe não tínhamos intenção de ficarmos juntos novamente e que gerar outro filho seria impossível. Porém ela estava tão tranquila ao lado de Leonardo que achei desnecessário encher sua cabecinha com os problemas de adultos. Haveria outros momentos para reforçar que o divórcio era definitivo.

O tempo decorrido na casa de praia servira como uma renovação de espírito. Sentia-me relaxado e confiante quando retornei para o conforto de meu novo apartamento, com objetivo de findar as arrumações. Envolver-me com uma nova moradia deu-me a boa sensação de estar construindo um lar e uma nova vida para mim.

Finalmente recuperei meu controle e minha paz, e de ânimo renovado aceitei acompanhar Pedro em outro de seus jantares com mulheres ousadas. Talvez pudesse recomeçar a abrir meu coração para novos relacionamentos sérios e seguir minha vida sem Rebeca ou sem uma jovem ruiva que me enfeitiçara no semestre anterior.

14 – Segredos

No primeiro dia de retorno as aulas, o calor do verão já começara a amainar e uma gostosa brisa se intensificava. Eu não conseguia controlar a ansiedade, soube que não teria aula com Giovanni neste semestre assim que recebi a grade curricular, todavia com certeza haveria de encontrá-lo no *campus*. Fiquei na porta da sala à sua procura sem obter sucesso.

Alice chegou sorrindo maliciosa e abraçou-me, sussurrou ao meu ouvido.

— O Rodrigo já chegou?

Neguei ao balançar a cabeça. Ela arregalou os olhos e me puxou para uma cadeira ao fundo da sala. Tentei sentar de modo a continuar olhando ao longe o corredor, no entanto não foi possível. Encarei-a impaciente, ela aproximou-se para poder segredar.

— Encontrei o Rodrigo na praia. Fomos a uma festa. – Ela calou tomando ar e com olhos rápidos mirou ao redor melindrada ao certificar-se que mais nenhum colega nos ouvia. Alice segurou minha mão com força e encarou-me novamente. — O Rodrigo...

De repente senti-me uma péssima colega. Não ligara

nenhuma vez, após o meu aniversário, para demonstrar meu interesse em sua amizade e saber as novidades das férias dela. Ajeitei-me na cadeira e esforcei meu cérebro a focar a atenção em Alice.

— Vocês ficaram?

— Não! – Sua resposta foi abafada. Olhei-a confusa. — Eu encontrei-o num canto escondido na festa ficando com um cara!

Era evidente a expressão de espanto que ela fizera ao pronunciar vagarosamente a palavra. Por um tempo analisei a feição de Alice na tentativa de adivinhar o que ela pensava sobre isso.

— Emily! Você entendeu o que eu disse? – Alice elevou a voz, como se tentasse me tirar de uma espécie de torpor. E voltou a cochichar: — O Rodrigo gosta de garotos.

— Eu já desconfiava. – Percebera que Rodrigo demonstrava mais interesse nos homens que passavam do que nas mulheres e na festa de meu aniversário eu tinha intensificado esta minha desconfiança. — Isso é um problema? – Indaguei-a em busca da sinceridade em seus olhos. Ela baixou a cabeça pensativa.

— Com certeza não. É que eu não tinha percebido nada, ele não dava sinais: não fala se desmanchando e não parece afeminado. Não me perecia um *gay*.

Sorri compreensiva. Alice ficava engraçada quando confusa: gesticulava com as mãos e arregalava os olhos como se isso a ajudasse a compreender melhor. Sempre achara estranho o fato das pessoas criarem um estereótipo de que o homossexual deve agir de maneira feminina. Ela não aparentava ser preconceituosa, mas sim confusa ao descobrir um segredo. Ela fitou-me desanimada quando percebeu meu desinteresse no assunto.

— Só quis me antecipar, pois conversei com o Rodrigo e ele disse que ia te contar, fiquei com medo que não reagisse muito bem.

Sua pré-concepção de que eu fosse homofóbica magoou-me, pois mostrava como ela não me conhecia em nada. Ao mesmo tempo, me senti culpada por não ter lhe dado muita abertura em nossa amizade para que ela soubesse quem sou verdadeiramente.

— Não se preocupe.

Finalizei a conversa entre dentes. Aliviada, Alice sorriu.

Rodrigo chegou quando a aula já começara e sentou-se nos cumprimentando ao longe. Era evidente a insegurança estampada em seu meio-sorriso. Eu tinha uma ideia de como ele sentia-se ao ter seu segredo descoberto e isso fez com que eu desejasse resolver o não dito o mais rápido possível, perder a amizade de Rodrigo seria triste.

Assim que saímos para o jardim no intervalo, abracei-o ternamente:

— Rodrigo, então você gosta de garotos, e daí? – Ele olhou-me com um leve sorriso. Sua expressão suavizada fez soltar-me ao tentar ser um pouquinho divertida. — Eu também gosto deles, se não nos agradarmos dos mesmos nunca iremos brigar. Isso é um aviso que serve para Alice também.

Ele riu descansado e passou os longos braços sobre os meus ombros e os de Alice, enquanto sentávamos no banco do jardim central. Encabulada, Alice apoiou-se na minha presença para questionar Rodrigo sobre o assunto, usando-se do "nós queríamos saber" para tirar suas dúvidas. Isso me inquietava, não gosto quando tentam colocar em minha boca palavras que não eram minhas, embora houvesse um interesse de minha parte nas possíveis respostas.

Rodrigo de bom humor respondeu a todas as perguntas. Ele nos contou que já tinha ideia sobre sua preferência desde o início da puberdade e que foi com um menino mais velho que teve as primeiras experiências e desde então busca relacionamentos duradouros, embora também curtisse romances relâmpagos. Ele se assumiu para seus pais no primeiro ano do ensino médio e, passando o susto inicial, eles o aceitaram com certa bonança.

Alice ouvia cada palavra com extrema curiosidade e Rodrigo parecia deliciar-se em nos pôr a par de qualquer detalhe sobre sua vida que quiséssemos conhecer. Eu apenas o ouvia e sentia-me feliz por ele ter tido tamanha sorte em ter pais tão íntegros e por ser tão tranquilo sobre sua homossexualidade. Teríamos permanecido o dia todo naquela conversa se o sinal não tocasse e nos impulsionasse de volta à sala.

Assim que a aula terminou, eu me dirigi ligeiramente para a sala de Sérgio, não me aguentava de impaciência. Tentar encontrar Giovanni fora uma tarefa nula e no auge do desespero eu só pensava em perguntar para Sérgio se ele tinha alguma notícia. Por duas vezes quase cai, ao tropeçar em minhas próprias pernas, devido minha pressa. Não sabia o que diria a Sérgio, no entanto estava decidida a conseguir uma notícia sobre meu querido ex-professor.

Parei à frente de sua sala, respirei para acalmar-me e abri de leve a porta, só me dei conta de que não batera quando já havia uma fresta. Ele poderia estar ocupado com alguém, então voltei a fechar vagarosamente a porta, contive-me ao ouvir a voz inconfundível de Giovanni.

Escorei-me ao lado da sala. Não conseguia ouvir praticamente nada, de repente ele e Sérgio chegaram-se próximos da porta para saírem e eu pude entender os sons de suas vozes.

— Giovanni, se realmente se sente atraído deveria fazer alguma coisa.

Meu coração enforcou-se, por um segundo pensei que iria morrer. *Uma mulher? Então ele estava interessado em alguém e havia ido pedir conselho para Sérgio?* Pensei ao respirar de maneira acelerada. Tive vontade de romper porta adentro e gritar, chamá-lo de todos os palavrões que conhecia.

— Estou em total dúvida.

— Procure-a! – Sérgio colocou a mão na porta para abri-la. Eu queria desaparecer, no entanto não consegui me mexer. — Deixe de ser tão preocupado.

Sérgio avistou-me ao lado da porta e sorriu ao dar-me uma piscadela. Giovanni seguia às suas costas com ar pensativo e arregalou os brilhantes olhos castanhos ao me ver. Eu fiquei como que congelada, apenas queria poder sumir como mágica. Meu coração batia descompassado ao imaginar-me acertando-lhe um bem dado tapa. *Por que nunca comentou sobre seu grande amor e me deixou ter uma pontinha de esperança? Agora ele ter saído correndo depois de nosso beijo na praia fazia algum sentido.* O pensamento tentou confortar-me.

Sérgio aproximou-se e abraçou-me como sempre.

— Iremos almoçar no restaurante dos filés após a ponte. Venha nos fazer companhia.

— Não, obrigada. – Falei com a voz sumida na garganta. Giovanni olhava para o chão. — Preciso ir para casa.

— Não vou aceitar não como resposta. – Sérgio ignorou-me e cruzou o seu braço ao meu. — Você não vai fazer essa desfeita, pois é o primeiro dia de aula e devemos comemorar o início do semestre.

Não falei nada, apenas concordei sem forças com a cabeça. Emburrei-me por me deixar ser levada. Sérgio me puxava delicadamente corredor a fora, meus pés pareciam estar colados no chão. Eu e Giovanni andávamos olhando para todos os lados menos um para o outro.

O almoço foi constrangedoramente silencioso, apenas Sérgio conversava alegremente e nos fazia participar de seu quase monólogo, com respostas curtas. Eu desejava ir embora, imaginava-me correndo pela porta sem rumo. Quando olhava para Giovanni, meus olhos enchiam-se de uma raiva que logo se transformavam em paixão, minhas entranhas se retorciam. Sentia-me irritada comigo mesma por estar apaixonada por ele.

Finalmente Sérgio terminou sua comida. Levantei-me ligeira e fui em direção do seu carro, escorei-me na porta enquanto o esperava. Ele abriu a porta e olhou-me intensamente.

— Vai para casa?

— Claro! – Respondi firme. Quando entrava no carro, ele completou:

— Emily, não poderei levá-la em casa agora, pois tenho uma reunião. – Ele olhou para Giovanni e sorriu amigavelmente. — Giovanni, se importa de levar Emily? Ela mora dois quarteirões de minha casa.

— Não precisa, vou de ônibus.

Pronunciei-me quase num susto e forcei minhas pernas a começarem a dirigirem-se a calçada em busca de um ponto de ônibus. Em reflexo parei ao ouvir a voz de Giovanni.

— Não é nenhum incômodo. – Giovanni sorriu educado. — Eu levo.

— Não! Eu vou de ônibus. – Minha voz saiu áspera. *Era só o que me faltava ir de carona com Giovanni.*

Sérgio insistiu mais duas vezes. Giovanni abriu a porta do carona de seu carro e convidou-me a entrar. Contra minha vontade, sentei no banco e coloquei o cinto de segurança, contrariada e emburrada, enquanto Sérgio explicava o caminho.

Percorremos mudamente todo o trajeto, ambos fitavam o horizonte. Em alguns momentos, ele olhava-me com o canto do olho e eu fazia o mesmo.

— Na próxima quadra. Aqui nesse prédio amarelo.

Ele parou o carro na frente de meu prédio e eu apressei-me em sair deste. Esquecera-me de pegar a chave e agora meus dedos tremiam vacilantes dentro da bolsa sem conseguir achá-la. Estava parada de frente para porta de entrada do prédio de costas para o carro na tentativa desesperada de atravessar a grade, quando Giovanni desceu do carro e apoiou-se na porta deste com as mãos em seus bolsos da calça. Eu podia ver sua sombra às minhas costas, engoli em seco.

— Devíamos conversar sobre a última noite em que nos encontramos.

Virei espantada e sem reação. Tenho certeza que fiquei completamente pálida. Sua cabeça mirava o chão e seus olhos me observavam de relance. Encontrei a chave e por pouco não abri a grade e entrei.

— Podemos conversar?

Agora ele olhava para mim ao falar. Percebi que não adiantaria fugir, pois mesmo que não quiséssemos iríamos nos reencontrar na faculdade e seria melhor eu saber de uma vez o que ele realmente pensava. Minha cabeça girava e meu estômago doía. Eu sabia que sofreria, contudo não permitiria mais essa situação insuportável entre nós, talvez pudéssemos voltar a ser amigos. Afinal, eu e Ricardo nos beijamos muitas vezes e sempre retomávamos nossa amizade, com exceção da última vez em que havia muito mais que um beijo envolvido. Suspirei. *Gustavo chega daqui poucas horas para me auxiliar a colar os cacos do meu coração.* O pensamento confortou-me.

Coloquei a chave na grade. Não achei pertinente convidá-lo para entrar, fiquei confusa e me virei parando poucos passos a sua frente. Ele permanecia escorado no carro de mãos nos bolsos. Cruzei meus braços e apertei minha chave contra os dedos.

— Então, o que deseja conversar?

Falei rispidamente. Fez-se um período de silêncio e Giovanni suspirou.

— Talvez pedir desculpas?

— Se me lembro bem, você já pediu. – Minha voz ecoou mal-humorada e a raiva subiu-me de maneira descontrolada. — Se gosta de outra, realmente foi um grande erro nosso beijo.

— Você estava ouvindo atrás da porta?

Ele encarou-me e sorriu travessamente. Meu rosto tapou-se de vergonha, sentia-me a mais idiota das criaturas.

— Não estava ouvindo, mas consegui captar uma parte quando saíam.

— Te incomoda se gosto de alguém?

Maliciosamente, ele alargou seus lábios, tirou os óculos e limpou-os num movimento despreocupado com a ponta da camisa. Percebi que havia me entregado, demonstrara inconscientemente que era eu quem gostava dele. Não falei nada, apenas baixei a cabeça e cutuquei as pedrinhas que estavam no chão com a ponta dos pés. Parecia que cada vez que eu abria a boca só fazia piorar a situação.

— Sim, eu realmente me apaixonei. – Ele fitou-me maroto. Mirei-o tristemente e ele riu. *Como ele pode rir?* Talvez se sentisse orgulhoso por perceber uma boba apaixonada por ele. Por pouco não o chutei. — Eu estava cheio de dúvidas, mas agora não mais. O que me diz de, talvez, eu tentar um relacionamento mais sério, tipo um namoro?

Fitei-o incrédula por ele me pedir conselhos amorosos. Tive vontade de socá-lo. Meus olhos enevoaram-se, apertei-os para conter as lágrimas e sem falar nada me virei para a grade e tentei abri-la. Ele puxou-me pela cintura e virou-me para si, seus olhos pareciam assustados. Era gostoso sentir suas mãos fortes apoiadas levemente em minha cintura, estávamos uns poucos centímetros um do outro e nossos olhares cruzavam-se dúbios.

— Não vai responder minha pergunta?

— Que pergunta?

Ele olhou-me fixamente e pareceu sorrir acanhado, perdera o aparente jeito confiante de instantes anteriores.

— Se quer ser minha namorada.

Eu? Sua namorada? Por que ele iria desejar ter uma namorada como eu? Eu com certeza não sou muito madura, talvez bastante adolescente ainda. Sou bonita, isso eu sei, mas beleza não traz namorados, apenas caras interessados em sexo. Namorada? Minha cabeça girava, os pensamentos fugiam-me. Comecei a fazer uma grande lista de minhas qualidades e defeitos e não compreendi por que ele com seus trinta anos havia de querer ser meu namorado. O *que entendo de namoros? Nunca experimentei isso! Tive casos amorosos e uma relação confusa com Ricardo, mas namoro... E depois, eu amo mesmo Giovanni ou só estou deslumbrada por ele como Gustavo tanto me diz?*

— Então? – Ele encarava-me sério. — Emily, poderia

responder, por favor. Estou perdendo a confiança.

— Por que quer namorar comigo?

A pergunta saiu sem ser refletida ao meio de tantos outros questionamentos que borbulhavam em minha mente. Mirei o chão tentando encontrar algo mais adequado a dizer. Giovanni suspirou impaciente.

— Emily, como você é difícil! – Ele riu e eu o olhei frustrada. — Gosto de você! Desejo poder vê-la sempre, compartilhar momentos contigo... Ora, que outro motivo teria? – Ele forçou um sorriso. — Você poderia apenas responder, antes que eu me sinta um idiota completo aqui parado na sua frente? Se não vai responder, pelo menos me diz o que sente por mim.

— Gosto de você também.

Tentei parecer menos interessada. Na verdade, meu sentimento estava mais para estou loucamente apaixonada, mas não ia dar o gostinho de deixá-lo saber disso quando ele apenas relatava gostar. Se bem que gostar é uma coisa muito boa, ainda mais quando dito por um homem. Eles não são muito capazes de demonstrar sentimentos. E, se ele queria me namorar, gostar era um bom início.

— Gosta o suficiente para sermos namorados?

— Sim.

A resposta escapuliu-me da boca, sentia meu rosto iluminado de alegria. *Então, agora estamos namorando?* O pensamento deixou-me em dúvida de como deveria agir. Decidido, ele puxou-me para si e me beijou. Dilema solucionado.

Eu podia sentir seu tórax. Ele acariciava meus cabelos com uma mão enquanto mantinha-me seguramente próxima de si com a outra. Era maravilhoso saber que teria seus beijos sempre, já que agora éramos namorados. *Namorados! Eu ainda não acreditava. Namorados!* A palavra ecoava em minha mente.

15 – Sentimentos Revelados

Abraçado a Emily, minha respiração ainda se agitava, quase como se quisesse que minha mente logo acordasse do transe e percebesse que o momento anterior não havia passado de um sonho. Apertei-a entre meus braços e afundei meu rosto em seus cabelos. Agora éramos namorados e isso parecia bastante real.

Fechei meus olhos e recordei da angústia que se instalara em meu peito assim que pisei dentro da faculdade e vi o jardim central imponente a me rodear. Todo o desejo de estar na companhia de Emily me invadiu e eu soube que fugir desse sentimento seria uma constante tortura.

Enroscada em meus braços, ela respirava suavemente, o que me fez sorrir. Não pretendia pedir conselhos a Sérgio e muito menos imaginava resolver toda a situação tão rapidamente e de forma tão positiva, contudo uma ação levou à outra, sem controle. Ao dar-me conta, estava na sala de Sérgio, ao final de minha primeira aula.

— Me conte, jovem, ainda está separado ou casou de novo? – Ele olhou-me e sorriu educado. — Porque, atualmente, a cada semestre eu vejo que os professores já trocaram de esposa.

— Não, continuo sozinho.

— Ah! É triste um coração sem dono.

— Pior é entregar o coração a uma paixão irresponsável.

Naquele exato momento, desejei calar-me. O que faria agora para evitar que Sérgio descobrisse minhas intenções com Emily? Olhei em volta e peguei um livro qualquer deixado sobre a mesa para despistar olhares e questionamentos que pudessem surgir. Ele não desistira, entretanto.

— Irresponsável? E qual paixão não o é? – Sérgio riu rouco. — Vai dar frutos essa sua paixão?

— Acho que não seria correto! – *Se ele soubesse que me refiro à sua protegida, aposto que não teria essa opinião.* O pensamento fez com que eu desviasse o olhar. Suspirei. — Além de ela ser muito nova, ainda não tenho certeza do que busco.

— Preste atenção ao que seu coração lhe diz, às vezes nossa mente só nos atrapalha.

Ele parecia interessado em ajudar-me e, apesar de me sentir um cretino por pedir conselhos sobre sua própria Emily, a ânsia de resolução dentro de mim era mais forte. Tentei esquecer que houvesse qualquer relação entre os dois e busquei a sinceridade de meus sentimentos dentro de meu peito.

Pensativo, acompanhei-o para fora da sala. Ao ver Emily parada à porta, soube que deveria resolver de uma vez por todas tudo isso. Deveria ser um homem adulto e assumir o que eu sentia, mesmo que temesse que ela fosse dar-me um tabefe e me acusar de ser um homem sem noção.

Sérgio facilitou as coisas quando, mesmo contra a vontade dela, nos fez percorrer, sozinhos, o caminho até o apartamento onde ela morava.

Perceber como ela parecia aborrecida em minha companhia me fez sentir-me um otário por achar que talvez ela pudesse sentir algo por mim. Recuei, e pedir novamente desculpa por tê-la beijado pareceu a única coisa que me restava.

De repente, percebi que a aparente indignação de Emily tinha outra explicação: ela parecia chateada ao reproduzir uma parte da fala que eu tivera anteriormente com Sérgio. Seu rosto avermelhou-se por ser descoberta e ela virou-se por um momento de costas para mim. Talvez o beijo tivesse significado muito mais do eu imaginara, a esperança dentro de mim ressurgiu.

Agora sabia o que fazer como homem e não mais como um garoto tolo. Joguei meu charme e fiz o pedido a ela. Esperei um sonoro sim, mas ao invés disso ela virou-se para a grade ignorando-me. Pensei como poderia ter me confundido sobre a clareza de seus sentimentos por mim. Puxei-a pela cintura e mantive seu rosto próximo ao meu, queria poder compreender sua expressão.

Olhei no fundo de seus olhos, ela parecia surpresa. Talvez eu tivesse me precipitado, larguei mão de iniciar joguinhos de conquista com palavras dúbias e arrisquei, abri meu coração para ela. Toda a segurança sentida há poucos minutos desaparecera por completo e, já arrependido de ter me declarado, obriguei-me a questioná-la sobre os seus sentimentos.

Finalmente o sim desejado. Puxei-a com confiança e a

beijei, agora éramos namorados e não haveria mais constrangimentos ou ambiguidades quando nos tocássemos. Uma alegria há muito perdida retornou ao meu coração, era-me muito mais agradável estar num relacionamento sério do que encontros casuais. Ao abraçá-la, tive a certeza de que escolhera a mulher certa para mim.

Escorei-me no capô do carro relaxado. Ela apoiou-se em meu peito e aninhou-se em meus braços. Ela encarou-me e suspirou.

— Giovanni? Por que fugiu aquele dia na praia?

Senti meu rosto dar sinais de vergonha, ela havia me pegado de jeito com a pergunta. Temi que ser sincero demais pudesse me deixar com cara de abobado, nem sempre uma característica sensível e romanceada é vista como positiva em um homem.

— Estava confuso.

Baixei minha cabeça para desviar-me dos olhos felinos fixos a mim. Teria que me acostumar a seus olhares penetrantes e aprender a decifrá-los com mais destreza.

— Sobre o que sentia por mim? – Ela fitou-me séria.

— Também, mas não parecia algo certo, você era minha aluna. E temos uma grande diferença de idade. – Olhei-a, profundo. — Mas agora sei exatamente o que quero. E é ficar contigo!

Novamente a questão da diferença de idade se fez presente em minha mente, não pude evitar sentir-me um cretino. *Será que minha paixão é sincera? Ou eu estou apenas iludido pela possibilidade de ter um relacionamento com uma garota jovem?* O pensamento calou-me.

— Que bom!

Ela sorriu e beijou-me, fazendo com que eu me entregasse como um menino, e afastasse minhas dúvidas sobre meus sentimentos. Costumavam me aconselhar a não me colocar na mão de uma mulher e confessar que gostava dela, como se ao fazê-lo ficasse em desvantagem no relacionamento. Usei dessa artimanha com Rebeca e de nada me adiantou, fiquei em desvantagem do mesmo jeito.

Ao olhar no fundo dos olhos de Emily, sentia que ser honesto sobre os meus sentimentos seria possível com ela sem que ela se aproveitasse disso para me fazer de capacho.

Sentei-a no capô do carro e coloquei meus braços em sua cintura, era gostoso ficar em sua companhia e beijá-la no mesmo tempo em que a vontade surgisse. Neste momento, não importava se tínhamos a mesma idade ou não, eu podia perceber que meus sentimentos por ela eram verdadeiros. Permiti-me ficar abraçado a ela como se fosse apenas um menino inocente, o que ao mesmo tempo era estranho e muito agradável.

16 – Namoro

Namorados! Soava estranho em minha mente.

Conversarmos abraçados sobre nossos sentimentos primeiro me causou medo dele apenas querer iludir-me para divertir-se comigo, contudo logo percebi como tentava ser sincero e relaxei.

*Namor*ados! Pensei boba, a palavra ainda me causava estranheza.

E como será um namoro real? O que Giovanni espera de mim e o que eu devo esperar dele? Pensar sobre isso me deixou insegura, pois de alguma forma tinha medo de decepcioná-lo, não ser uma namorada madura o suficiente. Minha experiência mais próxima a um namoro fora com Ricardo e mais brigávamos e saíamos com outras pessoas do que passávamos tempo juntos como namorados.

Saber do receio que Giovanni sentia por termos uma grande diferença de idade deixava-me mais hesitante. *E se ele desistir de gostar de mim por isso?* O pensamento fez-me apertá-lo num abraço. Conhecia bons exemplos de casais com disparidade de idade, inclusive Sérgio e Maria que tinham oito anos de diferença e me pareciam bastante felizes. Por isso, para mim a idade não me parecia um empecilho, no entanto se para ele o era isso podia tornar-se ruim.

Permanecemos abraçados um longo tempo, eu sentada no capô do seu carro e ele em pé à minha frente. Olhei seu carro e delicie-me, sentia-me aliviada por ele não ser daqueles homens frescos, todo cuidadoso com seu carro. *Muitos amam mais o carro do que suas namoradas.* O dele era cinza, bastante comum e popular. E ainda permitira que eu sentasse sobre o capô, ri e ele olhou-me como se saísse de um transe.

— O que é engraçado?

— Estava pensando no seu carro.

Ele arregalou os olhos, preocupado.

— O que há de errado com o carro?

— Nada. É engraçado que me deixe ficar sentada aqui no capô, sem ter uma crise porque por algum descuido eu poderia amassá-lo ou arranhá-lo.

— Ah! É só isso. Achei que estava desapontada por eu ter um carro tão simples. Eu não sou muito preocupado com automóveis como já havia comentado, afinal é apenas um meio de transporte.

— De acordo.

Esse é meu homem, tão maduro e tão sensato. Disse a mim mesma. O orgulho de tê-lo conquistado inflou-se no meu peito. Suspirei. Não tentava transformar o carro num objeto de conquista como se fosse uma alusão a sua virilidade. Sorri e aconcheguei-me em seus braços, começava a achar que nosso recém-nascido relacionamento poderia ter um futuro promissor.

Fechei meus olhos e permiti-me curtir o momento. Ao

abri-los, avistei Gustavo seguindo pela calçada; ele vinha com passos largos e ligeiros, seus olhos estavam fixos em mim e arregalados de pavor. Levantei-me para esperá-lo, ele fazia sinais com a cabeça como se perguntasse o que acontecia, olhava-me como se eu tivesse um fantasma ao meu lado.

Decidi por caminhar ao seu encontro, pois o Gustavo às vezes sabia ser inconveniente quando era pego de surpresa. Encontrei-o no meio do caminho e abracei-o fortemente como fazíamos sempre que nos encontrávamos. Aproveitei o abraço sussurrei em seu ouvido.

— Agora tenho namorado.

— O quê?

Ele falou ainda me segurando pela cintura, estava completamente confuso. Gus sabia de toda a história relacionada a Giovanni, mesmo assim parecia não acreditar no ocorrido. Nem eu ainda acreditava. Eu sorri e peguei-o pela mão quase arrastando-o até a porta do prédio onde Giovanni nos observava sério em pé na frente do carro.

— Gus, não se preocupe! Assim que ficarmos sozinhos eu te conto tudinho.

Ele confirmou com a cabeça e deixou-se levar. Quando chegamos, eu reapresentei-os, não sei por que fiz isso, provavelmente por não saber o que dizer.

Convidei Giovanni para entrar. Subimos os dois lances de escada. Assim que abri a porta Lucky começou a gritar nos cumprimentando. Giovanni ao vê-lo quase correu até seu poleiro animado, como se fosse um garotinho em uma visita ao zoológico.

— Nossa! Você tem uma arara azul!

Ele tentou tocá-lo, mas Lucky quase o bicou. Eu aproximei-me peguei a ave e levei-a próximo de Giovanni, mostrei para a arara que era um amigo. Giovanni passou a mão em suas penas.

— Este é Lucky, nossa arara. — A entonação de minha voz pareceu estranha e, como Giovanni encarou-me, pensei que devia remediar. — Nossa... quero dizer minha e do Gustavo, mas ele fica aqui em casa porque os pais do Gus não gostam muito de animais.

Gustavo, que ainda estava paralisado ao pé da porta, bufou e lançou-me um olhar raivoso. Eu sabia que ver-me com um namorado não era algo fácil para ele. Aproxime-me na tentativa de trazê-lo para a conversa, entretanto ele fitou me sério.

— Vou para cozinha fazer alguma coisa.

Eu concordei com a cabeça, sabia que assim que Giovanni saísse, nós teríamos uma longa e pesada conversa. Era melhor mesmo ele ir para a cozinha, assim ele acalmar-se-ia ao fazer alguma coisa deliciosa, cozinhar era um de seus *hobbies* calmantes. Giovanni sentou-se no sofá com Lucky em seu punho, ele analisava-o.

— Hum, ele tem a permissão do IBAMA.

Eu achei graça. Claro que como bom biólogo Giovanni logo se preocupou em certificar-se que a arara era permitida. Sentei-me ao seu lado.

— Ora, por acaso pensou que eu o havia roubado de

algum lugar? — Disse debochada. Ele riu comigo. — Eu e Gus fazemos trabalho voluntário na Casa de Resgate de Animais Silvestres e às vezes quando chegam animais que precisam de um lar os voluntários são os escolhidos. Ele havia sido contrabandeado ainda filhote e estava muito magrinho e sem penas, doente. Nós nos propusermos a cuidar dele e aqui ele está forte e saudável há um ano. Quando o trouxemos para casa, o responsável do CRAS conseguiu a licença com o IBAMA.

— Eu conheço o CRAS, já fiz algumas visitas com alunos da Biologia. Eles têm um trabalho magnífico de salvamento e cuidado a animais maltratados. Não sabia que era voluntária lá.

— Sim, já faz uns anos. Eu adoro estar lá, embora com a faculdade pouco tenhamos ido. Mas eu e Gus já combinamos que montaremos uma casa de resgate assim que tivermos como financiarmos.

— Uma causa nobre. Acho que eu me sentiria muito bem fazendo esse tipo de trabalho.

Ele sorriu sonhador. Eu estava muito feliz por compartilhar tanto com ele, parecia que gostávamos das mesmas coisas e isso me soava muito bem. Ele olhou o relógio e saltou do sofá.

— Preciso ir, tenho reunião com os coordenadores de curso.

Ele entregou-me Lucky e dirigiu-se a porta. Ofereci-me para acompanhá-lo até a entrada do prédio, mas ele achou desnecessário, já que tinha porteiro eletrônico para abri-la. Ele beijou me se despedindo. Mas voltou.

— Depois da reunião, poderíamos sair para jantar, talvez pegar um cineminha? – Confirmei com a cabeça sorrindo. Ele beijou-me novamente. — Então te pego por volta das sete.

Assim que fechei a porta sonhadora e decidindo que roupa colocaria para sairmos à noite, Gus já estava parado com os braços cruzados atrás de mim. Quase tropecei nele quando me virei.

— Então, vai me contar ou não?

Ele pegou Lucky e elogiou-o por ter tentado bicar Giovanni, depois se sentou no sofá em espera que nossa conversa começasse. Suspirei e sentei-me ao seu lado. Contei todos os detalhes para Gus, que me ouvia atentamente e pouco interrompia. Quando terminei, ele suspirou.

— Está bem. Ele até parece legal, mas eu vou ficar de olho e vou avisá-lo que ele terá que se ver comigo se aprontar algo contigo.

Eu ri. Gustavo sempre fora meu protetor, apesar de ser incapaz de brigar. Ele olhava para baixo e eu sabia o que, na realidade, lhe incomodava desde quando me avistara lá embaixo. Por fim, ele decidiu me pôr a par do que eu já esperava.

— Sabe, fiquei um pouco chocado quando te vi abraçada nele.

— Eu sei. Mas as coisas mudam e não posso viver no passado. Realmente gosto dele.

— E meu irmão? – Gus lançou-me um olhar profundo. Aquilo me cortou o coração e eu senti-me a pior de todos os seres existentes no planeta.

— Ah! Não havia muita possibilidade de eu e o Ricardo voltarmos. Algumas coisas não são esquecidas.

— Eu sei. Não esperava que fosse como antes. Mas esperava que vocês pudessem amadurecer e assumir um namoro, como acabou de fazer.

Nossa! O Gustavo sabe tocar nos meus pontos fracos como ninguém. O pensamento atingiu-me com uma flecha. Realmente não havíamos namorado por pura falta de maturidade, o que eu não tinha tanta certeza de ter adquirido só porque agora namorava Giovanni. Contudo, minha história com Ricardo era muito mais confusa e complicada e apesar de ele ter sido sempre meu caso amoroso, estávamos separados há quase um ano e eu não consegui imaginar que seria possível um retorno ao nosso relacionamento, muita coisa havia ocorrido entre nós neste meio tempo. Abracei Gus amigavelmente e ele retribuiu.

— Você nunca perdeu a esperança de nos ver juntos novamente, não é?

— Vocês dois são as pessoas mais importantes na minha vida. Seria muito bom vê-los juntos... e é tão estranho vê-la abraçada com outro cara que não seja o Ricardo. Sinto-me excluído.

— Não sinta, sabe que ninguém no mundo poderá nos distanciar. Se você se sentir melhor, pode ir conosco hoje.

— Não, obrigado, com certeza será pior. Terei de me acostumar a perdê-la por algumas horas todos os dias.

Ele beijou minha testa. Eu voltara à felicidade, vendo que Gustavo sentia-se mais confortável com a situação e me apoiava. Ele ficou com Lucky enquanto eu tomava banho e me arrumava, até me ajudou a escolher a roupa. Optamos por uma calça brim e uma blusinha rosa de alcinha.

Giovanni tocou o interfone e nós descemos. *Agora, eu tenho um namorado.* Um arrepio passou por minha barriga, eu estava ansiosa para ver o que aconteceria.

17 – Namoro Adolescente

No caminho para a reunião dos coordenadores, recordava com desgosto dos olhares de Gustavo cravados em mim com raiva. Percebi que ele seria um grande rival assim que fomos apresentados. Como desconfiava, ele tinha algum interesse nela e isso me tomou de ciúmes. No entanto, não poderia começar um primeiro dia de namoro já com uma crise.

A arara azul, por outro lado, foi uma agradável surpresa. *Quais outras surpresas Emily teria?* A reflexão me fez sorrir, cada minuto ao seu lado me deixava mais curioso sobre ela.

A reunião foi a mesma de sempre com as advertências que eu já sabia de cor, a única questão que me fez prestar maior atenção e causou-me receio foi o lembrete sobre evitar relacionamentos dentro da faculdade entre alunos e professores. Pela primeira vez, isso talvez fosse difícil para mim.

O carro de Pedro estava próximo ao meu no estacionamento. Evitei falar com ele desde que voltara das férias, entretanto, não seria possível agora que ele me acompanhava.

— Como estão as coisas com a ... – Ele parecia buscar o

nome certo em sua memória. — Emily. Engraçou-se por outra ou continua batendo na mesma tecla?

Analisei-o em dúvida sobre minha resposta e decidi que devia colocá-lo a par dos acontecimentos, principalmente para evitar ter uma surpresa com ele dando em cima de minha namorada. Pedro olhava-me confuso, como se eu lhe enganasse.

— Falo sério! Começamos a namorar hoje. – Abri a porta do meu carro para entrar. Ele pareceu estudar minhas palavras. — Nunca falei tão sério.

— Garanhão! Conseguiu então! – Ele riu ao entrar em seu carro e gritou-me divertido. — Terei de encontrar outra ruiva para mim.

Ri e liguei o carro. Parecia-me estranho chegar novamente com tranquilidade na frente do prédio de Emily, tocar o interfone e esperar que ela descesse como se já tivéssemos essa rotina há algum tempo. Para meu desgosto, não minha surpresa, Gustavo acompanhou sua descida e ofereceu-me um aperto de mão muito mal-humorado.

— Acho bom que não seja tolo em magoá-la, senão serei obrigado a vingar-me.

O garoto foi atrevido, no entanto eu não me deixaria impressionar por um magricela. Sorri debochado e beijei Emily. Ela parecia furiosa com a ação do amiguinho, contudo não comentou nada e nem eu.

Na dúvida de qual restaurante escolher acabamos no *shopping* por ser mais prático por causa do cinema. Passar a noite na companhia de Emily foi extremamente divertido e relaxante, sentia que podia ser eu mesmo sem preocupar-se em agradá-la. Sorri ao perceber como ela estava em paz por estar numa mesinha qualquer do *shopping* sem se preocupar com frescuras como minha ex-esposa. Mesmo quando éramos namorados e jovens, Rebeca sempre me persuadia levá-la aos restaurantes da moda e fazia um drama se acabássemos no *shopping*, a não ser que fôssemos fazer alguma compra cara.

O filme era um desses qualquer sem grandes atrativos. Fazia muito tempo que não sabia o que era curtir um cinema ao lado de uma companheira, apesar de meu receio inicial, nós nos saímos bons namorados.

Ao chegarmos a seu prédio meu corpo estava tomado pelo desejo, segurei-a com força e beijei-a. Por um segundo, pensei que ela me deixaria subir e nos tornaríamos um, contudo Emily soltou-me suave ao despedir-se. Como bom cavalheiro, só me restou acatar sua decisão. Sorri compreensivo. *Ao nos conhecermos melhor o sexo virá naturalmente.* Tentei confortar-me com o pensamento. Dei-lhe um beijo suave de despedida, porém lembrei-me de que precisávamos ter alguns cuidados quando nos víssemos na faculdade, eu não queria ter problemas com a coordenação.

— Emily, não podemos parecer namorados quando estivermos dentro do *campus*. A coordenação da faculdade não vê com bons olhos envolvimentos entre professores e alunos.

Ela aceitou e, esperta, certificou-se de que fosse honesta minha intenção quando afirmou que ao menos teríamos que contar a seu protetor, Sérgio. Concordei e beijei-a em despedida.

— Então te pego amanhã de manhã para irmos para a

faculdade.

— Ora, mas se não podemos ser vistos juntos?

— Eu te largo uma quadra antes.

— Não precisa, eu vou de ônibus com o Gustavo.

— Posso levar o garoto também.

— Acho melhor não. Prefiro que nos encontremos depois.

— Se prefere, tudo bem. Então nos vemos no almoço.

Ela parecia incomodada com minha oferta de carona. Aceitei sua recusa, frustrado, sentia-me responsável por seu bem-estar e não me parecia certo que ela passasse trabalho em ir de ônibus ao invés de vir comigo. Até confirmei que levaria o abusado do Gustavo junto, era melhor tê-lo perto dos meus olhos do que nas minhas costas. Mas não teve jeito. Em alguns momentos Emily confundia-me de como eu deveria agir ao seu lado, pelo jeito namorar para ela era um pouco diferente de minha concepção de namoro.

****

Ao avistá-la no dia seguinte, tive vontade de beijá-la. Estava com um grupo de alunos duvidosos sobre o cronograma que haviam recebido no dia anterior. Sanei suas dúvidas e andei até ela sorrindo, parei ao seu lado sentia a adrenalina de fazer algo escondido, olhei-a e pisquei. Emily sorriu e fez o mesmo.

Hoje, minha aula era com alunos de semestre mais avançados e a maioria já havia sido meu aluno em alguma outra disciplina, então seria uma aula serena. Isso me proporcionou tempo de sobra para pensar na melhor estratégia para iniciar a conversa com Sérgio mais tarde. Emily pedira para falar com ele após a aula em sua sala e eu não pude evitar. Teria preferido que ela contasse sozinha, mas seria covardia não estar ao seu lado e Sérgio veria isso como um desrespeito de minha parte.

Andei pelo corredor que dava para a sala dele por uns longos cinco minutos até que Emily surgisse à minha frente. Olhamo-nos indecisos sem saber se nos cumprimentávamos ou não. Sérgio surgiu sorridente na porta e nos convidou a entrar. Meu peito gelou-se, respirei fundo e me preparei para enfrentar qualquer reação dele e lutar por meu namoro. Peguei a mão dela, minha voz saiu mais num sussurro do que com a força que eu desejei:

— Queríamos compartilhar algo contigo.

— Sim, eu já sei. – Ele riu. — Acha que não percebi que ontem falava de minha protegida? Por que acha que eu insisti tanto para que fossem juntos para casa?

Emily riu divertida e aliviada, eu sentia-me um estúpido por ter sido tão ingênuo em acreditar que enganara Sérgio com minhas falas indiretas sobre uma garota desconhecida. Eu deveria ter desconfiado que ele planejava nos unir quando ignorou todo o mau-humor dela e fez com que fosse almoçar conosco e depois que eu a levasse para casa. Na verdade, ele parecia aliviado de nos ver juntos e desejou-nos muita felicidade.

Fomos, com tranquilidade, almoçar juntamente com ele.

Um almoço muito diferente do dia anterior, a conversa rolou solta e divertida. Num certo descuido, abracei Emily e a beijei de leve, depois receei que Sérgio pudesse se ofender. Ele riu divertido e demonstrou que não iria se incomodar com manifestações de afeto entre eu e sua protegida.

18 – Primeira Manhã

A primeira manhã na faculdade como namorada de Giovanni tornou-se um pouco angustiante. Sentia-me estranha, um pouco temerosa em vir a encontrá-lo, pois não saberia como reagir. Decidi-me por não comentar nada ainda com Alice e Rodrigo, já que estava com certo receio que eles pudessem fazer uma cena, principalmente Alice que era bastante animada.

No intervalo, avistei Giovanni ao longe conversando com um grupo de alunas. Ele desvencilhou-se do grupo e passou pelo corredor, parou e fitou-me. Gelei. Ele sorriu e piscou-me e eu fiz o mesmo. Alice, que estava ao nosso lado, puxou-me tagarela.

— Eu sabia que vocês tinham alguma coisa! – Ela cutucou Rodrigo que olhava atentamente para o outro lado. — Drigo! Eu te disse!

Confuso, Rodrigo nos analisou, enquanto eu fazia sinal para ela baixar a voz. Ela sorriu maliciosamente e eu fui obrigada a contar-lhes toda a história.

— Eu sabia! Eu sabia!

Alice estava radiante por ter razão, era engraçado e eu comecei a duvidar seriamente se ela seria capaz de guardar segredo. Em Rodrigo era mais fácil confiar e eu esperava que o seu equilíbrio pudesse influenciar Alice neste aspecto. A curiosidade dela não estava saciada e ela arrastou-me até o jardim para interrogar-me. Rodrigo seguiu-nos rindo ao perceber minha expressão de dúvida.

— E agora? Como farão quando ele for nosso professor de novo?

— Não pensei em nada disso ainda, Alice. Ainda não me acostumei em ter um namorado.

Rodrigo aproximou-se empolgado.

— Mas deveria. Afinal, agora você namora um professor. – Ele abraçou-me debochado. — Bem que poderia conseguir umas facilidades para gente na hora das provas. – Diante de meu olhar desaprovador ele sorriu. — Estou brincando. O professor Giovanni não parece ser do tipo que deixaria o relacionamento de vocês interferir no trabalho.

— Você é uma sortuda! – Alice levantou-se. — Pôde escolher entre dois professores. – Ela suspirou. — Eu teria preferido o Pedro. Ele é tão *sexy*!

— Mas um cafajeste. – Completou Drigo, desencorajando Alice. Ele olhou-me sorridente. — Você fez uma boa escolha. Giovanni aparenta ser um homem bom e tem um grande charme.

— Mas é meu.

Sorri brincalhona, Rodrigo concordou ao fingir estar desapontado por ter perdido a chance com Giovanni. Alice salientou que não gostava de "velhos" e riu.

19 – Novo Rumo

No primeiro mês de nosso namoro, tive que aprender a seguir o ritmo de Emily e maneirar um pouco em nossos encontros. Por mim, já estaríamos morando no meu apartamento, queria estar com ela todo o tempo. No entanto, ela precisava de espaço para fazer suas coisas de adolescente e apesar de ter aceitado almoçar todos os dias comigo, não partilhava da ideia de dormirmos juntos ou nos vermos todas as noites ou que eu fosse buscá-la sempre para vir à faculdade. Foi um pouco difícil para eu compreender que nosso relacionamento apesar de muito bom demoraria um pouco para ter a cumplicidade que eu ansiava.

Giordana foi uma importante conselheira, que me tranquilizou. Alegrou-se ao saber que eu finalmente estava emocionalmente envolvido com alguém e desejava fortemente que tivéssemos sucesso. Minha irmã me fez entender que de alguma maneira a juventude de Emily interferiria no modo de ser de nosso namoro e eu deveria aceitar isso.

A única coisa que realmente me chateava em nosso relacionamento era a presença constante de Gustavo, nos tratávamos de forma educada, mas claramente não nos aturávamos. Ele parecia despreocupado com meu namoro com Emily e aparentemente não fazia nada que pudesse nos afastar, mas meu sentido de homem me deixava com um pé atrás quando pensava nele. A forma como ele e Emily se tratavam com extrema cumplicidade me matinha alerta, pois tinha certeza que ele apresentava segundas intenções com ela.

No dia que completamos um mês, estava certo que nosso relacionamento seria duradouro e resolvi que era a hora de apresentar Emily como minha namorada a Enya. Informei-a de minha ideia e ela concordou animada, não parecia afetar-se em dividir seu tempo comigo e com minha filha. Ao pedi-la em namoro havia esquecido que de alguma forma ela teria que conviver com minha filha e quando me dei conta disso fiquei receoso, pois conhecia alguns casais que tinham brigas homéricas pelo fato da nova mulher não querer saber dos filhos do casamento antigo. O sorriso de Emily quando lhe fiz a proposta fora sincero, para ela não seria um empecilho. Só esperava que essa boa vontade permanecesse depois de algum tempo e que ela e minha filha se dessem bem.

Busquei Enya e avisei-la que iríamos ao zoológico e que tinha uma surpresa para ela. No carro, a pequena estava impaciente e decidi que seria melhor prepará-la para que a surpresa não fosse desagradável.

— Levaremos mais alguém ao zoológico hoje.

— Outra criança?

— Não, uma pessoa que já conhece e que se divertiu muito quando foi me visitar no meu trabalho.

— Emily! — Minha filha sempre facilitava as coisas para mim, pelo menos pensara na pessoa certa. Ela me olhou desconfiada. — E por que ela vai junto?

— Porque ela é muito legal e quer passar mais tempo

contigo e comigo.

Sondei os olhos pensativos de Enya na esperança que ela se desse por satisfeita. Contudo dei-me conta que seria preciso uma explicação mais realista. O que a garota pensaria ao ver que nos cumprimentamos com um beijo como eu fazia no passado com sua mãe? Deveria ter combinado com Emily para mantermos certa distância. *Não! Enganar Enya não é justo.* Sorri amigável, estávamos quase na frente do prédio de Emily.

— Enya, a Emily irá conosco porque agora ela é minha namorada.

— Namorada? Como o tio John e tia Ana?

— Isso mesmo. – Ela não poderia ter relacionado um exemplo melhor, buscando a irmã mais nova de Rebeca na memória. — E por isso queria que se dessem bem.

— Tá.

Ela ainda parecia confusa, porém não estava conseguido encontrar formas de expressar algo que não entendia. Emily entrou no carro com uma enorme sacola e antes de me cumprimentar sorriu para Enya, podia perceber como ela sentia-se ansiosa quando falou com minha filha.

— Olá! – Emily me olhou em busca de apoio, eu sorri. Ela mostrou a sacola para Enya. — Não podemos ir ao zoológico sem fazer um piquenique, então trouxe umas coisinhas.

Enya foi fisgada pelo sorriso de Emily e pela sacola. Pegou-a e espiou curiosa tudo o que havia dentro. Beijei Emily em agradecimento e ela pareceu aliviar-se.

— Tem bolo de chocolate – Enya contou-me animada — e

pastelzinho!

— Não sabia desses seus dotes culinários. — Sorri ao elogiá-la. Emily olhou-me divertida e confessou.

— Só fechei os pasteizinhos. O cozinheiro é o Gustavo.

O nome desse garoto sempre surge na conversa. Pensei com raiva. Tinha a impressão que ele passava todo o tempo livre na companhia de minha namorada. Contudo, não poderia mostrar-me ingrato quando ele organizara um piquenique para minha filha. O passeio foi agradável, Enya não pareceu preocupar-se com o fato de eu estar namorando. Ela e Emily riam juntas e conversavam sobre os animais que viam, empolgadas.

Na volta, teria largado Emily primeiro, contudo o apartamento de Rebeca era muito mais perto, então resolvi deixar minha filha em casa antes. Rebeca desceu para pegá-la e olhou perturbada para Emily, que estava dentro do carro. Senti a curiosidade e o ódio dela, no entanto não falou nada, apenas despediu-se. E Enya, inocente, abanou para Emily com enorme sorriso antes de entrar no prédio.

Percebi que Rebeca ainda me causaria algum desconforto e era provável que fizesse de tudo para colocar Enya contra qualquer mulher que estivesse ao meu lado. Não por sentir algo por mim, e sim por não querer dividir sua filha com outra pessoa. Eu a entenderia, um pouco, pois não ficaria contente em ver minha filha próxima de um cara que não conheço.

Emily não comentou nada sobre Rebeca, como se evitasse falar nela. E na verdade nunca havíamos trocado nenhuma palavra sobre nossos relacionamentos passados desde que iniciamos nosso namoro. Eu não queria ouvir sobre quem havia compartilhado amor com ela e ela parecia sentir o mesmo. Apesar de ainda não termos feito sexo, eu não percebia isso como resultado de sua virgindade e sim mais como uma necessidade de sentir-se segura no relacionamento antes de passar para um nível mais sério. Algo no seu modo de me beijar e me tocar não me passavam inexperiência. E seu passado era algo que não gostava de imaginar.

Ao deixá-la na porta de seu prédio, Emily sorriu:

— Acho que tivemos uma ótima tarde. Sua filha é uma criança divertida.

— Fico feliz em ouvir isso. É importante para mim que vocês tenham um bom relacionamento.

— Acho que não será difícil. – Ela me beijou, mas voltou receosa. — Não costumo ter muito contato com crianças, então se fizer alguma besteira não ficarei chateada se me alertar.

— Não se preocupe, se sairá bem com minha filha.

Esperei que ela entrasse no prédio. Achei engraçada sua preocupação em agradar minha pequena, não receava que ela seria uma ótima madrasta, pois tinha um jeito natural e meigo com Enya.

****

O telefone de meu apartamento estava com duas chamadas de Rebeca e o celular, no silencioso, com mais umas quatro. Tinha ideia de que o motivo de tantas ligações desesperadas era minha nova namorada. Pensei em evitar conversar com ela, no entanto era previsível que me ligaria a noite toda se fosse preciso. Disquei o número de minha antiga residência, Rebeca atendeu de forma ríspida e atirou-me suas palavras de fúria.

— O que está pensando?! Vai apresentar todas as vadias com quem sair para nossa filha?

— Só falarei contigo se parar de gritar.

— Acha que vai expor nossa filha dessa maneira? Quantos anos tem essa sua prostituta? Agora virou pegador de criancinhas?

— Está fazendo um papel ridículo. Ela é minha namorada, não é nenhuma puta. E eu apresentei para nossa filha porque pretendo ficar muitos anos com ela. E não é da sua conta quem eu namoro ou deixo de namorar.

— Não vou permitir que fique levando nossa filha para encontrá-la.

— Conversamos sobre isso depois.

Desliguei o telefone com raiva. Sabia que Rebeca estava apenas irritada e que não teria o trabalho de recomeçar um processo por guarda exclusiva e visitas por causa disso, contudo achei melhor esperar ela acalmar-se para conversarmos melhor. Far-lhe-ia uma visita no meio da semana para que nos acertássemos. Ela tinha um monte de defeitos como esposa, contudo era uma boa mãe e não ficaria empacando minhas visitas a minha filha por estar com raiva de mim.

20 – Meu Namorado

Diariamente, mandávamos mensagens e falávamos longos períodos de tempo pela *webcam*, com direito ao tradicional "desliga você, não você primeiro...". No passado, achava este tipo de comportamento meloso entre namorados uma estupidez, contudo agora era gostoso fazer estes joguinhos e Giovanni acompanhava-os como se fosse mais adolescente do que eu.

Ser apresentada à filha dele como sua namorada deixou-me insegura, até o momento em que percebi que seria fácil me relacionar com Enya. Queria me esforçar para me dar bem com a menina, afinal achava muito importante que Giovanni não se afastasse dela por minha causa. Assim como condenaria se a mulher de meu pai o afastasse de mim.

Almoçávamos todos os dias juntos. Isso era particularmente bom, pois eu não gostava de almoçar sozinha e não era lá muito boa cozinheira, então alternávamos entre dois restaurantes próximos à minha casa. Aproveitávamos estes momentos para retomar nossos diálogos sobre livros. Em algumas noites, eu evitava encontrá-lo, pois devia um tempo também ao meu amigo como havia prometido e, desta forma, equilibrava o meu tempo com ambos.

*****

Ao chegar em casa, Gustavo me esperava radiante com um convite nas mãos. Ele aproximou-se empolgado.

— Adivinhe o que é isso!

— Não tenho a mínima ideia.

Entregou-me o envelope, eu analisei-o e reconheci o símbolo da nossa antiga escola gravado no papel. Abri-o e pude ler um convite de confraternização para os ex-alunos do ensino médio. O grêmio estudantil havia organizado uma festa no ginásio da escola para o próximo final de semana.

Não sei por que, mas também fiquei animada. Assim como Gustavo, eu não havia deixado amigos para trás, contudo estas pessoas fizeram parte da minha vida diariamente por toda minha adolescência e alguns foram meus colegas ainda quando éramos criança. Animei-me com a possibilidade de vê-los novamente, em descobrir como estavam.

— Vamos? – Gustavo implorou. Ao perceber minha expressão pensativa ele completou. — Vamos! Se você não for, não terei coragem de ir sozinho. Já falei com o Ricardo e ele não irá, pois terá uma saída de campo da faculdade no final de semana.

— Então vamos!

Se o Ricardo não ia, eu sentia-me mais animada em ir. Não desejava vê-lo pela primeira vez depois de quase um ano numa festa cheia de gente, pois o conhecia muito bem para saber que ele não se acanharia em se aproximar de maneira envolvente.

Lembrei-me de Giovanni. Li novamente o convite, estava

escrito: *tragam seus pares, se tiverem*. Isso era ótimo! Esperei ansiosa até o horário que eu sabia que Giovanni chegaria em casa e liguei para convidá-lo. Ele aceitou.

Na noite marcada, eu e Gustavo estávamos curiosos em ver o que aconteceria na festa. Meu amigo estava lindo de calça de brim escura e uma camisa social preta com um leve brilho. Ele arrumara meu cabelo dando mais forma aos meus cachos. Eu havia posto um vestido preto básico, contudo achei que estávamos os dois com preto demais e troquei-o por um de alcinha verde turquesa, que realçava os meus olhos.

— Nossa! Você está linda. O Ricardo não teria aguentado não te agarrar se ele tivesse vindo.

— Gus, como você é sem graça. Por que lembrar do Rick agora? Sabe que estou com Giovanni.

Ele observou-me desanimado, dando os últimos toques em meu cabelo.

— Eu sei. Desculpe. Mas essa festa me lembrou meu irmão, afinal éramos sempre nós três. Sinto falta dele.

— Eu também. – Confessei encabulada. O Interfone tocou. — Vamos, Gus! Vamos aproveitar a festa e deixar o Ricardo no passado.

Ele acariciou Lucky despedindo-se e sorriu-me, mostrando-se de acordo com minha proposta. Eu mantinha um friozinho na barriga ao pensar em rever todos. Bem, quase todos, Ricardo não estaria presente. Segurei a mão de Gustavo, aliviada por ele estar ali ao meu lado.

Entramos no carro. Diverti-me ao ver Giovanni vestido

muito diferente do habitual, não estava com roupa propriamente de festa, e sim com uma calça desbotada, uma camisa regata no estilo surfista e um boné branco. Parecia um adolescente. Beije-o, sem comentar nada. Gustavo olhou-me de canto divertido e faz sinal debochado para o boné.

Ele não estava feio ou descaracterizado para a festa, pois era bem provável que muitos dos meninos estariam com uma vestimenta parecida. *Ricardo certamente estaria vestido desta maneira.* Senti um aperto no coração com o pensamento, eu olhava para Giovanni e lembrava-me de Ricardo. Giovanni não parecia o meu Giovanni, e isso era constrangedor.

O ginásio apresentava-se belamente decorado de azul e prata, as cores do colégio. Havia balões perolados de gás no teto e longas fitas azuis, além de mesas por toda parte. Assim que entrei, avistei dois de meus antigos professores, o de química e o de biologia. Fomos cumprimentá-los e, como era de se esperar, Giovanni encontrou-se à vontade na presença deles. Sentamos na mesa com eles.

Eu e Gustavo trocamos olhares desconfortáveis, não desejávamos permanecer na companhia dos antigos professores por muito tempo. Eles levantaram para buscar uma bebida e eu abracei Giovanni. Três meninas, minhas ex-colegas, vieram em nossa direção, sorridentes.

— Gustavo! Emily! Quanto tempo!

Elas nos abraçaram. E fitaram desconcertadas Giovanni, que havia levantado para cumprimentá-las. Apresentei-o como meu namorado, entretanto elas não prestaram muita atenção. Uma delas sussurrou desolada.

— Pensei que fosse o Ricardo.

— O Ricardo não virá. — Disse Gustavo alegremente quando percebeu a cara de desapontamento do trio.

Como era de se esperar, logo elas deram uma desculpa e saíram, afinal Ricardo sempre fora o responsável por nos ligar aos outros colegas, ele que era o extrovertido e cheio de amigos. Giovanni não comentou nada, contudo lançou-me um olhar não amistoso e sentou-se na mesa ao lado dos dois professores que retornaram com bebidas suficientes para todos.

— Eu não acredito que aquelas falsas vieram nos perguntar sobre o Ricardo.

Gustavo sentou-se muito irritado, ele odiava quando as pessoas aproximavam-se de nós para tirar alguma informação sobre seu irmão.

Logo em seguida, chegaram dois outros colegas que cumprimentaram rapidamente os professores por educação e nos abraçaram animados. Andi demorou-se mais do que o necessário me abraçando e sorriu conquistador:

— Emily, como está bonita... Não que não fosse antes. Na verdade, você sempre foi...

Andi passara boa parte do último ano do colégio tentando ficar comigo. Era constrangedor vê-lo.

— E o Ricardo não veio contigo?

O outro menino interrompeu. Julio era um dos amigos de escola de Ricardo que sempre o acompanhava nas festas e em todas as confusões de adolescentes que aprontavam. Admirava-me ele não ter tido notícias do amigo, pensava que continuassem a relacionarem-se.

— Não. Teve um compromisso na faculdade.

— Vocês ainda estão juntos?

— Não.

Diante de minha resposta, Andi abriu um largo sorriso e deu um passo em minha direção.

— Bem, então... você gostaria de dançar?

— Olá, eu sou Giovanni, o namorado da Emily.

Antes que eu pudesse ter qualquer reação ao convite, Giovanni levantou-se rapidamente e envolveu-me pela cintura. Andi olhou-o atordoado, despediu-se e saiu juntamente com Julio.

Gustavo sorriu e me lançou um olhar debochado. Senti-me ambígua com a reação de Giovanni. Por um lado, percebia-me orgulhosa por ele ter me defendido, mas por outro fiquei furiosa, pois eu não era sua propriedade. Ele deveria ter permitido que eu respondesse por mim mesma, não sou uma bonequinha frágil.

Afastei-me de Giovanni arrastando Gustavo para dançar comigo. Giovanni fez menção de vir junto, mas eu o ignorei e ele voltou-se aos professores.

Muitas pessoas vieram ao nosso encontro, a maioria para saber de Ricardo. Isso definitivamente chateava-me, eu não suportava mais responder perguntas e recordar o passado. Fomos embora cedo. Giovanni nos levou em silêncio, aparentava estar igualmente insatisfeito com a festa. E fez questão de deixar Gustavo em frente à sua casa, o que foi bem estranho já que a ideia inicial era que ele dormisse no meu apartamento. Teria retrucado, no entanto a expressão no rosto de Giovanni informou-me que ele estava com um humor terrível e decidi não causar problemas.

Retirei as sandálias e fui até Lucky. Meu telefone tocou. Gustavo estava contrariado.

— Que sujeitinho mal-educado seu namorado!

Ele estava furioso por Giovanni o ter ignorado e o levado para casa. Atirei-me no sofá com os pés para cima e ajeitei a arara em meu colo. Seria uma longa noite ao telefone. Não sabia o que dizer, também achava a atitude de Giovanni estranha, no entanto não podia concordar com Gustavo sobre pena de lhe dar mais razão para descontentar-se com meu namorado.

— Está defendendo seu amorzinho? Você não fazia isso com o Ricardo, sempre me dava razão. E sabe que eu estou com razão, não sabe?

— Gus, não quero brigar. Deixe isso para lá. O Giovanni deve ter se equivocado, amanhã falo com ele.

— Emily, ele te controla demais! Você não aceitava isso de meu irmão.

— PARE DE FALAR NO RICARDO!

Minha voz ecoou pelo apartamento. Lucky assustou-se e voou para seu poleiro. Gustavo ofendeu-se e desligou.

A culpa subornou-me e eu liguei novamente e pedi desculpa por minha grosseria. Ele fez o mesmo. Os ânimos acalmaram-se, não conseguíamos permanecer brigados. Trocamos ideias sobre a fracassada festa e fofocas referentes a nossos ex-colegas por um longo período.

A noite desenrolou-se com sonhos estranhos e angustiantes com Ricardo. Aquela maldita festa só havia servido para que eu relembrasse nossa confusa e doída história. Acordada na escuridão, a voz de Gustavo me perseguia. *Por que eu agia tão diferente com Giovanni?* Com Ricardo eu batia de frente, discutia e gritava com uma facilidade invejada. Mas com Giovanni eu me impunha para fazer valer minha vontade sem chantagens emotivas ou brigas e às vezes apenas evitava contrariá-lo.

21 – Mentiras

Assim que Emily me convidou para acompanhá-la a uma festa de sua antiga escola, percebi receoso que namorar uma adolescente me obrigaria a ir a festas e o fato desta ser dedicada a pessoas da sua idade causou-me um enorme desconforto.

Inseguro, tentei sondar com ela como seus colegas deveriam estar vestidos, pois não desejava causar constrangimentos a ela quando seus amigos me vissem e me achassem um velho.

Teria saído e comprado umas roupas novas em um estilo mais adolescente, entretanto Filippo atendera o telefone quando ligava rotineiramente para minha mãe. Após ele confirmar que passaria no meu apartamento para entregar-me as roupas, minha mãe pegou o telefone:

— Filho, como está?

— Bem.

— Quero certificar-me com meus próprios olhos. Virá para o meu aniversário, não é? – Antes que eu pudesse responder ela lamentou-se. — Porque ano passado magoou-me ao não vir.

— Claro que irei.

De todos os aniversários de minha mãe, apenas ausentara-me no anterior por causa de Rebeca, estávamos no meio da tempestade que finalizou nosso casamento e não quis causar mais uma gigantesca briga ao levá-la para junto de minha família.

— Trará minha neta e Rebeca?

— Enya com certeza, mas sabe que não estou mais casado com Rebeca.

— Mas podia trazê-la, talvez ela mude de ideia se vir bons exemplos de casamentos em nossa família.

— Impossível. Estou namorando outra pessoa.

— Sua irmã me contou! – Minha mãe alterou a voz para seu papel de vítima. — Meu próprio filho não me conta as coisas, preciso ficar sabendo por minha filha mais velha.

Não me surpreendera saber que Giordana tivesse revelado meu segredo. Apesar de ser minha grande confidente, também era muito apegada à minha mãe e não lhe guardava segredos.

— É recente ainda. Mas vou levá-la para a senhora conhecê-la.

— Espero que seja boa como Rebeca, pois meu filho precisa de uma mulher para tomar conta de seu coração e sua alimentação. Continua estragando seu fígado comendo nesses restaurantes?

— Não muito. – Menti.

— Estarei esperando-os. Beijo, filho.

— Beijo, mãe.

****

Irritado, joguei no banco do carona o boné que Filippo me emprestara ao largar Emily em seu apartamento. A roupa que usava deixou-me desconfortável, pois me sentia quase fantasiado. Contudo, estive vestido de acordo com a maioria dos presentes na festa.

O fato de perceber que alguns garotos se aproximaram de minha namorada claramente interessados já poderia ter sido o motivo de tornar a festa insuportável, mas o que realmente me indignou foram as revelações dos professores de Emily enquanto ela dançava empolgada nos braços de Gustavo. Dei um soco na direção do carro ao recordar o sorrisinho malicioso do professor ao dizer: "*Imagina que ela namorou quase o ano todo o Gustavo, mas não estava satisfeita e começou a sair com o outro irmão, o Ricardo. E dizem que com ele a coisa era mais quente. Enquanto ela passeava de mão com Gustavo, ia para cama do Ricardo. E tem os que até comentam que os três dividiam a mesma cama ao mesmo tempo. Você é um cara de sorte, ela deve ser muito liberal*".

Senti-me traído e enganado e foi por pouco que não rompi o namoro com ela na mesma hora.

O pensamento enjoou-me. *Eu fui um tolo ao acreditar em seu amor e esperar calmamente que fizéssemos sexo, enquanto ela mantinha Gustavo em sua cama e sabe-se lá mais quantos.* Mais um soco na direção do carro, sacudi a mão ao sentir a dor subir por meu braço.

Já em meu apartamento, fui tomado pela raiva e pelo desapontamento. Não entendia como tinha sido tão tolo. Ela me enganara direitinho, deixara-me apaixonado e, agora, devia rir às minhas costas.

Peguei o telefone para recorrer a Teca. *Se Emily pode me trair, eu também posso.* Antes que alguém pudesse atender, senti-me confuso. Não valeria a pena me tornar um cretino, era mais lógico que acabasse logo com essa farsa e partisse para um novo relacionamento. *Eu estava certo quando pensei que não deveria ter me envolvido com Emily.* Refleti triste.

Se não tivesse encontrado um remédio para dormir entre os que Giordana havia colocado em minha caixinha de primeiros socorros, não teria conseguido fechar os olhos, pois a cada tentativa apenas conseguia imaginar Emily e Gustavo enroscando-se um no outro e rindo de minha ingenuidade. Acordei algumas horas após o almoço, minha cabeça latejava e as recordações da festa só me atormentavam.

Decidido a terminar meu namoro, forcei-me a ouvir sua voz ao telefone para combinarmos de ir ao *shopping*. Fiquei triste ao perceber que havia permitido que meu coração fosse roubado por uma menina tão dissimulada.

Ao entrar no carro, Emily sorria como se não houvesse nada errado. *Ela não achou que eu iria descobrir suas mentiras!* Pensei mais desapontado. Ao estacionar no *shopping* senti-me conturbado em acabar tudo, doía-me afastar-me dela. Quando ela segurou-me dentro do carro e questionou-me o porquê de minha frieza, suspirei fundo. Chegara a hora de finalizar essa farsa que era nosso recém-nascido relacionamento.

22 – Discussão

— COMO PUDE ME ENGANAR TANTO SOBRE SEU CARÁTER? – Giovanni gritou. Assustei-me, nunca esperaria por tal reação. O observava sem saber que atitude tomar, não conseguia compreender o que fizera de errado para ele mostrar-se tão transtornado ao meu lado no carro. — Como pôde namorar dois irmãos ao mesmo tempo? E, pior, ainda estar com o Gustavo?

— Não estou com o Gustavo! – Senti o aperto em meu coração com o modo enojado que Giovanni me encarava. Falei num sussurro. — E não namorava os dois de verdade.

— MENTIROSA! Os professores me contaram tudo.

— ELES NÃO SABEM DE NADA! – Gritei magoada. — Eu nunca te enganei!

As desconfianças dele esmagaram meu peito. Seus olhos estavam nauseados e o medo de perdê-lo sufocou-me. Agora percebia por que evitava discussões com ele, eu não podia prever suas reações ou seus sentimentos como facilmente acontecia com Ricardo. Não poderia imaginar que Giovanni fosse capaz de dar-me um olhar tão decepcionado. O medo transmutou-se em ira. *Como ele podia duvidar de meu caráter?* Enfureci-me com suas insinuações sobre eu e Gustavo e bradei novamente:

— NÃO NAMOREI NENHUM DOS DOIS! Não minto. – Respirei fundo ao controlar o tom de minha voz. — Eu e o Ricardo não chegamos a ser namorados, nós ficávamos quando nos dava vontade, mas nunca namoramos realmente. Não tínhamos nenhum compromisso um com o outro.

— E o Gustavo? Vocês também se divertem quando dá vontade? – Ele fitou-me com expressão enlouquecida. — Riem pelas minhas costas! Como pude ser tão tolo?

Enquanto gritávamos um com o outro, ele segurava a direção com força e eu tinha a impressão que ele fazia isso para não voltar-se contra mim. Abati-me. *Realmente nada de bom tinha vindo daquela maldita festa!* Não era nada agradável vê-lo com desconfianças sobre eu e meu melhor amigo. Amava Giovanni, mas se eu tivesse que escolher entre um ou outro, o Gus era minha opção. Ele era mais que um amigo, talvez mais que um irmão e eu nunca deixaria que nada nos separasse ou trairia a confiança que ele depositava em mim.

Suspirei desanimada. Expliquei desesperada como eu e Gustavo nunca avançamos o limite da amizade e que nosso namoro era apenas uma mentira para que os outros parassem de ofendê-lo por sua timidez.

— Era só um acordo! Giovanni, tem que acreditar em mim. – Disse entre dentes e com olhos marejados. — O Gus era alvo constante de piadas e brincadeiras de mau gosto. Isso o matava por dentro, eu só queria ajudá-lo a ser mais bem visto na escola.

Por mais que eu tentasse, ele não queria acreditar em mim. Sua voz estava áspera e malevolamente irônica. Eu observei-o, me assustava seu rosto vermelho de raiva. E eu comecei a sentir-me tão raivosa quanto. *Quem ele pensa que é para ser tão ríspido comigo?* Pensei que nestes meses todos de convivência, que entre amizade e namoro já decorria uns oito, ele compreendia quem eu era.

— Eu já disse, eu e Gustavo nunca tivemos nada, foi apenas fingimento.

Por que Giovanni não consegue compreender que tudo o que fiz foi para ajudar o meu melhor amigo? Por que as pessoas sempre tem que pensar de forma maliciosa? Pensei possuída por angústia. Ricardo sempre me apoiou nessa farsa e não havia desconfianças. O único constrangimento veio quando eu e ele fomos vistos em algumas festas juntos. Tive que aguentar algumas piadinhas sobre minha integridade, contudo Ricardo era bom de briga e resolveu o assunto de forma rápida, persuadindo nossos colegas a não mexerem mais comigo. Eu não me importava com as concepções alheias, pois se Gustavo estivesse bem, eu e seu irmão também estaríamos.

Refleti. Precisava fazer Giovanni confiar em mim. Fitei os olhos dele, que me miravam indecisos. Passei a mão vacilante em seus cabelos. Ele arrumou os óculos, atrapalhado. Ousei e encostei a cabeça em seu ombro e acaricie de leve sua mão que pousava bruscamente sobre sua perna.

— Eu gosto é de você. Eu e Gustavo somos apenas amigos. Pergunte para o Sérgio, ele vai confirmar que o meu namoro com ele foi apenas uma mentira para afastar os garotos valentões dele.

Ouvi seu suspiro. Ele ainda não estava totalmente convencido, contudo estava disposto a aceitar minhas desculpas, o que me tranquilizou um pouco.

— Ou você é uma mentirosa muito boa ou é sincera. Só não entendo por que mentiria sobre isso para ficar mal falada.

— Gustavo é meu irmão, se for para ele ficar feliz não me importo com o que as pessoas das quais nem gosto falam. – Encarei-o com lágrimas nos olhos. — Esqueça isso, está só no passado. Eu te amo.

— Não sei. Pensarei sobre isso.

— Estamos bem de novo?

— Talvez.

Ele suspirou um pouco aliviado e também confuso e nos abraçamos por um longo tempo. Após as "pazes" aparentes, percebi como tinha me angustiado a possibilidade de perdê-lo e o abracei mais fortemente. Saímos do carro e andamos abraçados até a escadaria do *shopping*.

23 – Dando Crédito

Não entendia como ela podia ter topado fazer algo tão complicado como fingir namorar um enquanto saía de fato com o outro. Essa história não estava muito bem contata e eu percebi que havia segredos nesta e no fundo perguntei-me se o fingimento viera para encobrir um real desejo dela e de Gustavo de estarem juntos sem que o irmão desconfiasse.

Mantivemos nosso abraço por um tempo. A forma que ela me apertava mostrou-me que receava perder-me e no meu íntimo eu também sentia o mesmo medo. Decidi dar um voto de confiança a Emily e sua história maluca.

Ao andar no *shopping* abraçado em Emily, tentava manter minha credibilidade em sua história. Gostava muito dela para deixá-la ir embora, minha mente mantinha-me atento a todos os seus movimentos, como se esperasse descobrir suas possíveis mentiras.

— Giovanni, por que foi vestido de maneira tão estranha na festa? – Emily riu encabulada enquanto sugava um pouco do *milk-shake*. — Não achei que tinha roupas assim em seu armário.

— Não gostou?

— Achei que não parecia você mesmo. – Ela sorriu

sedutora. — Gosto do seu jeito, não precisa mudar em nada.

Ela pegou-me de surpresa ao questionar-me sobre as roupas que usei na festa. Senti-me envergonhado quando me dei conta de que não gostara de minha mudança e senti-me um idiota por ter alterado meu estilo para agradar pessoas que segundo ela nem eram seus amigos.

— Não se preocupe, nunca mais me vestirei daquele modo. Foi só uma experiência, mas também não gostei da mudança.

— Estou aliviada.

Emily brincou ao oferecer-me seu *milk-shake*. Ela emanava tranquilidade e eu só podia pensar que ela fora sincera comigo em nossa conversa anterior. Ao seu lado esqueci-me de toda a desconfiança que carregava em meu coração e reforcei a ideia do quanto gostava de estar em sua companhia. Voltamos a conversar como fazíamos sempre que nos encontrávamos, sem ambiguidades. Relaxada, ela sorria encantadora ao falar sobre a faculdade. Era estranho ouvi-la falar de professores que eu conhecia só de corredores e saber como eles eram bons ou ruins ao ministrarem suas aulas.

De volta a seu apartamento, ela inclinou-se para despedir-se. Desejei, como sempre, subir e acompanhá-la até seu quarto. E como de costume não tive sucesso nisso.

Olhei-a nos olhos e resolvi que chegara a hora de fazer o convite que a colocaria como parte de minha família:

— Sábado é aniversário da minha mãe, eu gostaria que fosse comigo. Quero te apresentar à minha família. Aceita?

— Família?

Seus olhos fitavam-me pasmados como se nunca tivesse esperado que eu fosse capaz de fazer-lhe tal convite. Talvez ela pensasse que fosse cedo, pois namorávamos há menos de dois meses, contudo a queria cada vez mais envolvida comigo e não me preocupava em apresentá-la à minha família.

— Sim, eu tenho família. – Brinquei na tentativa de ter alguma resposta positiva. — Aceita o convite?

— Sim.

Sorri aliviado, seria um passo muito importante eu tê-la próxima à minha família. Só esperava que todos gostassem dela tanto quanto eu e que não estivesse sendo um tolo cego em acreditar em sua história confusa. Infantilmente pensei em ligar para Sérgio e confirmar a veracidade do que ela me contara, no entanto recuei ao perceber como isso era um absurdo.

Suspirei cansado. Deveria dar mais crédito a Emily, afinal quando somos jovens fazemos muitas idiotices sem perceber como podem trazer consequências negativas para nós mesmos. No entanto, estaria com meus olhos, muito bem abertos, voltados para Gustavo e se ele me desse qualquer razão para desconfiar de suas intenções com minha namorada, eu tomaria alguma resolução.

24 – A Família Dele

O convite para conhecer a família de Giovanni chocou-me. *Ele quer me apresentar à sua família?* Isso significava que nosso namoro estava bastante sério, homens não apresentam para a família alguém com quem eles não desejam permanecer. Não que eu achasse que nosso namoro não fosse sério, contudo o seu convite me deixou sem chão. O *que eles achariam de mim? Será que aprovariam? Será que ele poderia mudar de ideia sobre nós se sua família me odiasse?* Pensamentos perturbadores me assolavam.

Entrei ansiosa no meu apartamento. Peguei Lucky e refleti o que vestiria para não parecer tão jovem. Sorri. De repente, compreendia exatamente como Giovanni sentira-se ao ir à festa e por que quis parecer mais novo ao usar roupas tão tolas. Realmente nestas situações nos sentíamos em desvantagem por termos tanta diferença de idade, era como se os outros fossem olhar e perguntar "mas o que você viu nele tão velho?" ou "o que você faz com essa garotinha?". Esses pensamentos me atormentaram profundamente.

Havia ainda o fantasma da desconfiança. Eu sentia como no fundo isso ainda estava presente no coração de meu namorado. Desejava conversar sobre nossa briga com Gustavo, mas pela primeira vez em minha vida isso pareceu algo errado. Eu e Gus não tínhamos segredos entre nós, contudo tive receio de que ele interpretasse a desconfiança de Giovanni como um risco à nossa amizade e começasse a tentar afastar-nos. No fundo, tive medo de que Gustavo realmente fosse capaz disso, pois com certeza eu não poderia aguentá-lo emburrado comigo por muito tempo.

****

Alice, eu e Rodrigo conversávamos animados sentados no banco do jardim à espera de Gus. Rodrigo estava radiante com minha incerteza.

— Emily! Que ótimo! Ele gosta mesmo de você, já que a convidou para conhecer toda a família. – Drigo me abraçou animado. — Isso é muito legal.

— Não sei. Estou nervosa com isso.

— Não deveria. Se ele quer te apresentar, é porque acha que vão gostar de você. – Ele refletiu. — Eu só apresento aos meus pais quem acho que não trará nenhum constrangimento aos dois lados.

— Fala sério, Drigo! – Alice divertiu-se. — Seus pais não ficam confusos com seus namorados?

— Nas primeiras vezes sim. – Riu descontraído. — Mas como conheço meus pais, procuro não apresentar aqueles cheios de tatuagens e metais pelo corpo todo. Seria um choque muito grande.

— Para mim é diferente. – Alice constatou reflexiva. — Eu apresento justamente para minha irmã me dar uma opinião sobre o garoto. Ela tem mais facilidade em desvendar os cafajestes.

— Obrigada, Alice. Agora estou mais nervosa. E se ele estiver procurando uma aprovação da família?

— Não se preocupe. Não tem como eles não gostarem de você.

Rodrigo acariciou meus cabelos. Eu estava muito angustiada com este almoço. Pensava seriamente em arrumar uma desculpa e desmarcar com Giovanni, porém não tive coragem para isso. Gustavo aproximou-se e abraçou-me.

— Sobre o que conversam?

— A Emily está com medo de ver a mãezinha de Giovanni.

Rodrigo pronunciou-se debochado. Gus sorriu. Ele já tinha conhecimento profundo disso, afinal acompanhara meus lamentos a semana toda. O trio esmerou-se em aconselhar-me diversos modos de agir no almoço. Tentei guardar as ideias mais coerentes para praticar mais tarde na companhia do espelho e fui aguardar Giovanni no estacionamento. Escorei-me na parede a sua espera.

— Esperando seu amor?

Sobressaltei-me. *Haviam descoberto o namoro meu e de Giovanni?* Demorei mais do que o necessário para virar-me. A voz era muito familiar, contudo meu nervosismo me confundia. Pedro esboçou um largo sorriso. Não havíamos nos encontrado ainda após a noite na praia; eu o tinha visto na faculdade com garotas e, algumas vezes, com Giovanni, contudo ele não falara comigo.

— Oi, professor Pedro.

— O Giovanni vai se atrasar uns minutos, está aplicando

uma prova. – Ele escorou-se no carro ao meu lado e revirou os olhos. — Sabe como ele é, sempre espera mais do que o tempo combinado para não ter que arrancar a prova de ninguém.

— Sei.

Sentia-me nervosa. Ficar sozinha com Pedro não me parecia nada bom, Giovanni ainda mantinha-se frustrado com a fofoca da festa. Apertei meu fichário e fiz menção de ir para outro lugar. Pedro resmungou amuado.

— Não precisa fugir. – Olhei-o com vergonha por ter quase corrido. Ele riu amigável. — Sinto muito se te chateie com minha postura. Não faço mais isso.

— O quê?

— Não invisto em garota comprometida com amigos.

Arregalei meus olhos, incrédula. *Então, ele tem alguma honra.* Sorri. Não parecia muito com o Pedro que conhecia. Ele sorriu malicioso e baixou a cabeça.

— O que posso fazer se preferiu o Giovanni? Mas, quando se cansar dele, podíamos conversar de pertinho.

— Pedro, eu...

— Tudo bem, sei que ama meu parceiro. – Ele passou suave a mão em meus cabelos e sorriu. — E na verdade acho que escolheu certo. Nós não estaríamos namorando. – Eu o olhei confusa. Pedro estava sendo sincero? E ele riu pensativo. — Teríamos tido uma ótima noite e talvez mais algumas, mas não estaríamos namorando. Não que você não seja legal, mas eu não me comprometo.

— Ora, Pedro, quando vai entregar seu coração para alguém? – Falei debochada na tentativa de mudar o rumo da conversa que me constrangia, e ele sorriu.

— Emily, toda a vez que tenho que aguentar o Giovanni melosamente falando ao meu ouvido sobre vocês dois, percebo como isso não é para mim. Ficar angustiado por ciúmes, me roendo por dentro de dúvidas sobre o que sentem por mim, me sentir nas mãos de uma mulher. – Ele analisou-me por segundos. — Não, isso não é mesmo para mim.

Então Giovanni se lamenta? Sussurrei para mim. Era maravilhoso ouvir Pedro entregando os sentimentos do amigo.

— Lá vem o apaixonado. – Pedro acenou para o amigo que vinha apressado. E cochichou-me. — Devo tranquilizá-lo? Ou mudou de ideia e quer provar de meu doce?

— O quê? – sobressaltei-me assustada.

Só me faltava o Pedro complicar meu namoro ao inventar alguma história louca. Giovanni aproximou-se espiado, cumprimentou Pedro num aceno de cabeça e abraçou-me desconfiado. Pedro deu-lhe um tapinha nas costas.

— Bem, já vou indo. Estava só fazendo companhia até você chegar.

Pedro afastou-se e Giovanni mirou-me melindrado.

— O que ele queria?

— Não sei. Ele me pareceu bem confuso.

— Ele se engraçou para você?

— Não. – *Não sei se posso dizer que não. Acho que do jeito malandro dele, foi respeitoso.* Esforcei-me para tranquilizar meu namorado. — Ele só veio me avisar que você se atrasaria.

— Sei. Não dê muito assunto para o Pedro. Ele é meu amigo, mas não confio cegamente nele quando o assunto é mulher.

— Mas deveria confiar em mim!

Abracei-o fortemente e ele envolveu-me em seu beijo. Sim, toda a suspeita ainda estava presente em Giovanni. Ter novamente conhecimento disso chateou-me, pois até quando eu precisaria policiar meus atos para fazê-lo retornar a confiar em mim? Eu só queria fazê-lo feliz e tornar nosso relacionamento realmente completo.

25 – Ex-Mulher

Liguei para Rebeca para me certificar de que ela não marcasse nada com Enya no dia do aniversário de minha mãe. Rebeca exaltou-se ao telefone quando constatou que eu levaria Emily comigo.

— Já vai apresentar a vadia à sua família? Então perdeu mais do juízo do que pensei.

— Não chame minha namorada assim. Acho importante apresentar alguém que quero ter ao meu lado por toda a vida.

Percebi como minha provocação havia causado desconforto em Rebeca. Ela permaneceu muda ao outro lado por um tempo maior do que o necessário.

— Se pensa assim, não tenho mais nada o que dizer. Está completamente cego por uma pirralha.

— Por que me odeia tanto?

Ela me tratava de uma maneira asquerosa já há alguns anos, que aumentara de intensidade quando nos separamos. Era algo que nunca conseguira compreender, pois não me lembrava de ter feito algo que me tornasse merecedor disso.

— Não odeio.

— Parece que sim.

— Desculpe. Só me sinto irritada.

— O que fiz para que se sentisse assim?

— Continuou sendo o mesmo cara de quando namorávamos.

— E o que tem isso de errado? Pensei que tivesse começado a namorar comigo porque gostava do meu modo de ser.

— Sim, mas quando casei esperava que pudéssemos finalmente ter uma vida mais luxuosa e adulta. – Sua voz elevou-se em raiva. — Mas você não amadureceu o suficiente para largar seu jeito de adolescente e trabalhar a mais para que tivéssemos isso.

— Quer dizer que eu não quis ficar escravo de meu serviço ocupando-me em todos os turnos da semana? – Indignei-me. — Se queria tanto dinheiro, por que não casou com alguém rico?

— Se não tivesse engravidado, teria feito isso. Não deveria ter continuado com um namoro sem futuro, mas como a garota tola que era, achei que iria mudar. – Ela gritou. — Aproveite para namorar essa garotinha até ela amadurecer e procurar outro. Afinal, só assim que você conseguirá manter um relacionamento: com uma adolescente!

Rebeca desligou o telefone sem dar-me chance de revidar suas palavras. Conversar com ela esvaziava minhas energias. Ela criara em sua mente uma ambição tão grande que não conseguia mais lembrar-se de nossos momentos bons e, na verdade, até para mim estava cada vez mais difícil. Suas palavras eram ditas sempre com o intuito de magoar-me e eu frustrava-me quando permitia que ela o fizesse como agora.

26 – Aniversário de Sogra

Convoquei Gustavo para me auxiliar a escolher uma roupa e ensaiar formas educadas de apresentação na manhã do dia do almoço com a família de Giovanni. Afinal, não desejava parecer uma adolescente desmiolada e infantil. Tomei algumas canecas de chá de camomila para me acalmar, o que não pareceu resolver nada.

Giovanni me buscou, elogiou minha roupa e torceu o nariz ao perceber que Gustavo descera também. Cumprimentou-o secamente. Paramos no seu antigo apartamento para buscar Enya. Ela parecia gostar de mim e eu dela, ficava feliz por não termos problemas de relacionamentos, apesar de algumas vezes questionar ao pai se ele e sua mãe não iriam voltar a morar junto. Para o meu alívio, ele sempre afirmava que não.

Eu confiava no meu namorado; no entanto, me dava um formigamento no estômago quando ele contava que havia pegado Enya e conversado com sua ex-esposa. Eu sabia que não existia mais nada entre eles, contudo uma pontinha de ciúmes sempre me contagiava, mas eu tentava não demonstrar. Também me angustiava vê-lo na faculdade com conversas com outras alunas, pois ali eu reconhecia um perigo real. Afinal se ele me namorava, uma aluna, por que não poderia se interessar por outra? E o que mais me corroía era não poder demonstrar para aquelas oferecidas que ele estava comigo. Para meu alívio, a maioria das meninas tinha verdadeiro encanto por Pedro; porém sempre existiam aquelas que arrastavam asinha para o meu Giovanni.

— Oi, Emily!

— Oi, Enya!

A menina entrou saltitante no carro e beijou minha bochecha ao apoiar-se no banco da frente, tirou-me assim de meu transe. Rebeca nos olhava do portão. Eu já a havia visto algumas vezes quando buscamos Enya, ela nunca me cumprimentara e eu correspondia da mesma maneira.

Enya, como toda a criança, não tinha muita noção do que era adequado comentar ou não, já tinha me contado diversas vezes que sua mãe me odiava e que me achava uma criança. Ela percebia isso mais como um elogio, pois dizia que ficava feliz por eu ser criança porque assim podia brincar com ela. Giovanni divertia-se com as diversas saias justas que eu passava com sua filha.

— Feliz em visitar a vovó, os tios e primos? – Giovanni perguntou ao colocar-lhe o cinto de segurança.

O aglomerado de parentescos que ele anunciou fez um frio percorrer minha espinha. Seria mais tranquilo se fosse só um pequeno almoço com seus pais.

A mãe de Giovanni morava em outra cidade e o trajeto demoraria mais ou menos duas horas e Enya começou a mostrar-se impaciente, assim Giovanni obrigou-se a inventar vários jogos de contar carros vermelhos que passavam, depois advinhas e dizer o nome da música cantada.

Realmente duas horas para uma criança pareciam uma eternidade. O fato de Enya estar no carro distraiu-me do embolado em meu estômago que me encalçava ao pensar em conhecer toda a família de meu namorado de uma vez só. Eu era a primeira que ele levava para casa depois da separação. Na verdade, ele havia me garantido que eu era a segunda pessoa que sua família conheceria, já que Rebeca tinha sido a sua única namorada.

Chegamos. Giovanni mal estacionou e Enya saltou porta afora e correu ao abraço de uma mulher com um menino no colo que chegara junto conosco. Eu suspirei e fiquei sentada no carro por alguns segundos. Giovanni sorriu amigavelmente e esperou-me. Envolve-me pela cintura e sussurrou no meu ouvido.

— Não se preocupe, eles vão adorar você. – Olhei indecisa e ele beijou-me. — Claro que vão, eu a adoro!

Aproximamo-nos da mulher. Ela sorriu e abraçou longamente Giovanni. E ele apresentou-me. Giordana, sua irmã, cumprimentou-me educadamente.

— Como sempre, tem muito bom gosto. Muito bonita sua namorada. – Eu sorri em agradecimento. Ela pegou no colo o filho. — Este é o Leonardo. Lele para família. — Cumprimentei-o e acariciei seus cabelos. Ela chamou o marido que tirava a cadeirinha de Leonardo do carro e trazia uma grande mochila de bebê. — Este é Bernardo, meu marido. Bê, esta é a nova namorada do Gi.

Ele sorriu e apertou minha mão. Ele e Giovanni abraçaram-se. Entramos, a casa era confortável e tinha estilo colonial. Giordana entrou gritando pelas pessoas, cumprimentando-as alegremente. Todos se saudavam, falavam alto e ao mesmo tempo. Conheci diversos tios e primos de Giovanni, todos simpáticos. Vários diziam em tom de brincadeira para eu tomar as rédeas desde cedo, podar as asinhas dele; o tipo de coisas que famílias costumam dizer. Eu sorria educada. Ficara aliviada por Giovanni não desgrudar de minha cintura, assim sentia-me segura.

Finalmente, conseguimos chegar à cozinha onde estava a parte mais importante da família reunida. Giordana, Filippo, o irmão mais novo de Giovanni, seu pai, Antônio, e sua mãe, Renata. Quando chegamos, todos ficaram em silêncio e suas atenções voltaram-se para nós. Giordana sorriu.

— Venham, vou apresentá-los a nova namorada do Gi. Essa é a Emily.

Eu sorri educada, enquanto Giovanni abraçava calorosamente a todos. Antônio cumprimentou-me com um abraço e sorriu.

— Está cuidando bem do meu filho? Claro que sim, ele está com o sorriso nas orelhas.

— Olá, meu irmão tem bom gosto! Mas quantos anos mesmo você tem?

Filippo olhava-me maliciosamente. Giovanni aproximou-se e fingiu-se bravo com o irmão e abraçou-me.

— Não arraste as asinhas para ela. Já está acompanhada.

Filippo sorriu e beijou minha mão. Em implicância com o irmão disse -me.

— Se enjoar desse velhote, pode me procurar.

Giovanni deu-lhe um cascudo e o chamou de abusado. Eu estava completamente vermelha de vergonha. Percebia que eles brincavam entre si com charadinhas, todavia isso me incomodava. *Está claro que desde que entrei todos acham uma forma de salientar que temos uma grande diferença de idade.* Refleti desanimada.

Sua mãe ignorou-me por um tempo ao findar os preparativos da macarronada com molho de galinha. Giovanni aproximou-se e beijou-lhe a testa e ela falou desgostosa.

— Não sei por que se separou de Rebeca. Ela é uma moça tão doce...

— Não comece. Não quero brigar no dia de seu aniversário. – Ele olhou para Enya que estava por ali espiando o que tinha de sobremesa. — Filha! Me esqueci do presente da nona no carro. Pegue para mim, por favor.

Enya correu para pegá-lo. Ele puxou-me para perto de sua mãe.

— Eu queria te apresentar a Emily.

Ela saldou-me com um aceno de cabeça e eu apenas sorri, com certeza eu estava um pimentão.

— Meu filho, ela é tão jovem. – A mulher ignorou-me. — Parece até que roubou uma das namoradas de seu irmão. Me diga, como ela irá cuidar de você? Isso não pode dar certo.

Eu olhava desesperada para aquela senhora desagradável, só queria fugir. Giovanni começou a debater com ela e eles se desentenderam. Giordana agarrou-me pela mão e puxou-me para a sala.

— Vamos arrumar a mesa e deixar essas duas cabeças duras se resolverem.

Acompanhei, sentia-me desolada. *A mãe de Giovanni me odeia e deixou bem claro isso. Na verdade, não sei por que, ela nem me conhece.* Lamentava em silêncio.

Ajudei Giordana a colocar a mesa. Meu peito doía e minha garganta estava apertada, queria ficar sozinha. Sentei-me em um balanço de madeira na varanda, a contemplar o belo e enorme pátio com várias árvores.

Giovanni apareceu na porta com o rosto meio transtornado, parecia cansado e bravo. Ele sentou-se ao meu lado calado. Eu olhava para baixo triste. Ele passou o braço sobre meus ombros e apertou-me em seu peito. Questionei-o manhosa:

— Então, sua mãe me odeia?

— Não. Ela só precisa acostumar-se com a ideia. No começo ela sempre reage assim. – Ele olhou-me profundamente e acariciou meu rosto. — Eu queria te pedir desculpa por tê-la feito passar por isso. Às vezes, minha mãe consegue ser bem malvada. Mas o problema não é contigo, e sim pelo fato de eu ter me separado, minha família é muito tradicional e não aceita muito bem separações.

— Mas isso é algo que não se pode prever!

— Minha mãe acha que sim. – Ele riu. — Vamos entrar?

— Só se prometer não sair de perto de mim.

— Ficarei ao seu lado o tempo todo.

Giovanni sorriu e eu senti-me segura. O almoço foi tranquilo, estrategicamente Giovanni sentou-se comigo e Enya, o mais longe possível de sua mãe para evitar constrangimento. Pouco vi Renata durante o restante da tarde. Giordana constantemente aproximava-se e trocava palavras conosco. Giovanni cumpriu sua palavra e não saiu de meu lado.

Filippo e Giovanni subiram na goiabeira e tiraram frutas para todos após o almoço. Era delicioso ver meu namorado tão descontraído, um Giovanni diferente da faculdade! Eu deixei-me influenciar e subi na árvore, além de ajudar a pegar ovos do galinheiro e colocar as cabras para dentro do cercado. Antônio até me ensinou a tirar leite da vaca. E eu e Enya provamos e retorcemos o rosto, o leite tinha o gosto forte. Quase todos já haviam ido embora quando Giovanni decidiu que chegara nossa hora também.

Renata acenou-me de longe e abraçou o filho sussurrando algo em seu ouvido. Antônio, Fillipo e Bernardo despediram-se com um aceno. Giordana abraçou-me com força

— Meu irmão tem muita sorte de ter te encontrado. Fazia anos que eu não o via tão feliz, tão ele mesmo.

Sorri largamente e agradeci. Estava feliz, havia conquistado toda a sua família sendo eu mesma. Bem, quase toda a família, faltava sua mãe. E essa eu tinha certeza que só gostaria de mim se passassem muitos anos. Contudo, isso já não me afetava muito.

Enya passou o trajeto adormecida no banco de trás. Giovanni parecia feliz.

— Gostei de sua família.

— E todos gostaram de você. – Eu ri, lancei-o um olhar desconfiado. Ele redimiu-se. — Claro, tivemos algum problema com mamãe, mas agora na despedia ela até disse que você não é tão ruim assim. Muito nova, claro, mas não ruim.

Ele riu enquanto imitava a fala de sua mãe. Sentia-me aliviada por isso. Giovanni levou Enya no colo até o apartamento de Rebeca e eu esperei no carro como de costume. Ainda era cedo, havia escurecido há menos de uma hora. Giovanni entrou no carro.

— Então o que vamos fazer agora?

— Não sei. Escolha.

— Podíamos alugar uns filmes e – Ele mirou-me provocador — eu podia fazer um jantar no meu apartamento. O que acha?

— Acho que seria agradável.

Giovanni sorriu largamente e eu fiz que não percebi o real motivo por trás disso. Eu já havia estado na casa dele na companhia de Enya algumas vezes. No entanto, não tínhamos ainda ficado sozinhos no seu apartamento ou no meu, pois eu já era bem crescida para saber que namorados sozinhos é um passo para colocarmos nosso relacionamento no próximo nível. O nível do namoro com sexo.

Ainda não tínhamos chegado neste ponto, não que Giovanni não tentasse criar diversas situações para que isso ocorresse, mas eu evitara nos colar em lugares e momentos propícios para isso. Não que meu corpo há muito não o desejasse, contudo minha mente ainda não confiava o suficiente para acrescentar tamanha cumplicidade ao nosso relacionamento. Sorri ao olhar de relance para Giovanni, hoje essa certeza viera com força.

27 – Um Passo Adiante

A visita de Emily à minha família transcorreu melhor do que eu imaginara, até nos depararmos frente a frente com minha mãe. Ela claramente se mostrou desgostosa com a presença de minha nova namorada e não poupou grosserias.

O sangue avermelhou meu rosto, a raiva estava presente em mim. Emily fitou-me com olhos tristes e assustados ao ser levada por Giordana para longe, senti pena dela. Não admitiria que ela fosse destratada por minha mãe.

— Não seja mal-educada. Emily é uma ótima pessoa.

— Talvez seja, mas, filho, ela é mais nova que seu irmão. Onde estava com a cabeça quando decidiu trocar sua mulher por uma criança?

— Em primeiro lugar, a senhora já sabe que foi Rebeca que me largou, e em segundo, Emily não é criança. E é uma ótima namorada.

— Estou vendo que logo vai engravidar essa menina como fez com Rebeca. – Minha mãe lamentou frustrada. — Imaginei meus filhos casados e felizes. Não separados e se aproveitando de garotinhas.

Respirei fundo para controlar da minha voz raivosa para

não gritar. Meu pai sorriu e passou o braço sobre o meu ombro e o de minha mãe num gesto apaziguador como era de sua natureza.

— Renata, está confundindo os filhos. – Ele riu. — Quem se aproveita de menininhas é nosso caçula. Deixe de implicar com Giovanni. O casamento dele não deu certo e não podemos fazer nada, agora vamos torcer que ele seja feliz com a nova namorada. – Ele apertou-nos em seus braços. — Não briguemos num dia de festa!

— Está certo. – Minha mãe olhou-me contrariada. — Mas não vá achando que gostei dessa sua ideia desmiolada de namorar uma menina.

— Renata! Não comece. – Meu pai alertou-a divertido.

Concordei com a cabeça, já mais calmo, no entanto achei injusto como minha mãe criara um preconceito sobre Emily sem a ter conhecido.

Surpreendi-me ao sentir vontade de fazer algo que evitava há pelo menos cinco anos: subir com meu irmão na goiabeira e tirar frutas para os parentes. Diverti-me muito rindo e conversando com meus primos. Emily sorria contente quando aceitou o desafio de um primo em subir também, temi que ela caísse, contudo ela apresentou bom equilíbrio. Meu pai agradou-se rapidamente dela e a roubou de mim, persuadindo-a a buscar ovos no galinheiro com Enya e até tirando leite da vaca.

Meus pais mudaram-se para o sitio só há uns anos, assim visitá-los passou a ser um momento descontraído e gratificante, até Rebeca começar a implicar com isso.

Observar Emily descontraída no meio da grama aumentou consideravelmente meu amor por ela. A pediria em casamento nesse instante se não tivesse certeza que ela negaria por assustar-se com tal proposta.

O retorno do sítio foi descontraído. Eu e Emily cantávamos uma música tocada no rádio do carro. Sua voz, assim como a minha, não era perfeitamente sonora para cantar, entretanto agradava-me partilhar com ela estes momentos de inabilidade. Acompanhei seu canto, erramos a letra da música e rimos.

Tive que subir com Enya no colo até o apartamento, pois ela acordou cambaleando de sono e não pude evitar dar-lhe conforto em meus braços. Rebeca esperava-me na porta impaciente e reclamou quando coloquei Enya sobre a cama:

— Ela está coberta de terra. Terei que acordá-la para dar-lhe um banho.

— As crianças se sujam quando se divertem.

Saí enquanto Rebeca me fuzilava com os olhos. Diverti-me com seu mau humor. Emily me esperava no carro, anoitecera há poucos minutos, queria tê-la ainda ao meu lado, talvez pudéssemos ir ao cinema. Aceitaria qualquer escolha de filme que ela propusesse, pois tinha me acompanhado a tarde toda num programa de minha opção.

— Então o que vamos fazer agora?

— Não sei. Escolha.

O tom de sua voz demonstrava que ela abrira realmente a possibilidade de eu escolher. Analisei-a com os olhos, só tinha uma coisa que desejava há muito tempo e decidi fazer uma tentativa sutil, para sondar até onde ela estava disposta a aceitar minha escolha.

— Podíamos alugar uns filmes e eu podia fazer um jantar no meu apartamento. O que acha?

— Acho que seria agradável.

Não pude evitar sorrir largamente, sentia-me como um tolo que poderia ganhar um presente. Ela aceitar ir sozinha ao meu apartamento não me dava nenhuma garantia de finalmente tê-la em meus braços, todavia aumentava as chances. Ela não era uma garota inocente e tinha grande destreza em evitar, de forma educada, encontrar-se comigo em lugares muito reservados, e tratava de esquivar-se de meus beijos quando eles poderiam nos levar ao sexo.

Dirigi até a locadora no automático, pois minha ânsia dominava minha mente. No caminho, imaginava quais seriam as maneiras mais adequadas para deixar Emily confortável para que aceitasse passar nosso namoro a um patamar mais sério. Impaciente, escolhi uma comédia romântica, o estilo preferido de minha namorada, e um suspense para deixar-nos mais próximos.

28 – Conhecendo-nos

Ao chegarmos a seu apartamento, ele começou a fazer a janta enquanto eu colocava os filmes sobre a estante. Como sempre, o lugar estava organizado. Sentei-me no balcão da cozinha.

— O que vai fazer?

— Salmão grelhado com arroz e salada. Quer outra coisa? Podemos pedir algo, se quiser.

— Não, tudo bem. Gosto de peixe grelhado.

Eu ri amigavelmente. Cozinhar não era uma de suas qualidades e nem minha, por isso passávamos mais tempo em restaurantes. Ofereci-me para ajudar, mas ele negou. Continuei no banco a admirá-lo passar desajeitado de um lado para o outro com os ingredientes, pratos e talheres. Não sei o porquê, mas fiquei feliz em vê-lo cozinhar; talvez pelo fato dele esforçar-se e, mais do que isso, me mostrar uma de suas fragilidades sem se importar. Penso que isso é o que as pessoas chamam de cumplicidade.

Giovanni serviu nosso prato e nós comemos. Eu o elogiei e ele sorriu convencido. Apesar de tudo, a comida havia ficado gostosa, simples e boa. Ele deixou a louça e a sujeira para limpar depois e fomos ver os filmes. Abraçamo-nos no sofá e começamos a ver o suspense. Eu sentia-me confiante em estar ali sozinha com ele.

Antes que o filme começasse, ainda nos *trailers*, ele segurou meu rosto e beijou-me. Eu me entreguei a seus suculentos lábios. Seus beijos percorreram meu pescoço, um arrepio subiu pela minha nuca e tomou conta de todo o meu corpo. Seus dedos ágeis desabotoaram minha blusa e eu podia sentir seus dedos quentes. No entanto, comecei a sentir-me desconfortável, *flashes* do passado insistiam em se projetar em minha mente. A angústia tomou conta de mim e sem perceber meu corpo movimentara-se e eu estava em pé próxima à porta do apartamento. Giovanni levantou-se e me olhava com olhos arregalados.

— O que aconteceu?

— Nada. – Falei com a voz sumida e me recompondo. Giovanni aproximou-se e segurou minha mão.

— Alguma coisa aconteceu?

— Não é seguro. – Disse confusa. Ele sorriu e passou a mão nos meus cabelos.

— Não se preocupe, tenho camisinha.

Senti-me desamparada sem perceber o motivo, minha garganta começou a queimar, meu peito apertou-se e novamente o passado veio-me fresquinho em meus pensamentos. Todas as coisas e sentimentos que eu havia empurrado para o fundo estavam de volta e, sem controle, comecei a chorar compulsivamente.

Chorava e chorava sem conseguir parar. Giovanni olhou-me chocado, como nunca o havia visto e abraçou-me fortemente contra seu peito. Escondi minha cabeça em sua blusa aberta e chorei, soluçava e recomeçava a chorar, como se tivesse liberado algo que estava tão profundamente guardado. Finalmente consegui recuperar o controle e me aclamei, fiquei com a cabeça apoiada em seu peito aos soluços.

Afastei-me envergonhada pela grande cena que fizera e fui ao banheiro lavar o rosto. Meu rosto estava vermelho e inchado pelo excesso de choro. Ao retornar, ele trouxe-me um copo de água e eu sentei-me silenciosamente no sofá. Giovanni me acompanhou. Ele observava-me seriamente e suspirou.

— Sente-se melhor?

— Sim, obrigada.

Eu olhava para baixo, sabia que teria que lhe dar uma explicação, no entanto sentia receio de fazê-la. Ele baixou a cabeça.

— Me desculpe...

— Não foi sua culpa. – Por que ele sempre se considerava o responsável? Busquei coragem e disse baixinho. — São só fantasmas do passado.

Ele olhou-me preocupado e depois enfurecido.

— Se te fizeram alguma coisa... eu nem quero pensar o que farei com essa criatura.

— Não, ninguém me fez mal. Não é o que esta pensando. Eu é que...

Desorientado, ele fitou-me e segurou minhas mãos. Eu respirei fundo, puxando um último soluço remanescente do choro e decidi seguir o conselho de Gustavo, que dizia que eu deveria falar de meu passado para Giovanni. Suspirei novamente e decidi que falaria tudo, mesmo que isso pudesse significar que ele se desapontaria comigo. Baixei minha cabeça e confessei com voz sumida.

— Eu engravidei, no ano passado. Mas eu perdi... e agora tudo retornou aos meus pensamentos e... senti-me insegura, como se fosse acontecer de novo.

Ele olhava-me perplexo. Eu levantei-me e ele fez o mesmo. Comecei a andar, no entanto ele me puxou. Passou os dedos no meu rosto e olhou-me amavelmente. Ele sorriu nervoso.

—Sinto muito por sua perda. – Sua voz era suave. Ele abraçou-me mais forte. — Podemos conversar sobre isso, se desejar.

Suspirei. *Como ele pode sentir muito? Se eu tivesse tido um bebê, com certeza não teríamos nem nos conhecido. Eu estaria casada e morando na praia, não teria nem começado a faculdade.* O pensamento perturbou-me.

— Eu só fiquei sentimental em pensar em passar por toda essa angústia novamente. Fiz o maior papel de boba. Desculpe!

Sentia-me envergonhada com o fiasco que fizera. Agora percebia como Gus estava certo, eu havia ignorado meu sentimento de angústia por tanto tempo que algum dia ele iria ressurgir. E surgiu de forma extremamente exagerada e num péssimo momento.

Giovanni olhava-me um pouco dúbio, não parecia achar palavras sensatas para me dizer. Talvez eu o tivesse chocado com a notícia ou achasse que eu tinha enlouquecido por fazer tamanha cena. Num sussurro ele comentou.

— Você queria o bebê?

— Não. – Olhei-o acanhada. — Você está desapontado comigo? Não gosta mais de mim?

Ele abraçou-me.

— Claro que gosto de você, só fiquei surpreso. Nunca me passou pela cabeça que tivesse acontecido tudo isso contigo. – Ele refletiu. — Mesmo que tivesse feito um aborto, eu continuaria a sentir o mesmo por você, pois acredito que a mulher deve escolher o que fazer de sua vida.

— Talvez, se eu não tivesse perdido no segundo mês, teria feito isso. Não sei, não cheguei realmente a pensar sobre. Nunca havia pensado em ter filhos e comecei a pensar como seria meu futuro, como eu seria como mãe... Não estaria pronta para tamanha responsabilidade. – Giovanni observava-me empático. Baixei meus olhos e continuei. — Teria podido contar com Gustavo em qualquer decisão, mas não sei se isso bastaria.

— Gustavo? – A raiva surgiu em seus olhos. Não havia percebido que tinha pronunciado meus pensamentos em voz alta. Sua voz elevou-se. — Você me disse que nunca haviam tido nada. E eu acreditei!

— O Gustavo não era o pai. – *Que fixação Giovanni tinha pelo Gustavo! Parecia que estava sempre esperando descobrir que tínhamos um romance secreto. Pensei magoada.* Ajeitei-me na cadeira. — O Gustavo é só um excelente amigo que me ajudou num momento de desespero.

— E quem era o pai? – Suas palavras saíram entre os dentes. Ele olhou-me e concluiu. — O Ricardo, claro. – Concordei com a cabeça e ele enervou-se. — Aquele cretino te deixou na mão e...

— Não, ele foi bem legal comigo quanto à gravidez, estava pronto para assumir. – Giovanni mirou-me incrédulo, resolvi dar crédito a Ricardo, afinal não podia negar que ele havia sido muito maduro nesta ocasião de crise. Suspirei. — Ricardo é uma pessoa otimista e estava pronto para fantasiar que tudo daria certo, que nos casaríamos e criaríamos nosso filho na praia... Isso não daria certo, não para mim. Eu queria seguir minha vida sem ter que assumir uma criança ou desistir de todos os meus sonhos.

Giovanni observava-me complacente.

— Não se culpe por isso, todos sentem dúvida quando chega uma gravidez indesejada.

— Não teria sido nada bom ter um filho agora. Eu ainda nem tinha feito dezessete anos. Sei que acabaria culpando a criança pelas coisas que deixaria de fazer e não quero isso para ninguém.

Giovanni olhava-me concentrado e sério como se digerisse tudo o que eu acabara de dizer. Senti-me egoísta por não ter desejado ser mãe. Não provocara conscientemente o aborto, contudo rejeitara tanto aquele feto que era provável que meu corpo houvesse feito o mesmo. Eu sentei-me no sofá e abracei meus joelhos. Tampouco estava pronta a assumir um relacionamento tão sério com Ricardo naquela época, alguém com quem discutia por coisas tolas como qual música era boa ou que tipo de lanche pediríamos, simplesmente não parecia possível que ficássemos bem juntos e criássemos outra vida. Ele aproximou-se e passou o braço sobre meus ombros.

— Fico feliz por ter me contado tudo isso. Sei exatamente como se sentiu... – Ele suspirou e olhou-me nos olhos. — Eu adoro minha filha e não imaginaria mais minha vida sem ela e sei que Rebeca também se sente assim, no entanto nosso casamento sempre foi conturbado devido às situações pelas quais passamos após a gravidez não planejada. Rebeca ainda ficará muito tempo infeliz por ter tido que deixar a faculdade para mais tarde. E sempre que brigávamos, o assunto gravidez ressurgia. É difícil ser pai ou mãe quando se é muito jovem.

Ele suspirou, eu percebi como mantinha mágoas do passado. Giovanni baixou a cabeça e eu beijei de leve seu rosto, envolvi-o num abraço. Nossas histórias tinham um começo em comum, se eu ainda estivesse grávida era provável que a minha relação com Ricardo acabasse da mesma maneira que a dele e de Rebeca, pois por mais amiga que fosse de Ricardo sabia que éramos imaturos em demasia para sustentar um casamento, nem conseguimos iniciar um namoro sério.

Meu namorado manteve-se ao meu lado pensativo. Devia refletir sobre seu passado como eu também fazia. Pelo menos ele não poderia me acusar de negligência, ele fizera exatamente o mesmo e era alguns anos mais velho do que eu e Ricardo. Sorri ao recordar de tudo o que causara minha gravidez indesejada.

Tudo começara quando eu e Ricardo nos desentendemos porque ele tinha transado com uma menina. Nós não éramos namorados e não tínhamos nenhum tipo de compromisso, porém o fato me magoou e nós brigamos. Eu disse que nunca mais queria vê-lo, até nos embebedarmos e refazermos nossas juras de amor. O resultado foram tatuagens combinando e uma gravidez indesejada. As brigas posteriores por causa de minha não vontade de ser mãe ou casar-me com ele resultaram em Ricardo ficando com outra garota como forma de vingança, o que só causou mais brigas e mágoas e depois disso realmente deixamos-nos de nos falar. Nosso romance foi sempre tão cheio de altos e baixos, uma completa montanha-russa.

Fitei meu compreensivo namorado de relance. Agora que estava com Giovanni, percebia que o que eu sentia por Ricardo não era tão forte, apenas um sentimento confuso que misturava amizade e tesão. Pensativa, passei a mão inconsciente na tatuagem de três estrelas que marcava minha pele. Giovanni acompanhou meu movimento com os olhos e sorriu:

— Eu adoro sua tatuagem. – Ele sorriu. — Ela é muito sensual. Quando vejo sua nuca com essa delicada tatuagem de três estrelas, fico louco.

Eu sorri. Apesar do medo inicial, achara uma boa escolha o lugar e o desenho da tatuagem, ela fazia com que eu me sentisse mais sensual. Giovanni deixara os dedos passarem suaves sobre minha tatuagem. *Será que ele continuaria gostando desta se soubesse que Ricardo escolhera o desenho? E que foi um amigo dele que a fez?* Senti-me triste com o pensamento.

Lembrei-me da cara de horror que Sérgio fez quando percebeu que eu estava com uma tatuagem. Ele não falou nada e disfarçou, contudo, no outro dia, minha mãe me ligara perguntando se eu tinha certeza do que havia feito, que era para toda a vida e se mostrou preocupadíssima querendo saber se eu tomara precauções de higiene para não pegar nenhuma doença. Não é que ela desaprovava, só achava desnecessário. Na verdade, eu também, mas fiz sem pensar muito nas consequências, assim como algumas outras coisas naquele maldito verão.

O clima de possível romance entre mim e Giovanni se esvaíra e só nos restou conversarmos, descontraídos, por algum tempo sobre coisas estúpidas que adolescentes costumam fazer sem pensar. Descobri como ele fora um jovem bem educado que no máximo teve uma noite de porre entre amigos.

O assunto findou e, diante do silêncio constrangedor, todo o início de nossa conversa voltou a nossas mentes. Giovanni não havia se esquecido das revelações bombásticas que eu havia feito e retornou a elas, questionador:

— Como Sérgio e sua mãe reagiram à gravidez?

— Por que iria contar para ele?

— Não sei. – Giovanni pareceu confuso. — É que no meu caso toda a família de Rebeca sabia do ocorrido antes mesmo de mim.

— Claro que contaria se tivesse continuado grávida. Mas na verdade não contei por receio de ter muitas liberdades cortadas, afinal ele e minha mãe haviam acabado de aceitar que eu era responsável o suficiente para morar sozinha no apartamento e não queria perder isso.

— Você acha que eles ficariam zangados?

— Não, apenas decepcionados com minha irresponsabilidade, por ter permitido que acontecesse depois de tantas conversas longas sobre prevenção.

Refletimos sobre outras coisas da vida e sobre sexo, concordamos que desejávamos seguir adiante, porém com segurança, então combinamos que eu iria num médico para tomar um anticoncepcional, pois confiar apenas na camisinha não era muito adequado.

Ele levou-me para casa. Fazia muito frio e caía uma garoa fina e persistente. Despedi-me e entrei correndo no prédio. Eu sentia-me tão leve, como se todos os problemas houvessem desaparecido de meu ser.

29 – Revelações

A revelação dela sobre a ex-gravidez assustou-me. Contudo, ela demonstrava-se tão desamparada e, principalmente, envergonhada por confessar que não quis o bebê que e eu só queria consolá-la. Eu e Rebeca havíamos passados por esse dilema e eu sabia como essa situação podia ser muito dolorosa e assustadora.

Abracei-me a ela. Dava-me pesar ver seu rosto tomado pelo medo de minha reação, como se sua revelação fosse um crime imperdoável. Compreendi, então, por que ela não contara nada antes e por que caíra num choro tão sentido, seu temor não se referia ao que realmente fosse acontecer após o sexo e sim quanto à forma como eu enfrentaria o seu segredo.

Mostrei-me compreensivo, ficaria ao seu lado e ouviria suas angústias, mesmo que isso fosse um bocado dolorido para minha condição de homem um pouco possessivo.

Saber que o garoto responsável era o tal do Ricardo não me tranquilizou. Emily defendeu seu ex-amado com veemência, teria preferido que ele fosse um mau-caráter. Ouvir que ele queria casar-se com ela deixou-me quase cego de ciúmes. Apesar da forma como ela o defendia, percebia uma enorme mágoa quando se referia a ele. Lancei os pensamentos sobre Ricardo para longe e foquei-me em sua tristeza. Não era justo com ela que eu a deixasse desamparada ao abrir seus segredos para mim por força de um ciúme infantil.

Compartilhei com ela um pouco mais sobre como me sentira quando assumi meu casamento com Rebeca e, apesar de amar Enya, não podia ser hipócrita ao ponto de negar que o fato de minha ex-mulher ter engravidado só agravou e esticou um relacionamento que já não estava muito fenomenal.

O fato dela ter guardado segredo sobre isso de Sérgio e sua mãe pelo medo de decepcioná-los e de perder sua liberdade de morar sozinha deu-me mais certeza de que ela tentava mostrar-se mais adulta do que seu coração realmente era. Sua mãe e Sérgio exigiam dela uma responsabilidade de adulta e ela não ousaria mostrar o contrário.

Deixei que ela conduzisse a conversa de forma mais descontraída e concordei com ela que seria melhor que ela se prevenisse antes de passarmos para o próximo nível em nosso namoro. Apesar de desejá-la loucamente, fui sensível ao dar-me conta que ela ainda precisaria de mais um tempo para organizar seus sentimentos, mais do que realmente para prevenir-se de mais uma gravidez. Restando-me só levá-la para o seu apartamento.

À noite, a revelação de Emily tirou-me o sono. Conhecera mais um pouco de sua história, que me parecia bastante longa para uma garota de apenas dezoito anos. Lembrei-me que ela só comentara sobre seu pai uma vez e fizera de modo que deixava claro que ele não tivera participação em sua vida. Senti que ela guardava outros segredos em seu coração, isso me intrigava e cada vez eu desejava conhecê-los.

30 – Etapa Seguinte

Na semana seguinte, a cumplicidade que alcancei com Giovanni após ele conhecer meu segredo e o aceitar fez eu sentir-se confiante e desejosa de dar o próximo passo. Assim, queria informá-lo disso, e procurei-o ao final da aula que ele ministrava.

Entrei e o esperei no pé da porta, enquanto ele trocava informações com alguns estudantes. Ele viu-me e cumprimentou-me com a cabeça, como se eu fosse apenas uma aluna. Isso já não me chateava. Os três saíram pela porta e Giovanni aproximou-se enigmático por eu não o esperar no lugar de sempre. Eu sorri maliciosamente e fechei a porta nas minhas costas, puxei-o com força ao meu encontro e dei-lhe um fogoso beijo. Ele correspondeu abraçando-me. Sorri e sussurrei em seu ouvido.

— Estou pronta.

Ele arregalou os olhos e pareceu confuso.

— Agora?

Eu comecei a rir.

— Não neste exato momento, mas um dia desses.

Abri a porta e sai tranquilamente, sorrindo. Diverti-me com o impacto que havia causado. Giovanni demorou-se ainda um pouco dentro da sala recompondo-se e seguiu-me até nosso lugar de sempre.

Fomos almoçar, Giovanni estava atrapalhado e ansioso. Eu sorri. *Quanto tempo ele demorará a organizar uma desculpa para levar-me a seu apartamento?* Eu sabia que ele não queria parecer desesperado. Ele não comentou nada sobre o momento anterior na sala e eu estava disposta a esperar para ver como as coisas se seguiriam.

****

O sábado estava chuvoso e bastante arrastado. Giovanni tinha um curso e só chegaria depois das sete da noite, assim convidei o Rodrigo e Alice para assistir uns filmes no meu apartamento juntamente com o Gustavo. Divertimo-nos muito. Os meninos fizeram sucos e pipocas com caramelo. Quando Giovanni chegou, ele se surpreendeu ao ver tanta gente na minha casa, cumprimento-os e sentou-se numa cadeira trazida da cozinha, já que no sofá não cabia mais ninguém.

Alice e Rodrigo não se sentiam muito à vontade na presença do meu namorado, pois ainda o viam como um professor, que de alguma forma observaria suas condutas. Ao término do filme, meus amigos despediram-se e saíram. Giovanni ajudou-me a arrumar a bagunça de potes e copos que ficaram na sala. Ele pegou minha mão e me deu um beijo.

— Tenho uma surpresa para você. Vamos sair para jantar.

— Onde?

— É uma surpresa. – Marotamente, ele sorriu ao perceber

minha curiosidade.

— Então me dê um tempo para tomar banho e me trocar.

— Tudo bem, vou ficar aqui conversando com o simpático Lucky.

Tomei um rápido banho e demorei-me um pouco para escolher uma roupa, por fim coloquei o mesmo vestido daquele dia na praia e um casaco de tricô comprido, pois estava frio na rua. Passei um brilho e um rímel e me encontrei com Giovanni sentado no sofá com Lucky sobre o ombro.

— Estou pronta. Vamos.

Ele levantou-se com um largo sorriso ao devolver Lucky ao seu poleiro.

— Você está tão linda como naquela noite na praia.

Sorri alegremente, era bom saber que ele lembrava-se do meu vestido. Fomos jantar num restaurante muito bonito. O ambiente era romântico, iluminado por velas. Pedimos uns pratos com nomes estranhos e nos decepcionamos com a comida, pois nosso paladar não estava acostumado àquilo. Comi muito pouco, Giovanni tentou comer mais, mas acabou deixando de lado. Ao entrarmos no carro, ele estava decepcionado.

— Achei muito bonito o restaurante. – Tentei agradá-lo.

— Sim, o restaurante é lindo, pena que teremos que jantar de novo em outro lugar.

Rimos juntos. Tentamos pensar em algum outro restaurante e por fim decidimos ir para o apartamento de

Giovanni pedir *pizza*. Ao chegarmos, buscamos nos imãs da geladeira o número de nossa *pizzaria* preferida e ele fez o pedido, enquanto eu colocava um de seus CDs no rádio. Ele abriu uma garrafa de vinho e ficamos sentados no sofá conversando, ouvindo música e tomando vinho à espera da *pizza* que segundo a telefonista iria demorar quase uma hora para chegar.

Giovanni colocou nossas taças na mesinha e puxou minha mão para dançarmos. Havia começado a tocar uma bela canção. Nunca havíamos dançado juntos, pois ele não era fã de danças e nem muito bom nisso. Contudo, isso não me importou, seus braços me contornavam com força. Apesar de algumas pisadinhas, eu sentia-me flutuando. Ele começou a beijar meu pescoço e senti um delicioso arrepio. Em segundos, nos beijávamos calorosamente, suas mãos quentes e firmes deslizavam sobre o meu corpo, o calor me consumia enquanto nos livrávamos rapidamente de nossas roupas. O contato da pele de Giovanni com a minha foi como se uma gostosa eletricidade nos envolvesse, sorri beijando-o com mais intensidade e ele por fim levantou-me, encaixando-me no seu quadril. Nossos corpos enroscavam-se repletos de desejo. Concentrei-me na sensação e em seus beijos, curtindo o momento. Com certa rapidez, ele chegou ao clímax, beijou-me ofegante e apoiou sua cabeça no meu ombro, fiz o mesmo e ficamos um tempo abraçados em silêncio com os olhos fechados.

O interfone tocou e Giovanni assustou-se. Ele olhou-me com largo sorriso, abotoou a calça e arrumou o cabelo, e desceu rapidamente para pegar a *pizza*. Caminhei até o banheiro, com o corpo ainda atravessado por uma boa sensação.

Quando ele retornou com a *pizza*, eu o esperava no balcão da cozinha. Por alguns momentos, senti-me receosa de como nos sentiríamos um com o outro agora. *Será que ficaria um clima estranho? Palavras não ditas? Pudores? Como sempre ocorria logo depois quando eu e Ricardo ficávamos juntos?* Mas Giovanni parecia prever isso e conseguiu manter conversas evasivas e até contou-me situações engraçadas de sua semana, enquanto devorávamos a *pizza*. Ele colocou a louça na pia e sentou-se ao meu lado, enlaçou os braços em minha cintura e puxou-me para perto.

— Estou muito feliz que esteja aqui.

— Eu também.

— Sabe, eu sinto-me tão completo e feliz quando estou contigo, é como se eu pudesse ser sempre eu mesmo sem preocupar-me em tentar te agradar. Eu te amo, você sabe disso, não sabe?

— Acho que sim. — Falei timidamente, nunca havíamos falado tão francamente de sentimentos. Ele beijou-me e abraçou-me com força.

— Eu te amo e não quero que duvide disso.

— Também te amo.

Ele riu largamente e pegou-me pela mão.

— Já é tarde, devia passar a noite aqui.

Concordei com a cabeça. Ele sorriu e dirigiu-se ao quarto. Olhei-o indecisa e maliciosamente o acompanhei. Giovanni foi tão delicado e sedutor, menos afoito do que antes, permitindo que eu chegasse ao êxtase. Deitamos na cama, apoiei-me sobre seu peito. Ele envolveu-me com o braço, beijou-me e desejou boa noite. Demorei um pouco para dormir. Sentia-me tão feliz e confortada aninhada em seu corpo. Sorri ao lembrar-me dos acontecimentos da noite. Havia sido mais natural do que eu tinha previsto que seria. Ele era tão mais sedutor, envolvente e quente que Ricardo. Acaricie o peito nu de Giovanni e fechei meus olhos.

31 – Momento Esperado

Emily surpreendeu-me ao agarrar-me na sala de aula, eu gostei disso. Não era o lugar e o momento que eu esperava, contudo, não negaria fogo se ela tivesse querido continuar. Sabia que ela dera a deixa para eu tomar o próximo passo.

Pensei com atenção, durante a semana, como tornar nosso relacionamento mais íntimo de maneira certa. Consegui com Pedro o nome de um restaurante romântico ao qual ele levava suas pretendentes e fiz reserva para sábado. Passaria o dia longe dela, pois tinha um congresso sobre novas espécies de plantas catalogadas na Amazônia. Apesar de interessado no assunto, não conseguia me concentrar, pois repassava em minha mente que teríamos um jantar romântico e depois eu a levaria para o meu quarto e deixaria nossos corpos loucos de paixão.

Ao vê-la com o mesmo vestido vermelho que usara no dia em que nos beijamos na praia, fiquei maravilhado e não pude ter desejado melhor escolha.

Após o fracasso da comida estranha, frustrei-me, a noite perfeita planejada fora boicotada. Meu peito bateu mais forte quando ela aceitou ir para o meu apartamento. Agora, me esforçaria para alcançar a perfeição.

Enquanto eu fazia o pedido da *pizza* ansiado por ficar sozinho com ela, Emily colocou um dos meus CDs. Ela escolhera um romântico, esta era minha deixa. Abri uma garrafa de vinho para adoçar o momento. Eu era horrível em dançar, no entanto queria manter-me mais próximo a ela. Emily não fez comentários sobre meus tropeços em seus pés e aceitou com delicadeza meus beijos em seu pescoço.

Em segundos, beijávamos calorosamente, minhas mãos sentiam o seu corpo cada vez mais quente e toda a paciência que imaginei que teria em envolvê-la em longas preliminares esvaiu-se. O tesão de seu corpo e seus suaves gemidos consumiram-me num gesto afoito, como um adolescente inexperiente.

Durante muito tempo desejei tê-la em meus braços, tornando-me agora um bocado inseguro por desconhecer o que ela concluíra de nosso momento distinto do que eu planejava.

Era a primeira vez nestes quase três meses que falamos de amor sem ser em um momento de briga. E quando ela confirmou o quanto me amava, isso me deixou leve e confiante. Na segunda oportunidade, finalmente pude concentrar-me na experiência dos meus trinta anos e satisfazê-la como objetivava no começo da noite.

****

Nossa rotina do próximo mês e meio foi extremamente agradável. Passávamos muitas noites juntos em seu apartamento ou no meu, uma vida próxima a um casamento o que era para mim um deleite. À noite, depois de meu trabalho, eu tinha sua atenção quase exclusiva, a não ser pelas vezes que Gustavo mantinha-se presente. Eu e Emily nos aninhávamos na cama após trocas calorosas de carinho e dialogávamos sobre algum livro interessante ou apenas conversávamos sobre a vida.

Tive mais um curso de mergulho como instrutor; Pedro havia desistido do cargo assim eu aproveitei para fazer espécie de lua-de-mel com minha namorada. Mergulhamos juntos, passeamos abraçados à beira da praia e nos beijamos novamente, várias vezes, na porção de areia onde demos o primeiro beijo.

No aniversário de oito anos de Enya, mantive-me longe de Rebeca e seus comentários ofensivos, já que o importante era a felicidade da pequena e não nossas diferenças de adultos. No dia seguinte, Emily e Gustavo ofereceram um bolo de chocolate para comemorarem também o aniversário com ela. Enya animou-se por ter duas festas e eu por saber que minha namorada importava-se o suficiente para bolar uma pequena comemoração para minha filha. Ainda deu a Enya uma arara de pelúcia, pois a menina ficara encantada com Lucky quando o viu pela primeira vez. Enya amou o brinquedo e passou a carregá-lo consigo quando vinha nos visitar, dizendo que sua arara era namorada de Lucky.

32 – Preconceito

Eu e Giovanni líamos um livro apoiados numa enorme figueira no Jardim Botânico. Planejamos uma tarde tranquila e sozinhos, decididos a descansar e afastar nossos afazeres urgentes do final do semestre na faculdade por algumas horas. Meu celular tocou, era Sérgio.

— Emily!

Sérgio quase gritou ao telefone, percebi como sua voz estava desassossegada.

— O que aconteceu? Você parece preocupado!

— O Gustavo está no hospital! – Ao ouvir as palavras dele dei um grito de desespero. Imaginei coisas horríveis. Giovanni assustou-se e chegou mais perto para ouvir a conversa. Sérgio percebeu minha aflição e tentou acalmar-me. — Ele está bem, quebrou o braço e está com alguns hematomas, mas no geral bem.

— O que aconteceu?

— Bem... Ele teve uma briga. Poderia vir aqui?

Desliguei o telefone espantada. Gustavo nunca se envolvera numa briga antes. Ao chegarmos, Giovanni foi pedir informação. Eu avistei Ricardo vindo rapidamente em minha direção. Abraçamo-nos fortemente, meu coração apertara-se apreensivo e as lágrimas começaram a correr por minha face. Ele olhou-me penalizado e beijou minhas bochechas.

— Não fique assim. Sabe que não aguento te ver chorar.

— Uma briga? Como Gustavo se envolveu nisso? – Minha voz soava histérica. Ele limpou minhas lágrimas com os dedos e segurou minhas mãos e sentou-se comigo na cadeira da sala de espera.

— Ah! Emily. Nem sei por onde começar. – As lágrimas escorreram-lhe pelas bochechas. Ver Ricardo fragilizado aumentou minha angústia. — Meu pai é o culpado. Se eu não tivesse vindo para casa neste final de semana, nem sei o que teria acontecido. – Ele fitou-me e falou com a voz sumida. — Meu pai jogou-se sobre Gustavo. Defendi meu irmão, tive que dar uns chutes no meu pai, senão ele não iria largá-lo. Foi tão horrível!

— Mas que horror! Por que ele fez isso?

Meus órgãos embolavam-se em angústia. Não gostava do pai dos meninos e sempre o achei moralista demais, no entanto nunca imaginei que chegaria neste ponto. E o sofrimento de Ricardo me mostrava que havia sido algo muito sério.

— Ele encontrou umas anotações do Gustavo, acho que um tipo de diário, onde ele se assumia como *gay* e nosso pai ficou fora de si. Foi quando ele confrontou Gus e meu irmão o desafiou confirmando a história.

Levantei-me descontrolada, tomada pela raiva. Não

percebera que Giovanni há muito estava parado em pé ao meu lado com um rosto sério e as sobrancelhas franzidas.

— Como ele pôde fazer isso com o filho? – Abracei Ricardo novamente. — Fico grata por ter dado uma boa surra no seu maldito pai. – Ricardo olhou-me envergonhado, lutar era algo que sabia fazer e devia ter deixado boas marcas. Até entendia que ele se envergonhasse disso, todavia eu percebia-me quase vingada por Gustavo. Gritei. — Temos que chamar a polícia, isso que ele fez é crime. Deve pagar por sua maldade.

— O Gustavo pediu para não fazermos isso. – Ricardo completou. Abraçou-me mais uma vez calorosamente e apertado. — Estou aliviado que esteja aqui. Estava tão desamparado. Não preciso dizer que o Gus está arrasado, até porque nosso pai nos expulsou de casa.

— Sério?! – Mantive meus braços confortando Ricardo. Suspirei. — Coitado do Gus! E sua mãe?

Expulso de casa? Como ele podia fazer isso com o próprio filho e a mãe não falara nada? Mas eu convivia há muito com esta família e tinha uma forte sensação que ela não se oporia às vontades de seu marido. Nunca cheguei a compreender aquela relação dos pais de Ricardo.

— Ficou chorando. – Ele baixou a cabeça. — Sabe com ela é. Irá nos ver sempre que meu pai não estiver por perto, mas não irá contra ele.

— Sei. – Desde que éramos pequenos ela sempre fazia a vontade do marido, mesmo quando não concordava com ele. Ele colocava os meninos de castigo e ela só sabia ir até o quarto consolá-los quando o marido saía. Mas nunca interveio a favor dos filhos. Minha raiva crescia. Respirei fundo. — Vou ver o Gus.

— Ele está sedado, tiveram que acalmá-lo. O Sérgio está lá, vai nos chamar quando ele acordar.

— Preciso vê-lo mesmo assim.

Desejava me certificar com meus próprios olhos do real estado de meu amigo. Ricardo concordou com a cabeça e prontificou-se em guiar-me até o quarto faz menção de envolver seu braço em minha cintura, mas Giovanni me abraçou tão logo me afastei de Ricardo. Eles observaram-se indigestos e eu dei-me conta de que não os tinha apresentado, além de ter me esquecido por completo da presença de meu namorado.

— Ricardo, este é Giovanni, meu namorado.

— Eu percebi.

Sua voz saiu áspera. Cumprimentaram-se secamente de modo constrangedor, no entanto eu estava com meu coração em Gustavo e não conseguiria pensar sobre a tensão surgida.

Entrei no quarto, Sérgio abraçou-me e confirmou decepcionado como todo o acontecimento fora horrível. Eu ainda não me conformava em não colocar aquele pai monstro na cadeia. Mas Sérgio sussurrou no meu ouvido que iria ter uma conversa com aquele cretino. Eu vislumbrei uma pitadinha de alegria, sabia que o Sérgio pelo menos o deixaria com remorso. Sentei-me ao lado da cama de Gustavo, que dormia. Meu amigo estava com o braço engessado e alguns hematomas no rosto, havia levado um soco no lado direito. Acariciei-lhe o cabelo e permaneci pacientemente esperando até que acordasse. Giovanni e Ricardo mantiveram-se em pé ao lado da cama em silêncio mórbido. Uma enfermeira veio falar com Sérgio e confirmou que quando ele acordasse poderia ir para casa. *Casa? Mas que casa?* O pensamento afligiu-me Olhei novamente para Gustavo tão frágil e decidi-me:

— Ele ficará lá em casa, no quarto de minha mãe.

— É uma boa ideia. Ele se sentirá à vontade contigo. – Confirmou Ricardo deslumbrando um esboço de alegria. Giovanni mudamente mirou-me com um olhar gélido, insatisfeito.

— Não se preocupe ele pode ficar na minha casa também. Maria não se importaria. – Sérgio sugeriu apaziguador.

— Não, Sérgio, eu cuido dele. – Meu amigo não se sentiria bem na casa de Sérgio, e também ele era o meu amigo não dele. — Depois ligo para minha mãe e a coloco a par da situação, ela não irá se incomodar.

Sérgio concordou e ofereceu ajuda no que precisássemos. Giovanni mantinha-se sério e quieto, parecia aborrecido com a situação. Gus acordou meio sonolento, olhou-me e forçou um sorriso. Abracei-o com cuidado para não tocar no braço machucado. Ficamos abraçados por um tempo em puro silêncio consolador. Ele ainda estava sobre os efeitos dos calmantes, o que fez ele soar desinteressado quando lhe informei que iríamos para minha casa.

Assim que ele foi liberado, o colocamos no carro de Giovanni e fomos para o meu apartamento. Sérgio buscou o seu filho mais velho para apoiá-lo com o pai dos meninos e pegar algumas coisas para o Gustavo. Ricardo auxiliou o irmão nas escadas e depois o colocou deitado na cama de minha mãe, enquanto eu preparava chocolate-quente para todos nós. Vagarosamente, meu amigo bebeu o seu copo sentado na cama para logo recolher-se para dormir sem expressar nenhuma palavra.

Na sala, Giovanni mantinha-se como a uma estátua a observar Ricardo, que aninhava Lucky e riu implicante ao me ver.

— Nossa! Quase não reconheci a arara. Ele cresceu muito.

Concordei ao sentar-me no sofá e Giovanni jogou-se ao meu lado com o braço sobre meu ombro numa pose de posse. Ricardo analisou-o com desdém e apoiou-se no braço do sofá ao meu lado brincando com Lucky em total provocação ao outro. Giovanni estava impaciente e calado desde que chegamos do hospital. Era evidente como a presença de Ricardo o incomodava. Suspirei temerosa em ter que separar mais uma briga idiota.

33 – Ciúmes

A reação profunda de desamparo de Emily ao saber da situação do Gustavo surpreendeu-me por sua intensidade, e finalmente compreendi como aquele sentimento não era só amizade, eles eram o apoio um do outro. Um despencou e o outro foi junto.

Diante de uma situação tão revoltante de uma reação de um pai ao descobrir que o filho era homossexual, senti-me penalizado. E experimentei um sentimento de certo alívio ao perceber que não haveria possibilidades de um romance entre minha amada e seu amigo; o que deixou-me culpado, pois ao invés de estar envolvido com o sofrimento do Gustavo, pensara em mim.

O mais difícil e ambivalente foram as sensações que me atingiram ao deparar-me com o Ricardo, o cara que compartilhou uma enorme história com Emily. Ele era completamente diferente do modo como eu o imaginava, muito mais bonito. Vestia uma regata e bermuda, demonstrando seu corpo bronzeado e malhado. Cabelos dourados e olhos azuis davam-lhe charme. Senti-me em completa desvantagem física ao observá-lo.

Eles se consolavam mutuamente com tanto sentimento que cheguei a pensar que perderia Emily de vez. O meu real rival estava presente e eu nada podia fazer para afastá-lo dos abraços de minha namorada, sob pena de parecer o mais insensível das pessoas ao ter uma crise de ciúmes em um momento como este.

O pior foi quando Ricardo virou-se, meu estômago embolou-se de raiva ao avistar uma tatuagem igual à de Emily em seu braço; era muito maior, contudo igual, com se fossem um casal. Quis grita-lhes e questionar-lhes se ainda existia algo entre eles e xingá-los por terem sido estúpidos por fazerem algo permanente como uma tatuagem. *A tatuagem que me seduzia toda vez que via Emily de costas fazia parte de uma lembrança de outro amor*. O pensamento entristeceu-me.

Num gesto possessivo abracei-me a ela antes que Ricardo o fizesse novamente. Estava na hora de eu me fazer presente e mostrar para esse garotinho que apesar de seu belo corpo e rosto, ela estava comigo. Emily fitou-me desligada e apresentou-nos. Nossos olhos se cruzaram pela primeira vez e deixaram claro, de homem para homem, que éramos verdadeiros rivais. Esse sim seria um incomodo mais ameaçador, seus olhos diziam-me que ali não era o meu lugar e desafiavam-me, como Gustavo nunca fez. Gustavo fitava-me desgostoso no início, contudo não sentia ameaça real, e agora, no hospital, eu finalmente compreendia o motivo. Ele apenas sentia-se frustrado por eu roubar o seu tempo com sua amiga.

Emily precipitou-se em afirmar que levaria o amigo para morar com ela. A ideia não me agradou, pois era uma responsabilidade grande demais que ela assumia; apesar de sua casca de fortaleza sabia que isso seria avassalador para ela.

Minha namorada apresentava desespero em seus olhos, mas tentava parecer equilibrada em seus atos e falas. Enfureci-me em silêncio com Sérgio por ele não perceber isso e insistir para ela não tomar para si todo o fardo de cuidar de um amigo que fora excomungado pelo pai. Em seu ânimo normal já era visível como Gustavo dependia de Emily, agora isso deveria triplicar.

Levar Gustavo, Emily e Ricardo, abraçados calados, no banco traseiro de meu carro foi constrangedor. Era terrível para o meu ego perceber como eu não fazia falta nenhuma para ela no momento, a companhia de Ricardo parecia bastar para confortá-la. O que me fez pensar que talvez ela apenas gostasse de mim por estar longe de seu verdadeiro amor e agora que ele estava de volta, ela não precisaria mais de mim. O pensamento de ser abandonado feriu-me profundamente, entretanto decidi que lutaria pelo amor dela, Ricardo não a tiraria de mim com tanta facilidade.

Ocupada com Gustavo, Emily não prestava atenção a mais nada. Ricardo andava pelo apartamento como se retornasse a um antigo lar. Pegou Lucky com propriedade ao analisar como a ave havia crescido. O fato de vê-lo tão à vontade num lugar que eu compartilhava agora com minha namorada causava-me náuseas.

O garoto era novo, mas não tolo. Ele sabia como sua presença afetava-me e mostrava-se cada vez mais dono do lugar. Numa postura desafiadora, ele sorriu debochado ao apoiar-se no braço do sofá ao lado de Emily conversando com ela e ignorando-me por completo. Minha namorada não partilhava de nossa disputa e aninhou-se em meu braço, enquanto trocava o canal da TV sem nenhum interesse aparente. Lancei um olhar vencedor a Ricardo que me fuzilou com os olhos.

Sérgio e seu filho chegaram da casa de Gustavo com suas

roupas e outras coisas, eu e o garoto abusado descemos para ajudá-los. Pegando as coisas no porta-malas, Ricardo deu-me um encontrão e mirou-me debochado:

— Desculpe, não percebi que estava aí.

Passei com as roupas na mão e dei-lhe um empurrão imitando seu ato e pedi desculpa com a mesma ironia. Sorri vitorioso, contudo ele parou na minha frente em fúria:

— Você é figurinha nova e vem dar de galo para cima de mim. Não percebeu que está sobrando? Deveria ir embora.

Ele posicionou-se com os punhos fechados em luta. Estava tomado pela raiva. *Quem esse fedelho pensa que é para me ameaçar?* Larguei as roupas no chão e preparei-me para iniciar a briga. Sérgio surgiu na porta e encarou-nos decepcionado:

— Vocês não têm vergonha de fazerem essa cena infantil?

— Ele que está implicando!

Ricardo resmungou como se fosse uma criança a quem roubaram o brinquedo. Sérgio tocou em nossos ombros e falou com voz firme:

— A situação é séria e vocês se estranham por ciúmes? – Sérgio virou-se para Ricardo que abaixou a cabeça. — Me envergonha saber que briga com o namorado da Emily enquanto deveria estar ao lado de seu irmão. – Tive um segundo de sentimento vitorioso, até Sérgio fixar o olhar em mim. — E você, Giovanni, deveria apoiar sua namorada ao invés de agir como um adolescente.

Sérgio pegou algumas coisas do seu carro e subiu. Eu e Ricardo fitamo-nos encabulados. Eu senti-me péssimo com as palavras e o olhar de Sérgio. Tinha perdido toda a razão e minha maturidade por conta de um garoto. No passado, não fora um cara ciumento, contudo os garotos que rodeavam Emily pareciam exacerbar essa minha falha. Peguei as roupas que havia colocado no chão e cabisbaixo segui para o apartamento; Ricardo fez o mesmo quietamente.

Na sala mirava com vergonha Sérgio, que não comentou nada sobre a querela em frente a seu carro. Ricardo voltou a concentrar-se em sua família, queria notícias de como seu pai agira quando foram tirar as coisas do irmão de casa. Pelo modo do filho de Sérgio falar, era visível que o homem era um covarde apenas capaz em bater num garoto frágil, pois não enfrentou Sérgio, um sessentão. Assim como quando Ricardo arrancara o pai de cima do irmão com brutalidade e o homem não revidara. *Com certeza era um imenso covarde que só intimidava o mais fraco.*

— Sua mãe mandou dinheiro para você e Gustavo. Implorou por perdão e disse que conversará com seu pai, que no momento ele só está chateado e surpreso, mas que depois ele irá voltar atrás em sua decisão.

Sérgio entregou um envelope recheado de dinheiro para Ricardo. Conturbado, ele colocou-o nas mãos de Emily para cobrir as despesas de Gustavo. Um gesto nobre, mesmo não simpatizando com o garoto não podia negar que ele gostava tanto do irmão como Emily. Deu-me pena dele, apesar de toda a sua aparência de forte, ele sofria tanto quanto minha namorada por toda a situação. O ato do pai dos garotos causara mais estragos emocionais em ambos os filhos do que físicos. Não por menos, eu estaria completamente arrasado se precisasse bater em meu pai para salvar meu irmão. Corajoso ele era, pena que lutávamos pela mesma mulher.

A reação da mãe dos meninos chamou-se atenção, mesmo com toda a atrocidade que seu marido fizera ela continuava ao seu lado. Minha mãe adorava meu pai e era contrária a separações, entretanto não seria capaz de ficar a favor dele se acontecesse algo parecido. Emily evitava comentar comigo sobre a família de Gustavo e quando o fazia demonstrava insatisfação, atualmente eu podia entender o porquê.

34 – Giovanni e Ricardo

Sérgio e seu filho despediram-se após colocarem todas as coisas do Gustavo em cantos da sala ou no quarto de minha mãe. O cansaço percorria meu corpo, só desejava deitar e esquecer aquele final de tarde. Olhei para Ricardo que não se animava em ir embora e dei-me conta que ele não teria lugar para dormir, pois não voltaria para a casa dos pais e agora morava na cidade litorânea.

— Você precisa passar a noite aqui?

— Acho que sim, meu ônibus é só amanhã ao meio-dia. Tem problema?

— Por mim tudo bem, mas só sobrou o sofá.

Desanimado, ele consentiu com um leve aceno. Fui até meu quarto para buscar os lençóis e Giovanni seguiu-me e fechou a porta às minhas costas quando entrei e fitou-me transtornado.

— Por que o convidou?

— Porque era óbvio que ele não tinha para onde ir.

Juntei a roupa de cama em meus braços com indisposição, parei e mirei Giovanni que estava cabisbaixo sentado na cama. Ele pronunciou-se ao resmungar com o maxilar serrado:

— Não gosto desta ideia.

— A situação não nos dá muita escolha, dá?

Minha fala foi ríspida. *Como ele podia estar com ciúmes numa situação dessas?* Pensei decepcionada. Fechei meus olhos em busca de qualquer resquício de equilíbrio emocional, com dificuldade respirei profundamente até controlar meu ânimo. Giovanni mantinha-se ofuscado por seus ciúmes e encarou-me desconfiado.

— Então não há problema de eu também passar a noite?

— Sem problema, dividimos a cama.

Suspirei enfadada e levei os lençóis e cobertas para Ricardo que silencioso começou a arrumá-las no sofá. Sentia meu peito agitado, havia muita raiva dentro dele. Raiva dos pais de Gustavo, dos ex-colegas de escola repletos de piadinhas e começara a nascer uma raiva de Giovanni por comportar-se de maneira infantil quando eu ansiava por sua maturidade e serenidade. Abri a boca tomada pela tentação de mandá-lo embora, olhar para sua expressão dura feria-me; no entanto, calei-me, pois isso geraria uma grande briga e, no momento, eu não encontraria nenhuma força para discutir.

Por fim fomos todos descasar, ou pelo menos fazer uma tentativa. Antes eu certifiquei-me que Gustavo ainda dormia tranquilamente. Apaguei a luz e deitei-me, Giovanni já estava na cama e ajeitou-se para que eu pudesse aconchegar-me nele. Aceitei seu conforto sem pestanejar. Ele beijou-me a testa e abraçou-me.

— Sinto muito por tudo. Estou sendo um idiota, mas prometo que esse Giovanni não está mais aqui. Se precisar de algo é só pedir. Estarei sempre ao seu lado.

Levantei a cabeça e esforcei-me para sorrir. Finalmente ele voltara a se comportar como meu porto seguro e deixara de lado a crise de ciúmes, aninhei-me e adormeci. Tive um sono perturbado por pesadelos, via Gustavo em perigo em diversas formas e levantei-me para vê-lo. Ele dormia quieto. Fui até a cozinhar pegar um copo de água e avistei Ricardo sentado no sofá, sentei ao seu lado.

— Também não consegue dormir?

— Tentava achar uma explicação para minha família ser tão complicada. – Ele olhava-me desolado. Passei meu braço sobre seu ombro e o abracei.

— Não se sinta assim, as coisas irão se resolver.

Não acreditava realmente em minhas palavras, não conseguia deslumbrar o pai dos meninos arrependendo-se. O preconceito que ele tinha enraizado em si só poderia ser transmutado se o homem fosse capaz de perceber o sofrimento alheio, no entanto ele era muito egocêntrico e preocupado com as regras idiotas de sua moralidade hipócrita para assumir seu erro. Mesmo sabendo disso era preciso dar algum conforto a meu amigo, e talvez para mim mesma.

— Não sei. – Seus olhos brilhavam pelas lágrimas que os umedeceram. Ele sussurrou desamparado. — Sinto muitíssimo pelo Gustavo, afinal ele estava sempre se escondendo para que meu pai se orgulhasse dele.

— Pelo menos agora ele pode ser ele mesmo.

— Verdade. – Ricardo olhou-me e riu irônico, um riso

nervoso. — Não adiantou termos mentido que vocês eram namorados. Meu pai disse que no fundo não acreditava naquilo, mas que ele queria deixar-se enganar.

— Nós tentamos.

Sorri amigavelmente. Ficamos por um tempo em silêncio e abraçados. Recordei as incansáveis vezes que permanecia abraçada a Gustavo em sua casa e trocávamos bitocas fingidas toda vez que o pai dele se aproximava; e, depois, quando a única saída foi fazer o mesmo na escola, como isso nos magoava, os três, silenciosamente. A cada novo beijinho, nova mentira, nova artimanha para socorrer seu segredo, Gustavo demonstrava acumular mais vergonha por ser diferente, mais tristeza por não ser aceito e mais angústia de ser descoberto. E toda a vez que eu e Ricardo víamos esses sentimentos escondidos nos olhos por vezes mais acinzentados dele, nós também nos tornávamos mais sombrios. Pelo menos agora não haveria mais segredos, e quem sabe Gustavo pudesse ser ele mesmo e feliz? Sorri ao imaginá-lo verdadeiramente livre.

Ricardo suspirou, aproximou-se e cochichou ao meu ouvido.

— Somos amigos de novo?

— Sim, amigos de novo.

Dei-lhe um beijo na bochecha e soltei-o. Aliviava-me por estar com Rick ao meu lado, pois não teria suportado a tarde que passou sem ele ali para me apoiar. Neste momento, as angústias de nossa história a dois pareciam inexistentes e convenci-me como no fundo apenas éramos imaturos ao nos afastarmos ao invés de resolvermos juntos as dificuldades. Ao lado de Ricardo não sentia nada do que eu imaginaria que sentiria, era como se apenas voltássemos a sermos amigos. No entanto, distanciei-me, ao perceber que o brilho de seus olhos e sua boca carnuda ainda causava-me uma leve vontade de beijá-lo. Ele sorriu pensativo.

— Então, você está namorando firme com o professor?

— Sim.

— Ele não gostou de mim, pude sentir. – Ele divertiu-se. — Tudo bem, também não fui com a cara dele.

— Não implique com ele.

— Vou tentar. Fiquei com ciúmes de vê-lo ao seu lado. – Ele passou a mão nos meus cabelos com uma leveza não muito comum em seus gestos rotineiros. — Então as possibilidades de nos divertirmos nus estão terminadas?

— Certamente! – Ri descontraída, percebia o tom de brincadeira na voz dele. — Você tem suas garotas e eu tenho o meu namorado, estamos quites.

— Justo. Seremos apenas amigos como quando éramos crianças inocentes. – Rimos. Ele fixou o olhar em mim, sério. — Sabe que eu teria sido um bom marido e pai para nosso filho, não sabe?

— Provavelmente. – O assunto trouxe certo aperto ao meu peito, pois por mais que ele tivesse proposto que na época nós fossemos morar junto, sabíamos que isso não daria muito certo. Minha voz soou triste. — Mas é passado.

— Amadureci muito nesse ano que ficamos afastados. Ele segurou a ponta de um dos meus cachos e ficou enrolando-o nos dedos, como fazia sempre que conversávamos sobre algo que o deixava desconfortável, quase como se buscasse distrair-se. Respiramos profundamente em conjunto. — Sinto tanto não ter compreendido como todo o lance da gravidez foi uma barra para você. Eu só pensei em coisas tolas, como ensinar um filho a surfar ou passar mais tempo contigo. Simplesmente ignorei todas as outras coisas importantes e complicadas que aconteceriam.

— Como disse, é passado. Esqueça.

— Não consigo passar uma borracha. — Ele forçou um sorriso, quando seus olhos fitavam-me desapontados. — Eu estraguei tudo entre nós. Estraguei em todas as vezes que brigamos e ao invés de conversar contigo saí emburrado e fiquei com alguma menina por vingança. Agora quando penso sobre isso, percebo o porquê de ser sempre meu irmão seu preferido. Ele te ouvia.

— Não diga isso. — Abracei-o, desolada. — Sempre teve lugar em meu coração e sempre terá. Sempre será meu amigo.

— Prometo ser um amigo melhor. — Ele sorriu e beijou minhas bochechas. — Melhor amigo do que fui no passado. Prometo ouvir e conversar contigo, mesmo quando estivermos bravos um com o outro.

— Meu grande amigo. — Olhei-o no fundo dos olhos. — Também prometo ser melhor amiga e não iniciar uma discussão por coisas tolas. Aprendi a controlar um pouco meu gênio.

— Isso é um alívio. — Ele riu alto e abafou com as mãos o som ao lembrar-se que outros ainda dormiam. — A Emily Pavio-Curto acalmou-se?

— Não abuse, Ricardo Galinha.

Cutuquei-o na cintura para fazer cócegas como quando pequenos. Ele sorriu e repetiu o gesto quase como uma confirmação de que nossa história amorosa e dramática chegara finalmente ao seu último capítulo. Isso tirou um longo peso de meus ombros. Neste momento, tornar meu coração menos magoado era-me tranquilizador. Conversamos ainda alguns minutos sobre as faculdades e sua felicidade em morar na praia e que finalmente ele começara a ganhar dinheiro dando aulas de *surf*.

A sonolência voltou, Giovanni estava num sono pesado e eu deitei ao seu lado bem devagar para não despertá-lo com meu coração dividido entre a angústia de saber que Gustavo sofria e a alívio de ter resolvido minhas questões com meu outro grande amigo.

35 – Acontecimentos

O convite de Emily para Ricardo passar a noite me deixou estupefato, não podia acreditar que ela o havia feito. O garoto estava claramente se aproveitando da situação para ficar sozinho com ela. Talvez ela também.

Lembrei-me das palavras de Sérgio e culpei-me por estar agindo de forma imatura num momento em que ela precisava de meu apoio e não de minhas crises de dor-de-cotovelo, esforcei-me para modificar meus atos e pensamentos.

Emily dormia tranquila quando levantei. Fui até a cozinha preparar algo, Ricardo já levantara do sofá e dobrava os lençóis. Olhamo-nos desconfortáveis ao nos cumprimentarmos. Constrangido, fiz chocolate-quente suficiente para todos. Ricardo escorou-se no balcão e permaneceu mirando-me, seus olhos às minhas costas me perturbaram.

— Cara, desculpe por ontem. – Ele disse com voz firme. — Estava com a cabeça quente.

— Todos estávamos.

Analisei-o cuidadoso, até que ponto ele era honesto comigo eu não sabia. Sua presença ainda me incomodava profundamente. Ele pegou um pão e falou cabisbaixo.

— Moro longe. Espero que cuide direitinho de Emily e meu irmão. – Ele olhou-me nos olhos. — São as pessoas mais importantes na minha vida, é angustiante não poder ficar aqui com eles.

Seus olhos azuis estavam úmidos de lágrimas, sentia remorso pelo meu sentimento negativo sobre ele. Afinal, era apenas um garoto desamparado. Teria abraçado-o se não achasse que seria algo exagerado de minha parte.

— Cuidarei.

Gustavo aproximou-se arrastando os pés, com o rosto abatido. Dava-me dó olhá-lo. Ele nos observava sem reação como se não soubesse o que dizer. Ricardo alterou sua expressão preocupada de antes e sorriu para o irmão, trouxe-o para comer um pão conosco no balcão. Ofereci-lhes o chocolate-quente. Ricardo engatava uma conversa na outra de forma fingidamente animada na tentativa de alegrar o irmão. Ele era apenas um ano mais velho, todavia agia ao lado de Gustavo como se fosse pelo menos dez.

— Minhas roupas estão jogadas sobre a cabeceira do quarto da mãe de Emily.

Confuso, Gustavo constatou. Ricardo analisou-o por alguns segundos e com destreza sorriu ao dar um gole em seu chocolate-quente:

— Agora mora aqui irmão. – Ele tocou o ombro de Gustavo que o olhava com olhos úmidos. — Uma ótima notícia! Era nosso sonho de criança, morarmos todos juntos como irmãos, agora você e Emily estarão juntos

— Nosso pai...

Gustavo ia dizer algo, ficou um tempo olhando para seu braço engessado em angústia. Eu e Ricardo nos fitamos com pesar, era devastador ver o estado desmantelado que se apresentava o ânimo de Gustavo. Não tinha palavras que pudessem ser ditas, mas Ricardo parecia bom em contornar a situação:

— Sim, nosso pai é um cretino e nos expulsou de casa. – Ele sorriu encabulado. — Um cretino que mereceu a surra que dei nele. Aposto que ele tem mais roxos do que você.

— Não deveria brigar com ele por minha causa. – A voz dele era arrastada e baixa.

— Não foi sua culpa, ele merecia muito mais por ser um ignorante preconceituoso.

Ricardo auxiliou o irmão a passar manteiga no pão. Eu sentia-me angustiado em ver como ele tentava amenizar os sentimentos do irmão, enquanto os seus próprios estavam feridos. Gustavo manteve-se quieto como se buscasse algum equilíbrio, que se rompeu assim que Emily surgiu na porta.

36 – Sofrimento

Ao acordar, percebi que Giovanni não estava no quarto. Encontrei-o na cozinha conversando pacificamente com Ricardo e Gustavo, que ao me ver arrastou-se ao meu encontro. Eu o abracei e ele forçou um sorriso.

— Obrigado por me deixar ficar.

— Como eu poderia não fazer isso? Sabe o quanto é precioso para mim.

Ele concordou com a cabeça e começou a chorar. Abracei-o na tentativa de confortá-lo. O efeito do calmante havia passado e ele encontrava-se desolado. Ele chorou por algum tempo, eu podia sentir sua raiva e seu desespero pelo o que aconteceu a cada tremida de seu corpo encostado ao meu. Eu estava completamente impotente, sem encontrar qualquer coisa por dizer ou fazer. Doía-me demais vê-lo sofrendo e minhas lágrimas também me fugiram. Ricardo abraçou-nos numa tentativa de nos consolar e Giovanni observava-nos sem muito fazer. Finalmente nos acalmamos e Giovanni nos serviu o café-da-manhã. Uma refeição silenciosa e emocionalmente pesada.

A manhã percorreu-se sombria; Gustavo manteve-se calado e agarrado a Lucky, enquanto nós quatro ficávamos na frente da TV fingindo assisti-la. Nada parecia realmente interessante para nos distrair do sofrimento.

Sérgio chegou mais tarde para ver Gustavo e nos trouxe o almoço que Maria havia feito para nós. Comemos todos juntos e Sérgio levou o Ricardo para a rodoviária. Abraçamo-nos fortemente na despedida. Gus, depois disso tudo, preferiu deitar-se um pouco e adormeceu. Eu e Giovanni sentamos no sofá, abraçados.

Nossa conversa desanimada percorria antigos livros, lembranças de filmes, fugindo dos acontecimentos recentes, era apenas um passar de tempo à espera de anoitecer novamente e podermos desligar de tudo por algumas horas. Até que Giovanni simplesmente não conseguiu mais manter para si algumas coisas que o chateavam, assuntos íntimos de seu coração.

— Sua tatuagem parece uma versão menor e idêntica da que o Ricardo carrega no ombro.

Ele olhava-me angustiado e nesse momento não pude sentir raiva, apenas compreendi que a presença de Ricardo foi para ele frustrante, como o acontecimento com Gus o foi para mim, pois nossos sentimentos estavam grudados a situações diferentes.

— Fizemos a tatuagem como simbologia da sinceridade, amizade e cumplicidade de nós três. O Gustavo deveria fazer uma também, mas desistiu na última hora. Na época foi como uma promessa de que sempre estaríamos juntos, como amigos.

Não fui totalmente sincera com ele em minha fala, mas também não era mentira. Cada estrela tinha o seu significado em nossa história: sinceridade em nossos atos e falas, o não término de nossa amizade, e a cumplicidade de nossos segredos. Ricardo convidara o irmão a participar de nossa loucura, apesar da ideia inicial de Ricardo ter sido uma maneira infantil de me pedir desculpa por ter ficado com outra garota.

Ele franziu o rosto, sua voz estava áspera:

— Foi algo tolo de se fazer.

— Sim. – Forcei um sorriso. — Mas é uma bela tatuagem, não é?

— Fica melhor em você do que nele. – Ele tentou demonstrar simpatia, e desviou o olhar. — Desculpe-me, sei que este é um péssimo momento. É que ver o seu ex me deixou... sem chão. Eu o imaginava mais como o Gustavo, no entanto ele é tão diferente. E vocês pareciam tão felizes e consolados em se ver. Era como se eu estivesse sobrando.

— Perdoado. – Beijei-o. — É importante para mim que esteja aqui.

— É bom ouvir isso.

Aconcheguei-me em seus braços. Sabia o choque que ele sentira ao ver o Ricardo, era o que normalmente acontecia quando conheciam o Gustavo primeiro. Os dois assemelhavam-se em suas feições bonitas, no entanto Gus era magro, tímido e aparentava fragilidade; enquanto Ricardo era forte, confiante, bronzeado e encantadoramente extrovertido.

— Por que não me contou naquele dia no carro, quando discutimos, que Gustavo era homossexual? – Giovanni olhou-me intrigado. — Teria finalizado nossa briga por completo.

— Nunca trairia o segredo que Gustavo confiou a mim e a seu irmão. Ele não queria que ninguém mais soubesse.

— Não confia em mim?

— Confio muito. – Sorri buscando animá-lo. — Mas o segredo não era meu.

— Eu sabia que vocês tinham uma forte ligação. – Ele parecia refletir para si e havia mágoa em sua voz. — Mas quando vi o quanto você se afetou com os acontecimentos e como esteve disposta no passado a brigar comigo ou aceitar ser mal falada por amizade a Gustavo percebi quão intensa realmente é. – Ele abraçou-me fortemente. — Algum dia chegaremos a ter algo parecido?

— Espero que sim.

Fitei-o. Ele esboçou um sorriso ao encostar sua cabeça a minha. Eu o amava, entretanto ele estava certo, o que eu sentia por Gustavo era imensamente mais poderoso. Penso que seria o mesmo tipo de amor que uma mãe devotada sente por seu querido filho. O que provavelmente a mãe de Gustavo não era capaz de sentir por ele. Deixei-me permanecer abraçada, desejando sinceramente que algum dia nosso amor alcançasse tanta força.

****

Durante a semana, Gustavo não teve nenhuma melhora significativa em seu estado de espírito. Eu e Sérgio achamos melhor que ele não fosse às aulas por umas duas semanas. Sérgio conversou com os professores e conseguiu dispensa para Gus, além de uma bolsa de estudos parcial, já que o dinheiro que a mãe dele mandava não era suficiente para pagar a faculdade. Giovanni nos conseguiu um psiquiatra para atender meu amigo. Combinamos que ele iria três vezes por semana enquanto estivesse tão apático, para conversarem e talvez receitar um antidepressivo. Era muito angustiante vê-lo sofrendo, pois nada parecia alegrá-lo e ele passava quase o dia na cama.

No turno da manhã, Maria lhe fazia companhia para eu ir à aula e a tarde e a noite eu o acompanhava. Maria me surpreendera por sua devoção em nos auxiliar, apesar dela ter sempre me amparado em sua casa foi só com os acontecimentos de crise referentes a Gustavo que eu aprendi a ter mais consideração por ela. Sérgio vinha nos visitar com frequência. Giovanni passava todo o tempo que não estava na faculdade conosco. Ricardo ligava todo o dia. Alice às vezes vinha comigo da faculdade para passar a tarde. E Rodrigo tornou-se visita frequentemente, Gus sentia-se melhor na companhia dele, pois este lhe dava forças e falava sobre os preconceitos que já havia passado por ser homossexual, entre outros assuntos que só ele poderia verdadeiramente compreender.

No dia seguinte ao ocorrido liguei para minha mãe para informá-la de tudo. Combinamos que Gus moraria comigo o tempo que fosse necessário e que ela começaria a me mandar mais dinheiro para as despesas. Minha mãe estava preocupada, pois sempre tivera grande carinho pelos dois meninos. Quando éramos crianças ela nos abraçava e dizia que tinha uma filha legítima e dois filhos de coração. Dois dias depois ela ligou-me e informou que conseguira uma folga e viria dentro de um mês nos ver.

Após uma semana sobrecarregada de péssimos sentimentos, o sábado ensolarado anunciava uma tarde agradável. Giovanni foi buscar comida chinesa para nós. Eu assistia desinteressada à TV ao lado de Gustavo. Por sinal, desde o incidente com o pai de Gus nós adquirimos o costume de ficarmos amorfos à frente da TV. Talvez por ser um hábito que não exija nenhum tipo de pensamento complexo, e permitia que os dias passassem mais rápidos.

A campainha tocou, eu e Gus nós indagamos confusos. Alguém devia ter subido com um vizinho e estava à nossa porta, pois não havia se pronunciado no interfone da entrada. Era a mãe de Gustavo. Eu não queria que ela entrasse, contudo o Gus, de coração mole, permitiu. Ela admirou-nos com olhos tristes.

— Olá, filho. Vim trazer o seu bolo preferido, mais dinheiro e ver como você está.

Eu a analisei, incrédula.

— VEIO VER COMO ELE ESTÁ? — Meu peito inflou-se de raiva quando minha voz alta ainda ecoava pelo apartamento fazendo Lucky agitar-se no poleiro. — Vocês o trataram como uma aberração. Como você acha que ele está? Não o defendeu quando devia e agora vem aqui com essa cara de coitada como se tudo estivesse bem. COMO PODE SER UMA MÃE TÃO TERRÍVEL?

— Me desculpe. Meu filho, me perdoe. Eu sinto muito.

Sua mãe chorava, ignorando-me e fitando Gustavo. Eu, numa postura enfurecida e protetora, a mantinha do lado de fora da porta entreaberta. Não acreditava como a mãe de Gus tinha coragem de vir pedir perdão ao filho ao mesmo tempo em que mantinha seu apoio ao marido. Gustavo aproximou-se e, como de costume, deixou-se vencer por sua mãe. As lágrimas brotavam grossas de seus desamparados olhos e ele a abraçou. Eu afastei-me perplexa.

— Gus, como você está? Eu sinto muito. – Sua mãe dizia entre lágrimas. — Implorei para seu pai lhe aceitar de volta, mas ele não está disposto a isso. Não se preocupe, filho. Eu vou lhe trazer dinheiro e tudo o que precisar uma vez por semana.

Gustavo apenas deixava-se embalar como um bebê nos braços da mãe. Meu coração enraivecido não acreditava na facilidade com que Gus perdoara a mãe, como se ela não tivesse tido nenhuma participação no ocorrido. Ela permitira que o marido jogasse Gustavo para fora como se ele fosse um inseto. Retirei-me derrotada ao meu quarto.

Giovanni invadiu meu quarto ainda segurava os potes de comida chinesa poucos minutos depois. Ele fechou a porta, atônico.

— Aquela é a mãe de Gustavo?

— Infelizmente é. – Ele sentou-se na borda da cama confuso com meus olhos furiosos. Falei abafado. — Ela vem aqui depois de tudo. Pede desculpa, e o Gus simplesmente aceita?

— O que você esperava que ele fizesse?

— Que brigasse com ela! Que dissesse como ele está magoado! Que contasse os pesadelos que o acordam à noite e o fazem chorar. Que falasse de como sua autoestima está desmantelada. – Giovanni observava-me quieto. Ele abraçou-me fortemente quando minhas lágrimas de raiva escaparam de meus olhos. — Eu só queria que ele a enfrentasse uma vez na vida e mostrasse que ela sempre o magoa.

— Emily, talvez, no momento, seja mais fácil para Gustavo apoiar-se no perdão da mãe do que pensar em todos os sentimentos ruins.

— Eu sei. – Suspirei na tentativa de tranquilizar meus batimentos. — É que dói tanto ver a mesma história se repetindo desde que somos crianças. A mãe de Gus está constantemente magoando os filhos e Gustavo sempre a perdoa. E depois eu tenho que tentar colar os cacos que ela deixou para trás.

— Não fique tão amargurada, o Gustavo vai se fortalecer e poderá enfrentar a mãe um dia. Mas não agora.

— Se o Ricardo estivesse aqui seria tudo tão diferente. – Giovanni mostrou-se magoado. Mas eu não conseguia guardar o pensamento apenas para mim. — Na presença dele, sua mãe ouviria muitas verdades. Ela teria que se esforçar muito mais para conseguir que o filho a perdoasse.

Giovanni preferiu não comentar, apenas me abraçou. Gustavo entrou no quarto com o rosto inchado pelo choro. Ele observava-me envergonhado. Sabia o que eu pensava sobre o que tinha acontecido. Giovanni analisou-nos e levantou-se educado, deixando-nos sós.

— Emily, sei que não devia. – Gustavo abaixou a cabeça ao falar. — Mas eu não aguento mais ficar longe de minha mãe.

— Sabe como isso é errado, não sabe? Ela vai fazer de conta que nada aconteceu e não enfrentará o seu pai.

— Eu sei. – Ele recomeçou a chorar compulsivamente. — Sinto falta dela. Não fique chateada comigo. Eu preciso muito de você.

Aproximei-me e o abracei fortemente. Estava decepcionada e com raiva, mas não iria insistir em meus sentimentos junto a Gustavo. Ele precisava de meu apoio e não de minha rispidez. Afaguei seus cabelos.

— Tudo bem, Gus. Se isso te faz mais feliz, está tudo bem.

— Obrigado, Emily.

Apertei meu coração e engoli todo o sentimento ruim que me acompanhava, permitindo que tivéssemos um almoço e uma tarde, novamente, à frente da TV.

À noite, sozinha após todos dormirem, meu peito estava esmagado pela raiva contida. Liguei para Ricardo, na esperança de evitar um ataque do coração por tanto sentimento sufocado.

— Não acredito que ela esteve aí!

Ele compartilhar de minha raiva acalmou-me e permitiu que pudéssemos trocar injurias e reclamações sobre sua submissa mãe e seu cruel pai.

— Ela me procurou ontem também. Mas eu deixei claro que para voltar a respeitá-la só se ela se posicionasse. O que ela permitiu que meu pai fizesse com Gus para mim não tem perdão.

Ricardo falava revoltado, numa resolução madura de seus sentimentos e não numa forma de birra com sua mãe. Ele apenas acreditava, assim como eu, que as pessoas merecem ser tratadas como nos tratam independente de qualquer laço de sangue. Conversar com Ricardo fortaleceu-me para suportar mais um tempo o Gustavo iludindo-se com sua mãe.

37 – Laços de Amizade

As semanas de apoio a Emily e o deprimido Gustavo exigiam-me dedicação, e fizeram com que eu e minha namorada nos aproximássemos ainda mais. As visitas de final de semana de Ricardo ainda deixavam-me desconfortáveis, mesmo tentando nos manter educados e distantes, era inevitável que nos tratássemos com ironia e certa implicância. Sentia-me sobrando quando o trio reunia-se e iniciava uma conversa animada sobre fatos de seus passados em conjunto, momentos em que minha ausência nem seria sentida.

Tendo mais contato com Ricardo e Gustavo, pude confirmar o que já desconfiava, que Emily encarou muito mal o fato de sua mãe ter se mudado para outro país, e percebi como os garotos foram bons amigos e a ajudaram a superar.

Obriguei-me a levar Enya com maior frequência ao apartamento de Emily, pois com a lenta melhora de Gustavo, era difícil convencer minha namorada a sair do apartamento. Por sorte, minha filha gostava de ficar no apartamento distraindo-se com a arara. Além de Gustavo criar forças para inventar deliciosas guloseimas para satisfazer minha pequena, sendo bom para ele e para nós.

Uma pessoa que virou presença constante no

apartamento de Emily foi Rodrigo. Não me admirei com o fato dele apoiar Gustavo como se dedicasse-se a uma causa. Por vezes, ouvi-os conversarem e percebia que Rodrigo fortalecia o ego de Gustavo, lançava mão de sua personalidade divertida e de sua experiência mais organizada acerca de sua sexualidade.

Sempre que Rodrigo vinha nos visitar, eu convencia Emily a deixar os dois sozinhos, na esperança de que se interessassem um pelo outro. A segurança de Rodrigo faria bem a Gustavo, para conseguir a sua própria com o tempo. E quem sabe poderiam se tornar um belo casal, afinal pareciam demonstrar muito afeto um pelo outro.

38 – Melhora

A cada semana Gustavo fortalecia-se e parecia melhorar. Aos poucos, retomou as aulas e seu estágio na clinica veterinária, um pouco antes de se iniciaram as férias frias de inverno.

****

Finalmente minha mãe chegou de viagem. Ao nos vermos, nos abraçamos por um longo tempo curtindo o calor uma da outra, afinal não nos encontrávamos há sete meses. Sérgio estava conosco e seu rosto iluminou-se ao vê-la. Depois de termos conversado muito, eu, ela e Gustavo, que se animou com sua presença, fomos jantar na casa de Sérgio. Sempre que minha mãe vinha, eu tinha que dividir sua atenção com Sérgio, Maria, Gustavo e Ricardo, pois todos estavam com saudades também.

Na noite posterior encomendei comida em casa, para que minha mãe conhecesse o Giovanni. Sentia-me nervosa e queria deixar tudo perfeito. Quando Giovanni chegou, minha mãe levantou-se e aproximou-se da porta para observá-lo. Ele apresentou-se como um perfeito cavalheiro e ela fez o mesmo. Ela nunca fora do tipo protetora que sonda os garotos para ver se são adequados ou não, era mais o tipo que confia em minhas escolhas.

Sentamos à mesa e eles começaram a conversar sobre coisas do cotidiano, minha mãe contou com estava frio no Canadá e que finalmente aprendera a esquiar. Rimos quando ela nos relatou dos diversos tombos que tomou. Giovanni falou de sua paixão por Biologia e eles até trocaram algumas informações sobre Genética. Gustavo pouco interferiu no assunto e logo se retirou para dormir. Ele ainda apresentava sinais visíveis de desinteresse e tristeza.

Nós três continuamos trocando palavras, embalados pelo vinho. Minha mãe quis saber sobre a filha de Giovanni e como surgiu o relacionamento entre ele e Rebeca. O assunto não me agradava, entretanto conhecia minha mãe e sabia que ela era curiosa sobre relacionamentos em geral. E Giovanni aproveitou a deixa para sondar sobre ela e, claro, sobre minha vida, já que eu pouco falava sobre meu pai.

— E como foi contigo e o pai de Emily?

— Então, a Emily não te falou sobre isso? – Ela sondou-me com os olhos de relance e sorriu travessamente. — Éramos colegas de laboratório e fizemos um acordo de inseminação para gerar a Emily.

— Sério?

Giovanni parecia surpreso. Eu não havia lhe contado; não que isso realmente me incomodasse agora, só não tinha surgido a oportunidade. Minha mãe adorava relatar toda a história, eu relaxei e deixei todos os detalhes por conta dela. Giovanni estava bastante curioso.

— Ao iniciar o trabalho com Ken, o pai de Emily, eu percebi que ele era uma ótima pessoa, muito inteligente, simpático e interessante. Assim como eu, ele realizava-se com o seu trabalho e não pensava em constituir família. – Ela riu pensativa. — Penso que ele mudou de ideia, já que casou e teve outra filha. Nós nos conhecíamos há uns dois anos e nos dávamos muito bem como amigos e, numa conversa casual, surgiu o assunto de inseminação. Eu disse que desejava poder escolher o pai, por questões genéticas. – Ela riu. — Ora, eu trabalho com isso e não arriscaria ter uma filha sem conhecer a outra metade da genética e então fiz a proposta para ele. – Ela olhou-me orgulhosa. — Eu sabia que com que Ken eu teria uma linda e esperta filha.

— Concordo.

Giovanni acordou e deu-me um beijinho. Sorri orgulhosa.

— Ele aceitou a proposta de ser doador. Assinamos um papel para que ele estivesse livre de qualquer obrigação como pai e logo depois ele mudou-se para a Austrália por seis anos. Apesar de termos assinado o papel, ele pediu-me para eu mandar fotos e informações sobre o bebê. E assim fiz. Passei os primeiros anos mandando cartas e fotos de Emily. Ele respondia e eu lia para ela. – Ela parou e pensou nos acontecimentos, tomou um gole do vinho. — Com oito anos, Emily mandou uma carta pedindo para conhecê-lo e ele prontamente aceitou. Ken ficou encantado. Na verdade, desde a primeira foto que mandei Ken havia ficado deslumbrado por Emily ser ruiva como ele.

Minha mãe ajeitou-se na cadeira animada, como alguém que relata uma divertida história. Giovanni envolvia-se em sua narrativa. Lembrei-me como fiquei ansiosa ao ver meu pai pela primeira vez, a partir de então ele passou a agir como meu pai, deu-me seu sobrenome e começou a custear tudo o que fosse relacionado aos meus estudos. Minha mãe bocejou.

— Desculpe, estou cansada. Vou me deitar. Foi um prazer te conhecer, fico feliz que a Emily esteja em boas mãos.

Ela despediu-se e foi deitar em minha cama, estávamos dividindo já que Gustavo ocupava a outra. Giovanni olhava-me curioso.

— Escondendo sua história de mim?

— Não achei importante.

— Como não seria importante? É sua história de vida.

— Todos têm sua história. – Sorri. — Se parar para pensar, eu tive sorte, pois acabei tendo quase dois pais na infância. Sérgio e Ken.

— Sei que se importa em não ter tido teu pai por perto.

— Quando criança me importei mais. Com os anos, aprendi a aceitar que só veria meu pai nas férias de verão e em conversar virtuais.

Giovanni sorriu amigavelmente. Dialogamos algum tempo sobre meu relacionamento escasso com meu pai e as preocupações dele em como ser um bom pai para Enya. Ouvi-lo comentar de seus anseios sobre sua filha fez-me questionar se meu pai também dispensava seu tempo sobre o com reflexões sobre meu futuro e minha educação.

A noite avançada estava coberta por névoa gelada. Desejei que meu amado pudesse permanecer ao meu lado, aquecendo-me por toda a noite. Com a visita de minha mãe e meu novo parceiro de apartamento, só restaria o sofá para Giovanni, sendo assim era melhor que ele retornasse para o seu lar. Despedimo-nos já com saudades.

****

Antes de dormir passei no quarto para ver Gustavo e certificar-me que dormia. Abri a porta e o vi sentado na cama abraçado ao travesseiro, mesmo no escuro eu podia perceber que ele chorava. Sentei-me ao seu lado e o abracei.

— Por que não posso ter uma mãe tão boa como a sua? Ou como a do Rodrigo?

— Para minha mãe você é um filho.

— Eu sei.

Aninhou-se nos meus braços e chorou por um longo tempo. Meu coração estava apertado e sofria com cada lágrima que rolava sobre sua face. Por diversos momentos quase derramei as minhas próprias, entretanto sabia que seria melhor para ele se eu consegui me manter sólida, pelo menos na aparência. Por um momento, desejei enormemente que minha mãe não tivesse vindo nos visitar, todavia percebi que não adiantaria tentar poupar Gus de comparar sua família desmantelada com outras. Ele teria que aprender a vislumbrar estas situações sem que isso o afetasse profundamente.

Ele havia melhorado muito seu humor neste último mês, contudo ainda tinha períodos de desespero e tristeza quando pensava em seus pais ou como lidar com suas próprias questões internas. Ele adormeceu em meus braços, eu ajeitei-me na cama com cuidado para não acordá-lo e dormi também.

Minha mãe nos acordou com café na cama. Era tão bom tê-la por perto, sentir-me novamente cuidada como nos anos anteriores. Gustavo acordou mais disposto e deixou-se ser mimado por minha mãe, aceitando seu afeto de "mãe substituta".

****

Só no último dia de permanência dela no apartamento que foi possível desfrutar um maior tempo em sua companhia sem que estivéssemos rodeadas de outras pessoas.

Ela organizava a mala para retornar à sua moradia, com pesar eu a observava. Sua presença dera-me força para suportar as angústias de Gustavo e fizera com que ele também aparentasse uma melhora; contudo, não adiantava lamentar, minha mãe precisava retornar para suas pesquisas no distante Canadá. Entreguei-lhe as roupas dobradas sobre minha cama, ela analisou-me e sorriu divertida.

— Nunca havia imaginado que acabaria se envolvendo com outro namorado. Tinha certeza que casaria com Ricardo.

— Por quê?

— Vocês sempre foram tão unidos. Teriam sido um ótimo casal! E você não é muito adepta a mudanças. – Ela mirou animada minha expressão de contrariedade e passou a mão em minha cabeça. — Na verdade, não existiria um par mais perfeito para você do que o Gustavo. Mas como ele não gosta de meninas, apostei no Ricardo.

— As coisas mudam mãe.

— Pelo menos encontrou um namorado tão bom quanto Ricardo. Lamentaria ver minha filha com um cafajeste. – Concentrou-se em sua bagagem por segundos. — Te ensinei bem, fez boa escolha para quem dar seu coração.

— Obrigada. – Fitei-a indecisa. — Acha que Giovanni é

realmente bom para mim?

— Sim. Não vá deixá-lo escapar por crise de imaturidade como fez com Ricardo.

— Não fale do que você não sabe! – Invoquei-me, minha mãe me lançou um olhar desaprovador. — Desculpe, mas apesar do que você imagina, eu e o Ricardo não daríamos certo como um casal. Somos muito diferentes.

— Pode ser. Mas a maior culpa foi a falta de maturidade de ambos.

— Não importa, sinto-me mais feliz ao lado de Giovanni.

— Fico feliz por você e te desejo muita felicidade. – Ela puxou sua mala para fechá-la. — Como tem se relacionado com a filha dele?

— Penso que bem, Enya parece gostar de minha presença e eu me divirto com ela.

— Manter um relacionamento com um homem com filho é muito mais complicado. Não vá dar uma de madrasta má e tentar minar o contato que ele tem com a filha.

— Por que faria isso? – Fitei-a séria, às vezes minha mãe parecia não conhecer a filha que criara. — Não faria com Enya algo que odiaria que fizessem comigo. A relação de pai e filha é muito importante.

— Sinto orgulho de ouvi-la falar assim, percebo que a eduquei direito. – Afagou meus cabelos com ternura. — Vamos? Sérgio nos espera.

Auxilie-a descer a bagagem até o carro de Sérgio com

destino ao aeroporto. A hora da despedida era-me sempre sofrível, por mais vezes que esse ritual repetira-se nestes anos, eu ainda me sentia como uma criança sendo abandonada.

39 – Dando Apoio

A mãe de Emily saiu do Canadá para dar seu apoio a Gustavo. Era-me confuso o modo como a mãe dela mostrava-se preocupada com ele a ponto de vir do Canadá para confortá-lo e ao mesmo tempo deixara sua própria filha em outro país com pouco mais de quatorze anos. Conforme os relatos de Sérgio, a mãe de Emily era uma pessoa que não se prendia muito a laços familiares. Não morava com seus namorados; cortara relações com seus pais por eles empacarem seus sonhos e talvez não percebesse que sua presença era tão necessária a sua filha.

Ao conhecer essa mulher destemida, senti-me nervoso com o que ela pudesse achar de mim, o "velho" namorado de sua filha. Ela gostava muito de Ricardo e soube como ela dava força para Emily voltar para ele. *Será que gostaria de mim? Me acharia bom o suficiente?* Pensei ao trocar a camisa pela terceira vez.

A mãe de Emily era muito bonita e elegante, soube na hora de quem minha namorada puxara seu charme. Contudo Emily tinha o tom de cabelo do seu pai, e não o castanho claro de sua mãe. Ela tirou-me de todo o meu receio de estar em sua presença assim que começamos a conversar, ficou claro que ela não estava ali para certificar-se de minhas intenções com sua filha ou monitorar-me. Sua conversa leve e descontraída era um espelho de sua personalidade, a mãe de Emily parecia não interferiria em aspectos pessoais da vida da filha, partindo do principio que ela era adulta o suficiente para resolver sozinha e arcar com as consequências.

Surpreendi-me com todo o relato e a forma deslocada de sentimento que era relatada por minha sogra sua relação diferenciada com o pai da Emily. Ela calculara o que queria para sua vida e fizera com que se concretizasse. Até o fato de manter o gene recessivo do ruivo de sua família ela conseguiu com a escolha do pai de Emily.

E apesar dela ter dito que fora uma surpresa o pai de Emily ter decidido assumir a filha após a conhecer, eu desconfiava que ela já previa isso quando o escolheu como pai. Sabia o suficiente das características de personalidade dele para arriscar que seu ego avantajado faria com que ele encantasse-se por uma menina que carregava sua orgulhosa genética. A mãe de Emily não parecia fazer as coisas sem serem bem planejadas. A estratégia dela acabou dando a Emily um pai ausente, mas não inexistente. E nesse ponto ela parecia totalmente diferente de sua mãe, pois era governada por seus sentimentos.

****

A continuidade do semestre deu-se através de uma rotina firme, na qual fizera com que eu praticamente me mudasse para o apartamento de Emily. Eu não tinha problemas com uma vida simples ao lado de quem me fazia bem, por isso curti o fato de manter uma rotina semelhante dia após dia. Eu e ela nos dávamos demasiado bem juntos, ficar em sua companhia constante não causaram brigas comum a casais que moram na mesma casa, ela era bastante tranquila quanto aos afazeres de casa.

Rebeca deixara de me perturbar assim que começou a namorar um importante advogado, incentivando que Enya dormisse praticamente todo o final de semana em meu apartamento, na verdade, no apartamento de Emily, o que fez com que eu comprasse uma cama compacta para colocar na sua sala.

Apesar de em minha visão estarmos vivendo como se fôssemos casados, o fato de eu ter meu apartamento e obrigar-me a ir algumas vezes para este reforçava para Emily que ainda éramos apenas namorados. Isso parecia agradá-la, contudo eu queria mais.

****

Emily acabara de entrar no banho e lavaria seus cabelos, o que indicava que demoraria uma eternidade, deixando eu e Gustavo sentados no sofá. A presença constante de Gustavo fazia com que eu sentisse que dividia o lar com um cunhado, a dificuldade era quando Emily ausentava-se e restava só eu e ele. Estar exclusivamente na companhia de Gustavo angustiava-me, pois tinha receio de fazer algum comentário que aumentasse sua tristeza.

Ele bufou impaciente, na certa, desejava-se livrar-se de mim, acatei sua vontade e retirei-me para o quarto de Emily, aproveitaria para ler os trabalhos entregues no dia anterior por meus alunos. Antes que pudesse iniciar a leitura, dei por falta de canetas ali, o que me obrigou a retornar à sala para buscar algumas.

Permaneci um tempo parado, sem saber se me aproximava de Gustavo ou retornava silencioso como se nunca tivesse saído do quarto, quando percebi que ele chorava sentado no sofá cobrindo o rosto com as mãos. Pensei em correr até o banheiro e implorar que Emily viesse socorrer seu amigo. A constantemente fragilidade dele fazia com que me sentisse tolo, sem capacidade de dar um suporte adequado. Como Emily conseguia, eu não entendia. Ela era muito mais forte do que aparentava. Olhei-o novamente e aproximei-me receoso.

— Gustavo! — Ele assustou-se e limpou as lágrimas. *Sou um homem adulto, não posso ter tanto temor diante da depressão de um garoto!* Encorajei-me ao sentar ao seu lado. — Sei como esses meses têm sido difíceis para você. Se quiser conversar, também sou seu amigo.

— Estou bem! — Ele fitava-me com seus olhos escurecidos. — É só uma recaída. Não comente com a Emily, não quero mais chateá-la.

— Não diga isso. Ela quer te ajudar. — Olhei com pesar para ele. — Sei que não tenho o jeito dela para consolar, mas talvez eu possa ajudar.

— Não tem o que ajudar, eu só estava lembrando de algumas coisas. – Gustavo forçou um sorriso. — Só o tempo vai me fazer não dar mais bola para as coisas do passado.

— Mas também é preciso não nos culparmos mais pelos acontecimentos. – Quase tapei a boca, não devia ter dito isso. Sabia que o maior problema de Gustavo, além da mágoa com a reação dos seus pais, era o fato dele sentir-se culpado pelo ocorrido. — Sinto muito, não deveria ter dito isso.

— Ricardo, Emily e Rodrigo me dizem isso o tempo todo, e por mais que eu tente, não consigo. – Ele abaixou a cabeça,

desolado. Num gesto amigo, pousei minha mão em seu ombro.
— Por que eu fui ser assim? Se eu fosse como Ricardo, nada disso teria acontecido. – Gustavo, encarou-me com olhos úmidos. — Eu tentei tanto ser como ele, mas não consegui.

— Gustavo, a orientação sexual não é uma escolha, faz parte da cada um. O problema não é de quem você gosta, e sim os preconceitos dos outros.

— Conscientemente eu sei disso, mas em meu coração é diferente. Por que fui ser assim?

— Assim como? Um cara íntegro, amigo, esforçado nos estudos, de enorme coração?

Ele sorriu-me entendendo minha intenção de mostrar que ele era uma pessoa e sua orientação sexual não o resumia. Após alguns minutos de silêncio, enquanto eu tentava encontrar algo a dizer, ele suspirou e fitando o chão sussurrou.

— Sabe, desde criança percebia que eu era um pouco diferente. Eu compartilhava muito mais dos gostos de Emily do que os do meu irmão. – Ele fitou-me como se precisasse se explicar. — Nunca quis ser menina, me refiro a escolher os mesmo ídolos e considerar bonitos os mesmos cantores e atores. Não me interessava em nada pelas revistas de mulheres peladas que Ricardo se esforçava tanto para conseguir. – Ele baixou a cabeça. — Mas só entendi que era realmente diferente de meu irmão e que, talvez, as piadinhas de colegas fossem verdadeiras quando aos treze anos percebi que desejava beijar um menino ao invés de uma menina.

Era a primeira vez que Gustavo parecia disposto a ter uma conversa franca comigo, só comigo, sem a presença de Emily ou seu irmão. Acenei nervoso com um movimento de encorajamento. O momento surpreendeu-me e eu não queria falar nada idiota que fizesse Gustavo afastar-se novamente.

— Sempre que percebia que não me interessava pelas garotas, eu tentava encontrar a desculpa no fato de eu ser um ano mais novo do que Ricardo. – Gustavo fitou-me sentido. — Eu dizia para mim "no ano que vem eu vou ser como ele." Emily dizia que as pessoas são diferentes para me acalmar, e Ricardo decidiu que eu só não dava bola para meninas por ser muito tímido e tentou resolver isso. Ele juntou alguns de seus amigos numa tarde em nossa garagem e convenceu todos a aceitarem brincar de cinco minutos no céu. – Gustavo encarou-me curioso. — Sabe o que isso significa?

— Tenho uma ideia.

— Uma fila de meninos à frente da fila de meninas que com olhos tapados apontam para um dos meninos e assim o casal fica fechado sozinho dentro do banheiro por cinco minutos. – Seus olhos me fitaram angustiados. — Não foi dito que era preciso um beijar o outro, mas era claro que esse era o esperado. – Gustavo sorriu nervoso. — Enquanto, os casais se formavam, eu comecei a desejar ficar sozinho com um dos melhores amigos de meu irmão e isso me assustou. Eu não conseguia entender o que estava errado comigo e fugi correndo da brincadeira. – Os olhos de Gustavo se umedeceram e uma lágrima escorreu até sua boca. — Emily veio atrás de mim, mas eu nem sabia como explicar o que estava em meu coração.

— Imagino como ficou assustado com a descoberta. Mas pelo menos, daquele momento em diante, seus sentimentos se tornaram mais claros.

— Mas eu não queria ser desse jeito. – Ele fitou-me em

angústia. — Eu me esforcei para mudar, mas não consegui. Só tive coragem de despejar todos os meus temores referentes a isso para Emily e meu irmão alguns meses depois. Eles me fitaram tão surpresos que eu me senti uma aberração, até Emily sorrir alguns minutos depois e dizer "bem, você gosta de meninos, e daí?".

— Emily era madura para treze anos. – Constatei orgulhoso. — Já tinha algum entendimento sobre as coisas importantes da vida. Acho que quando eu tinha essa idade, nem sabia muito bem o que era um homossexual.

— Nem ela, nem eu ou meu irmão. – Gustavo divertiu-se, pela primeira vez durante nossa conversa. — Só foi a amiga de sempre e disse o que achou que me deixaria feliz. – Voltou para sua expressão sofrida e reflexiva. — Eu não entendia muito bem o que significava gostar de garotos. As coisas só ficaram claras, para nós três, quando a mãe de Emily nos sentou aqui nesse sofá – Gustavo olhou em volta contemplativo — e passou a tarde conversando conosco sobre o assunto. Cada um pôde tirar todas as suas dúvidas infantis e preconceituosas. Não sei como teria aguentado "ser o que sou" sem o apoio da mãe da Emily. Foi ela que conversou diversas tardes comigo, ao lado de Emily e de Ricardo, até que eu aceitasse o que acontecia e me fizesse perceber que não seria passageiro. – Ele suspirou. — Senti tanta falta dela quando ela foi morar no Canadá, quase tanto quanto Emily.

— Imagino como esse apoio foi importante.

— Muito. – A porta do banheiro se abriu e Emily saiu com uma toalha enrolada nos cabelos. Gustavo aproximou-se de mim e sussurrou. — Mas o meu porto seguro sempre foi minha adorável amiga e eu sou o dela. – Ele sorriu-me. — E espero que você também seja o dela um dia.

— Eu gostaria muito.

— Sobre o que conversam?

Emily sentou-se ao meu lado curiosa. Mantive-me calado, não tinha real certeza do que Gustavo gostaria de comentar.

— De meu susto ao perceber que era *gay*. – Não deveria ter me surpreendido com a revelação, afinal eles não tinham segredo um para o outro, mesmo assim senti-me confuso, como se intrometesse na vida dele. — E de como sua mãe nos ajudou.

— Minha mãe é maravilhosa! – Emily sorriu e beijou-me. E trocou olhares cúmplices com Gustavo. — Não colocou caraminholas na cabeça de meu namorado, eu espero!

— Não! Nem falei que você e Ricardo trapaceavam para ficarem sempre juntos no "cinco minutos no céu".

— Tudo bem. – Olhei para Emily que fitava Gustavo de maneira acusatória. — É passado, prometi que não iria me importar com o passado.

— Ótimo. – Emily sorriu e beijou-me novamente. — Sabe que te amo, não sabe?

— Sim, também te amo.

— Quanta melação! – Gustavo resmungou debochado e levantou-se do sofá e dirigiu-se ao seu quarto. — Vou deixar o casal sozinho.

Rimos.

O passar do semestre em contato constante com Emily fez-me perceber o porquê dela não importar-se em fazer novos amigos, ela já possuía os melhores. A amizade de Emily, Gustavo e Ricardo lançou-me em horizontes desconhecidos, que eu duvidava serem possíveis. E, ao lado de Emily, começara a me sentir felizmente participante em pequenas escalas dessa amizade.

40 – Outro Semestre

O terceiro semestre da faculdade transcorreu monótono sem acontecimentos diversificados, apesar disso eu sentia-me cada vez mais feliz ao lado de Giovanni e tranquila por ver Gustavo retornar ao seu normal.

Enya era presença constante em nossa companhia nos finais de semana, por isso havia adquirido muitos jogos de computador, livros infantis, desenhos animados e até alguns brinquedos, tudo para passarmos o tempo de maneira divertida. Ela era uma garotinha de fácil distração, e quanto mais nos conhecíamos, mais eu me agradava dela.

Gustavo tinha aderido, por insistência de Rodrigo, a uma rotina mais alegre nos últimos meses do semestre. Ele ia com frequência à casa de Drigo, que se tornou seu grande amigo. Estas visitas lhe proporcionaram uma aproximação positiva com a família deste, a mãe de Drigo praticamente adotou Gustavo em termos emocionais e ele aceitava de bom grado toda a atenção que a mãe do amigo lhe dedicava.

Fortalecido, Gus conseguiu por fim enfrentar sua mãe e dizer como realmente ele magoara-se com tudo o que acontecera. Isso não resolveu as dificuldades na relação com ela, já que ela apenas se fez de desentendida, no entanto auxiliou-o a adquirir uma maior confiança em si próprio. Eu orgulhei-me do amadurecimento de meu amado amigo.

Enquanto Rodrigo estava constantemente presente, Alice pouco víamos fora da faculdade, pois conseguira um namorado e ocupava-se muito com ele e menos conosco.

****

As últimas semanas de férias de verão foram brindadas com dias amenos e agradáveis. Eu e Gustavo jogávamos no computador, enquanto esperávamos por Giovanni que fora convocado pela coordenação de Biologia para uma reunião urgente na faculdade. Eu e meu namorado sairíamos para jantar e Rodrigo chegaria dali a pouco para fazer companhia a Gus. Eu o observei jogando, admirada por seu humor ter abandonado a apatia e a angústia. Uma constante que cheguei a me perguntar se algum dia mudaria. Eu via animação, no entanto havia um nervosismo no ar. Ele percebeu meus olhos fixos nele e fitou-me confuso.

— Por que me encara?

— Não sei. Acho que você esconde algo.

Seus olhos me percorreram de relance, ele mordeu os lábios. *Bingo!* Sabia o que essa expressão significava. Sim, ele escondia algo. Puxei o controle de sua mão e sentei-me à sua frente. Ele me observava encabulado.

— Estou esperando. Não vai me contar?

— Não é nada de mais. Só fiquei animado com o que o Drigo me disse num dias desses.

Sorri maliciosa. Ele sorriu ao ver minha curiosidade, fez menção que não iria contar nada, eu implorei e como de costume ele aventurou-se a falar. Era ótimo voltar a ter o Gus de antes, com joguinhos de "eu não vou contar nada, a não ser que você queira muito" no lugar daquele apático "tanto faz".

— Víamos um filme e ele disse que se sente extremamente atraído por mim desde quando nos conhecemos. – Ele sorriu entusiasmado. — Ele usou exatamente essas palavras: Extremamente atraído!

Seus olhos brilhavam à espera de minha reação. Eu sabia que Gustavo também nutria algum sentimento por Rodrigo, porém era muito recatado para comentar. No entanto, Drigo deixara bem claro inúmeras vezes para mim e Alice que só não agarrava Gustavo por temer que ele não estivesse pronto para experimentar um relacionamento e assim poderia perder sua amizade. Meu coração saltitou alegre, meu amigo merecia um cara legal como o Rodrigo.

— E o que você disse?

Ele encabulou-se e sussurrou novamente.

— Eu respondi que sentia o mesmo.

— E depois?

— Nada. Continuamos vendo o filme.

Analisei-o incrédula. *Como podiam simplesmente ter voltado a ver o filme? Não se beijaram ou algo parecido?* Minha voz saiu desconfiada:

— Como nada?

— Sei lá, é que fiquei envergonhado e virei para o filme e ele fez o mesmo. Depois nós não falamos mais nisso. – Ele sorriu largamente. — Não importa, mas o barato é que ele também gosta de mim. Vamos ter outra chance.

Concordei com Gus, no entanto achei uma oportunidade perdida. Mas de certa forma eu compreendia o real motivo de Gustavo ter distanciado Rodrigo, não permitindo que nada romântico acontecesse. Porque, apesar de Gus ter certeza que gostava de meninos, ele ainda não tivera nenhum tipo de relação amorosa com eles. Francamente, ele nem havia beijado ninguém para valer. Apenas trocado algumas bitoquinhas comigo, em seus momentos de crise ou quando fingíamos ser namorados.

Giovanni ligou e avisou que chegara. Desejei boa sorte a Gustavo. *Quem sabe aconteceria alguma coisa interessante hoje à noite com ele e Rodrigo.* Refleti animada ao descer as escadas do meu prédio.

Entrei no carro sorridente, Giovanni permaneceu estranhamente sério. Percebi que acontecera algo ruim na reunião, no entanto, preferi esperar que ele me contasse. Ele percorreu o trajeto em silêncio até parar o carro no meio do caminho.

— Emily, preciso conversar seriamente contigo. É sobre a reunião de hoje. Se importaria se ao invés de irmos jantar, fossemos para o meu apartamento?

— Tudo bem.

Senti um frio de pavor percorrer minha espinha, nunca o vira tão preocupado. *Será que havia sido demitido? Haviam descoberto sobre nós e estavam bravos?* Não importava qual era o problema, eu o ajudaria e ficaria ao seu lado

41 – Notícia

Recebi uma ligação do coordenador chamando-me para uma reunião, algo inusitado para o período de férias. Só havia acontecido o mesmo no meu segundo ano de trabalho quando eles me ofereceram algumas turmas dos semestres mais avançados, após um professor pedir demissão. Atualmente não desejava pegar mais nenhuma turma e decidido a negar dirigi-me à reunião.

Ao entrar na sala do coordenador, fui pego de surpresa por estar em nossa presença toda a junta de professores responsáveis pelo Conselho de Educação Continuada da Faculdade, os que escolhiam quais professores mereceriam bolsas de especializações, mestrado ou doutorado em faculdades estrangeiras que mantinham parceria conosco.

O coordenador sorriu ao me ver, sentei-me na cadeira vazia da enorme mesa com um aperto no coração. Havia feito apenas um pedido que pudesse significar esta reunião e não estava certo se desejava que ele se concretizasse neste momento, teria agradecido sem pestanejar a oportunidade que estavam prestes a oferecerem no ano anterior, contudo agora tinha medo de ouvi-la.

— O conselho decidiu que tem sido um ótimo profissional. Suas pesquisas tem se mostrado merecedoras de crédito. – O coordenador olhava-me empolgado, meu coração batia dúbio. — Apesar de estarmos cortando alguns gastos, lhe daremos a oportunidade de fazer seu doutorado em parceria com a faculdade de Londres.

— Isso é uma surpresa! – Não sabia o que pensar. — Quando seria isso?

— Deveríamos ter lhe avisado ao final do semestre passado, mas tivemos algumas dúvidas se manteríamos a parceria com Londres devido aos gastos excessivos. Deste modo, se aceitar, terá que se mudar dentro de duas semanas.

— É pouco tempo.

— Entenderemos se não aceitar. – Um dos professores mirou-me desapontado. — Mas saiba que essa será provavelmente sua última oportunidade de conseguir qualquer custeio nosso.

— Sinceramente, gostaria que aceitasse. – O coordenador olhou-me sério. — Por ter interesse em espécies marinhas, que é a linha de pesquisa mais forte de Londres, acho que é a pessoa mais adequada para essa bolsa. Se negar, serei obrigado a mandar outro professor e este será o último ano que manteremos a parceria com Londres, por uma questão puramente financeira. Estará perdendo uma oportunidade única.

— Sinto-me honrado com a oferta e estou muito inclinado a aceitar, mas precisaria de um tempo para pensar. Afinal tenho que organizar-me com minha família.

— Compreendemos. – Uma das professoras do conselho disse, e olhou-me desapontada. — Mas precisamos de sua resposta agora, pois estamos com os prazos de entrega dos documentos enforcados.

— Não se preocupe com as despesas. — O coordenador falou incentivando-me. — Receberá seu salário como se estivesse trabalhando, tudo para dedicar-se exclusivamente ao seu doutorado na Inglaterra, além de uma ajuda de custo para moradia e educação caso queira levar sua filha e sua esposa.

O coordenador estava desatualizado sobre minha separação, contudo não achei pertinente pô-lo a par agora. Todos os olhares estavam cravados em mim como se fossem facas; eles proporcionavam-me a realização de um sonho antigo de fazer meu doutorado na minha área de interesse, porém meu coração angustiou-se ao invés de dar saltos comemorativos. Levaria Emily com certeza junto comigo, no entanto tinha receio que ela pudesse não aceitar em ir tão rápido. Se tivesse uns dois meses para convencê-la, estaria mais seguro em decidir. Meu tempo acabara e fui persuadido a lançar meu futuro à sorte e aceitar a oportunidade que o conselho me dava.

Mantive-me um longo tempo sentado no carro antes que pudesse ligar para Emily. Temia que minha escolha pudesse estragar nossa felicidade, contudo já havia dado o meu sim e assinado os papéis e não era possível voltar atrás. Agora era só esforçar-me para convencer minha namorada a me acompanhar.

No caminho para um restaurante qualquer de nossa rotina, não conseguia prestar atenção à fala animada dela sobre um possível interesse de Gustavo em Rodrigo. Decidi que não seria apropriado contar sobre nosso novo rumo de vida em um restaurante e a convenci a irmos para o meu apartamento quase abandonado. Acho que a moça que fazia a faxina semanal para mim usava mais o apartamento do que eu nestes últimos meses.

42 – Surpresa

Assim que entramos no apartamento, ele jogou-se no sofá e eu sentei-me ao seu lado.

— Eles me ofereceram uma bolsa para o doutorado, aquele que sonho desde quando comecei a lecionar na faculdade.

Por que ele não parecia feliz? Ele fitava-me fixamente e parecia transtornado. De repente, eu percebi o motivo, recordei que o tal doutorado era na Inglaterra. Senti-me pálida, meu coração apertou-se tanto que tive a impressão de ter parado de bater por alguns segundos. O *que aconteceu com meu lindo mês de sonhos? Foi transformado num pesadelo.* Talvez eu não tivesse ouvido direito, ou tivesse entendido errado. Mas para meu desespero eu estava certa.

— Você aceitou?

— Sim. – Ele olhou-me profundamente. — Claro que você vai comigo.

Fui pega de surpresa, nem conseguia pensar. *Ele queria que eu fosse? Isso era bom, mas assustador.* Pensei na minha faculdade, em Sérgio, principalmente em Gustavo e não me conseguia imaginar simplesmente deixando tudo.

Lembrei-me de quando fiquei três meses com minha mãe

no Canadá. Foram meses horríveis tomados por angústia e frustração até que implorei para voltar. Eu apenas não conseguia aguentar a saudade de meus amigos, minhas coisas e minha família substituta.

O convite de Giovanni trouxe à tona em minha mente uma verdade: eu nunca havia cogitado a ideia de morar com ele e construir um relacionamento realmente sério. *Eu o amava, mas até que ponto eu estava disposta a largar tudo para ficar com ele?*

O pavor tomou conta de mim e eu não sabia o que dizer ou como explicar, não conseguia nem mesmo refletir direito sobre tudo. Ele olhava-me angustiado e dizia-me que podíamos casar ainda neste mês se eu desejasse, ou podíamos apenas morar juntos, o importante era que eu fosse com ele. Giovanni abraçou-me:

— Então, o que me diz? Vai comigo?

43 – Não!

— Não!

A força de seu não e o fato dela apenas ter se levantado e feito um sinal seco para irmos embora deixou-me sem saber o que dizer durante todo o caminho de volta até o seu apartamento. *Havia criado a certeza de que nos amávamos tanto que ela iria comigo.* Seu não soou tão decidido que tirou meu chão e minha capacidade argumentativa. Ao pararmos na frente de seu apartamento, busquei força interna para persuadi-la a mudar de ideia:

— Por que não quer ir comigo? Viajo daqui a 15 dias, pode pensar mais tempo sobre isso, não precisa me responder agora.

— Não quero ir. Gosto muito de você, mas tenho minha vida aqui e não vou deixá-la.

— Isso não está certo. – Atirei minha mágoa sobre ela. — Você não pode preferir ficar ao invés de nosso relacionamento!

— E você prefere fazer um doutorado do que ficar comigo, no que isso é diferente?

Ela tentava colocar-me como o culpado de sua recusa, a fúria agitava-se dentro de mim. Respirei fundo na tentativa de me acalmar, não conseguiria nada com ela se continuasse exaltado. Ela não era garota de ceder a gritos:

— Emily! Não faça isso, sabe que é quase impossível eu ter outra chance de ganhar essa bolsa. Venha comigo, serão só dois anos. – Ela ignorou-me e saiu do carro com exaltação, puxei sua mão num ato de desespero. — Emily! Pare de ser tão turrona, pense sobre o assunto.

— Já me decidi.

— ISSO É TÃO... TÃO, TÃO ADOLESCENTE!

Gritei perdendo toda a razão, vendo esvair-se qualquer chance de convencê-la a voltar atrás em sua decisão.

— Tenho uma novidade para você. – Ela fitou-me irônica. — EU SOU ADOLESCENTE!

Permaneci parado à frente de seu prédio por algum tempo depois dela ter entrado como um furacão e desaparecido, desacreditado que isso acontecera. Respirei fundo e liguei o carro, minha decisão estava tomada e não voltaria atrás por causa das birras de Emily, no entanto não queria ir sem ela e faria o possível para convencê-la a me acompanhar. *Ela só precisa de um tempo para pensar, logo verá que ir comigo é sua melhor escolha.* Pensei conformando-me ao afastar-me de seu bairro.

Preocupei-me mesmo quando ela não quis atender meus telefonemas e não permitiu que eu entrasse em seu apartamento. Rodrigo foi parceiro comigo, e informava-me por mensagens de como Emily parecia magoada com o fato de minha viagem anunciada.

Envolvi-me com os preparativos da viagem por três dias, na esperança de dar espaço para Emily pensar e mudar de ideia. Aproveitei para fazer combinações com a faxineira para cuidar do apartamento por mim e avisar minha família antes de minha partida. Minha mãe fez uma cena, dizendo que morreria de saudades e fez com que eu comprasse uma *webcam* para colocar no computador de Filippo e a ensinasse a usar para podermos conversar. Giordana pulou de alegria por saber que eu iria realizar meu sonho e me garantiu que eu fizera a escolha certa.

Contei para Rebeca ao telefone e ela pareceu surpresa e estranhamente contente com minha novidade, marcou um jantar em seu apartamento para organizarmos como seriam as visitas com Enya e para contar à minha filha. Sua bondade me pegou de surpresa, já que ela voltara a me infernizar após acabar com seu namorado advogado, não me interessei em saber o motivo do término.

Sabia que sentiria muita falta de Enya, afinal estava acostumado a passar muito tempo com ela e agora só seria possível vê-la pela *webcam* e em alguma visita de férias.

Rebeca fez minha massa preferida para o jantar e tratou-me demasiadamente bem, como não ocorria desde antes de nos separarmos. Passei boa parte da noite explicando para Enya sobre a viagem e como ela poderia falar comigo todos os dias pelo computador. A cada palavra dita à minha filha na tentativa de tranquilizá-la, questionava-me se não fazia exatamente o mesmo que condenara no ato da mãe de Emily ao ter ido embora.

Enya adormeceu no sofá com a cabeça no meu colo, enquanto víamos um de seus desenhos preferidos. Rebeca mantivera-se discreta durante minha presença sem dar seus chiliques ou atirar-me suas palavras irônicas. Era estranho estar com Enya no sofá de meu antigo apartamento, com Rebeca sentada logo em frente em silêncio, como fazíamos quando ainda éramos casados. Passei a mão nos cabelos loiros de minha filha, os quais foram escurecendo com os anos e passaram de um loiro quase branco para um castanho claro. Senti-me culpado por deixá-la por dois anos:

— Será que fiz a escolha certa? – Fazia a pergunta mais a mim do que na esperança de ouvir uma resposta de Rebeca. — Serão dois anos longe.

— Pela primeira vez, posso te dizer que finalmente fez a escolha certa. Decidiu investir em sua carreira. – Rebeca encarou-me e sentou-se ao meu lado. — Decidiu amadurecer e tomar decisões de homem.

— Não tive a oportunidade de conseguir essa bolsa antes.

Os olhos e a as palavras de Rebeca me desconcertavam, não conseguia ler se eram sinceras ou irônicas.

— Aceitar a oportunidade já é sinal de que amadureceu. Se agisse assim quando éramos casados talvez não estivéssemos separados agora. – Ela fitou-me sincera. — Você me amava?

— Sim. – Distanciei-me do sofá. Enya mexeu-se incomodada, mas não acordou. — O que quer, Rebeca?

Devia ter ficado calado e apenas ido embora, pois Rebeca sorriu maliciosa ao ver minha confusão e jogou-se sobre mim e beijou-me. Separei-me dela, constrangido, não podia imaginar que depois de tantas palavras de ódio em um passado recente, ela ainda tivesse algum desejo por mim que pudesse explicasse sua reação.

— Está na hora de ir embora.

Disse firme e dirigir-me até a porta, ela alcançou-me e segurou o meu braço impedindo que eu saísse. Teria me soltado dela com facilidade, todavia estava curioso para ouvi-la:

— Se não fosse aquela fedelha que é sua namorada, me levaria contigo?

— É uma pergunta inusitada. Rebeca, parece fora de seu juízo normal.

— Me levaria?

— No passado sim, após nossa separação não. – Ela olhava-me desamparada. Senti pena. — Por que está agindo assim? Achei que queria me ver pelas costas.

— E queria. – Ela baixou a cabeça. — Desculpe-me pelo meu rompante. Apenas estou triste com o fim de meu namoro e queira buscar a felicidade em algo que já conheço. – Suas palavras foram as mais sinceras que já ouvira de sua boca em toda a nossa história. — Mas nosso passado não tem volta.

— Concordo. – Passei a mão em seus cabelos. — Sempre será a mãe de minha filha e terei carinho por você por causa disso.

— Eu também. – Rebeca sorriu como se recuperasse sua razão. — Talvez não tenhamos feito o certo ao nos casarmos, mas geramos a pessoinha mais importante de minha vida e você é um bom pai. Vá fazer o seu doutorado em paz, sua filha estará aqui quando voltar.

— Obrigado.

Acenei para Rebeca em despedida, ainda a veria algumas vezes antes de partir e esperava que ela se mantivesse nesse novo humor de aceitação de minha pessoa, sem causar brigas. Se ela não tentasse me beijar novamente eu também agradeceria.

****

Não conseguia falar com Emily, que infantilmente ainda ignorava minhas ligações. Recorri a Sérgio na esperança de que ele conseguisse o que eu não consegui: convencer Emily a viajar comigo.

Sérgio ouviu o relato dos acontecimentos sério, temi que ele pudesse concordar com ela e dissesse que eu estava errado em ir, o que já estava bastante presente em meu coração. Ele colocou a mão no meu ombro pensativo:

— Sei como esse doutorado é importante para você e penso que Emily deveria ir contigo, afinal já está na hora dela resolver sua vida sozinha. Mas tem que entender que isso será difícil.

— Acha que ela não irá comigo?

— Giovanni, acho que essa decisão será difícil para ela.

— Mas serão só dois anos.

— Já se deu conta que ela pode sentir-se trocada? Você preferiu seguir seu sonho de trabalho ao invés de ficar com ela, com a mãe dela fez. E mesmo que ela tenha a opção de ir contigo, é provável que Emily não pense nisso como uma escolha e sim uma afronta. – Fitei-o frustrado. Sérgio colocou a mão no meu ombro com pesar. — Ela é inteligente para sua idade em muitos aspectos cognitivos, mas não tem uma maturidade emocional muito mais segura do que uma menina quando o assunto é arriscar-se.

Sérgio deixou-me tomado por uma imensa culpa. Além de parecer que eu exigia de Emily algo que ela seria incapaz de fazer, ainda comparara-me à sua mãe. Ele estava certo, eu largaria minha namorada exatamente como sua mãe fizera e ela veria isso apenas como um abandono e não como uma oportunidade de tornamos nosso relacionamento mais sério.

Lamentei enormemente minha falta de sorte de minha decisão ir de encontro à história passada de minha namorada, no entanto não voltaria atrás em minha escolha. Amava Emily sem dúvida, mas fizera uma promessa a mim mesmo no passado de não abandonar meus sonhos por nenhum motivo.

44 – Decisão

Sentia-me frustrada e magoada. Ele iria me deixar. Meu peito doía, minha cabeça girava. Tudo parecia tão irreal. Por que ele teria que ir embora agora?

Nos dias seguintes, Giovanni me ligou algumas vezes, eu o ignorei por estar chateada. No entanto, ele foi mais esperto e pediu para o Sérgio vir falar comigo, este não se posicionou a favor nem de mim nem de Giovanni, apenas reforçou-me que eu deviria conversar com meu namorado e esclarecer meus sentimentos independentemente de qual fosse minha escolha final e que deveria compreender que era tão difícil para Giovanni largar essa oportunidade como era para mim segui-lo.

Ouvi as sábias palavras de Sérgio, liguei para Giovanni e marquei para conversarmos. Ele chegou ao meu apartamento com rapidez. Foi estranho, pois ele não sabia se me beijava ou apenas cumprimentava, por fim o resultado foi apenas um aceno de cabeça.

Senti-me um pouco amargurada ao perceber que ele estava claramente decepcionado com minha escolha de não o acompanhar.

— Essa é sua decisão final? – Ele encarou-me sério. — Não

vai comigo! – Giovanni suspirou pensativo. — Tudo bem, eu entendo como isso é difícil para você. Namoraremos à distância e nas férias você me visita, tudo bem?

— Namorar à distância por dois anos? – Olhei-o frustrada. *Como poderíamos realmente namorar pela* internet*? Do que me adiantava dizer que tinha um namorado se nem podia tocá-lo? Lembrei-me de histórias que minha mãe contara dos relacionamentos fracassados entre pessoas de sua equipe que tentaram manter namoros quando foram transferidos.* — Não acha que é muito tempo para se namorar a distância?

— É um longo tempo, sim. Mas nos veremos nas férias. – Ele sorriu, na tentativa de fingir calma. — Eu te amo e quero continuar a ser seu namorado.

— Não sei, Giovanni. Olha o monte de coisas que acontecem em um semestre, como poderíamos ser namorados sem nos vermos todos esses meses?

— Namoramos pela *internet*. Muita gente faz isso, qual o problema?

— Giovanni. – Fitei-o profundamente, minha garganta estava apertada, contudo não conseguia sentir-me bem com a ideia de ficarmos ligados um ao outro por um rótulo de relacionamento, quando eu não podia prever como seria ficarmos longe ou se nosso amor sobreviveria ao tempo. — Assim que for para a Inglaterra, daremos um tempo no nosso namoro porque não acredito em namoros à distância. – Ele abraçou-me frustrado e eu fiz o mesmo ao sussurrar ao seu ouvido. — É isso que quero. Nos falaremos sempre que der, mas sem nada oficial. Tudo bem?

— Não vejo sentido nisso. Mas, para não brigarmos, eu

aceito. – Ele esboçou um pequeno sorriso. — Nos manteremos em contato. E, quando eu voltar, poderemos ficar juntos.

Concordei com a cabeça e nos beijamos demoradamente.

Não desejava que ele fosse embora, no entanto, eu o deixei ir. A despedida no aeroporto foi um das coisas mais doloridas de minha vida, sentia dor física. Só não peguei o próximo avião para segui-lo por falta de dinheiro e também pelo meu maldito orgulho.

Passei o resto do dia meio anestesiada, como se esperasse que ele apenas voltasse. Ao me dar conta que isso não ocorreria, chorei até não ter mais água que pudessem formar lágrimas. Eu não tinha mais namorado. Giovanni seguiria sua vida e eu a minha, pelo menos seria assim por longos dois anos. Sentia-me confusa, havia finalizado nosso namoro oficial, contudo emocionalmente ainda estava presa a ele e ele a mim. *Será que fiz uma besteira?* A solidão e a dúvida me fizeram recomeçar a chorar copiosamente.

45 – Morando Longe

Senti-me abatido com a escolha de Emily, apesar de estar preparado para esta. Ela preferiu que déssemos um tempo em nosso compromisso de namoro, manteríamos contato, mas apenas como amigos. Sofri com tal decisão.

Despedir-me de Emily e Enya no aeroporto foi uma das situações mais doloridas de minha vida, vacilei duas vezes antes de entrar no avião. E quando o fiz arrependi-me completamente de ter deixado para trás a mulher que amava.

****

O primeiro mês em um novo país foi solitário e desafiador. Ainda tinha algumas dificuldades em comunicar-me, pois meu inglês era precário e meu entendimento mais lento do que as palavras que eram ditas por meus novos colegas. A faculdade estava acostumada a receber brasileiros, devido suas parcerias, e facilitaram minha adequação com o lugar. Os professores mostravam-se mais pacientes e alguns colegas até arriscavam umas palavras em português.

Na faculdade, senti-me confortável com maior rapidez, no entanto passei algumas dificuldades em restaurantes, supermercados e lojas para comprar os itens que desejava. Em meu *flat* alugado, tive sorte de já ter sido mobiliado pelo antigo bolsista da área de veterinária e não precisei me preocupar em correr atrás de móveis ou eletrodomésticos.

As leituras e pesquisas para a tese de meu doutorado ocupavam-me consideravelmente e eu era grato por isso, pois evitava que eu focasse minha mente na imensa falta que as pessoas que amo me fazia a cada minuto. Emily mantinha-se presente em minha mente, pois cada vez que aprendia algo interessante desejava compartilhar com ela.

A *internet* tornou-se a minha maior aliada para combater a solidão, onde eu dispensava um longo tempo de minha noite para conversar com minha irmã, irmão, mãe, Enya e Emily, em alguns dias até com Pedro ou com o coordenador do curso de biologia. Mas não era o suficiente para aplacar toda a saudade que se instalara em meu peito. Não seria fácil morar longe por tanto tempo, mas era a realização de um sonho antigo e por isso eu sentia-me bem comigo mesmo.

46 – Saudades

Meus dias arrastavam-se e durante a tarde eu passava horas conversando com Giovanni. Sentia-me feliz quando nos falávamos. Contudo estava sozinha e desamparada, meu coração reclamava vinte e quatro horas por dia. Sentia muita falta de seus abraços, seus beijos, seu corpo e a segurança que me confortava ao estar ao seu lado.

A faculdade teria se tornado insuportável se não houvesse as brincadeiras de Rodrigo e a empolgação de Alice. Eu evitava o máximo que podia o nosso jardim, fazendo voltas homéricas por dentro dos outros prédios, mas um jardim central era algo impossível de evitar completamente. A mágoa apresentava-se toda vez que Giovanni falava bem de seu doutorado e de como estava realizado. Ele me assegurava de sua saudade, todavia eu tinha dúvidas sobre isso. Minha esperança infantil de que ele desistisse e voltasse para mim se desmantelou após duas semanas.

A situação possibilitou que eu me aproximasse mais de Alice, já que Rodrigo e Gustavo iniciaram um romance, ainda não era um namoro, contudo eu sabia que logo seria. O primeiro beijo ocorreu na noite em que Giovanni contou-me de sua partida, mas só me colocaram a par do ocorrido uma semana depois, uma vez que eu estava inteiramente atenta à partida de meu namorado.

Gustavo sentia-se um pouco relutante em afirmar que estava com Drigo. Encontrava-se confuso e, de certa forma, ainda pairava em sua mente o fantasma de que fazia algo vergonhoso. Então só se encontravam em lugares muito reservados e no meu apartamento, que agora era dele também. Rodrigo por outro lado demonstrava-se plenamente à vontade e só não agarrava Gustavo na faculdade porque este não deixava.

Alegrava-me por eles, pois apesar da angústia, Gustavo também estava radiante com seu primeiro amor. Eu desejava que fossem felizes juntos. Ao mesmo tempo em que meu coração angustiava-se ao vê-los, pois me lançava uma enorme saudade de meu Giovanni e, como era previsto, eu já não tinha o Gustavo ao meu lado sempre que desejava.

Alice era uma menina agradável de ter como companhia, ela era de fácil distração e divertia-se com pequenas coisas animando quem estivesse ao lado. Seu namoro acabou tão rápido como começou e por sorte ela não ficara muito abalada. Ela resolvia suas frustrações em festas carregando-me junto, mesmo eu estragando seus planos da noite, pois eu enxotava aqueles que se aproximavam com um humor terrível e ela por não querer me deixar sozinha fazia o mesmo.

E assim eu preenchia como podia o tempo, na torcida de que dois anos passassem de maneira rápida para poder ter meu Giovanni ao meu lado novamente.

47 – Tempo Distante

O semestre estava passando rápido, mantinha conversas quase diárias com Enya e Emily. Sentia-me feliz quando podia compartilhar com elas sobre meu doutorado e as situações inusitadas pelas quais eu passava por morar em outro país. Às vezes, eu e Emily até conversávamos em inglês para auxiliar-me em minha pronúncia, ela também corrigiu para mim o projeto de minha pesquisa antes que eu entregasse para meu professor de doutorado.

Eu tinha incrivelmente mais tarefas no meu doutorado do que normalmente as pessoas o têm, pois a maioria tem quatro anos para fazê-lo e, apesar de ter os quatro anos de prazo para entregar a tese final, queria adiantar o máximo que pudesse, já que só ficaria ali dois anos e, depois que voltasse para o Brasil, seria mais difícil manter contato com os professores. Nos outros dois anos, planejava dedicar-me só para colocar no papel o que eu pretendia terminar de ler, pesquisar e analisar na Inglaterra.

Em muitas conversas com minha filha, surpreendeu-me o fato dela e Emily estarem em contato. Enya fora algumas vezes para o apartamento de Emily. Essa permanência de contato dava-me a garantia de que Emily ainda tinha interesse em manter nosso relacionamento, pois não haveria outra explicação dela manter-se presente na vida de minha filha.

Rebeca reclamava constantemente destes encontros, porém não conseguia proibir Enya de ver Emily devido à insistência de nossa filha.

Eu e Emily mantínhamos uma conversa na *internet* sobre assuntos diversos e quase nada sobre nosso cotidiano com outras pessoas; sabia sem grandes detalhes que Gustavo e Rodrigo namoravam, algumas coisas sobre a faculdade, suas festas com Alice, mas nada referente a seus sentimentos; e isso era-me frustrante.

****

O semestre , meu primeiro como doutorando, encerrou-se com uma festa de gala no salão de solenidades da faculdade. Muitas pessoas de diversos cursos foram convidadas, era uma verdadeira comunhão de várias culturas com alunos de diferentes países que eram bolsistas de doutorado e mestrado em diversas áreas. Encontrei com grande alegria quatro brasileiros de outros estados, falar minha língua materna com pessoas ao vivo era extremamente agradável.

Contente, sentei na mesa em companhia deles. Três eram bolsistas do mestrado, inclusive a única mulher do grupo, e um era de doutorado. O quarteto pesquisava áreas completamente distintas da minha, o que nos proporcionou uma conversa interessante.

A mulher, Bê, demonstrava muita inteligência em suas constatações, além de ser charmosa, Identificamo-nos em nossas falas e começamos a manter um diálogo mais reservado. Bê maliciosa questionou-me:

— Pretende ficar muito tempo na festa?

— Por que pergunta?

Ela aproximou-se de mim e pegou firme com a mão meu sexo por debaixo da mesa, esquivei-me. Ela riu sussurrando no meu ouvido:

— Meu apartamento é do outro lado da rua. Quer me fazer uma visita?

Bê pegou-me pela mão, sedutora. Não respondi, contudo a segui até seu apartamento. Seu corpo exalava desejo. Olhei-a indeciso, enquanto entravamos em sua casa, pensei no amor de minha vida e questionei-me se não fazia algo errado em deixar-me seduzir por uma estranha. Eu amava Emily e desejei estar com ela. Bê tirou o seu vestido revelando sua sensual calcinha preta e seus seios desnudos, o toque ousado de sua mão mandou minhas dúvidas para longe. *Ora, Emily foi clara quando disse que não teríamos mais compromisso enquanto eu estivesse na Inglaterra.* Esvaziei minha mente e deixei-me ser envolvido pelo calor de Bê sobre mim.

48 – Algum Tempo Sozinha

Ainda sentindo um vazio no peito, atirei toda a minha energia na faculdade. Com o namoro assumido de Gustavo, Rodrigo praticamente mudara-se também para meu apartamento. Fazíamos um ótimo trio. Alice logo começou a namorar um menino que conheceu numa festa e, assim, nos víamos menos. Eu e Ricardo conversávamos bastante, nos reaproximamos quase como quando éramos melhores amigos, ele passava alguns finais de semana no meu apartamento e isso me divertia.

Havia visto Enya umas seis vezes durante o semestre, pois ela me ligava para nos encontrarmos e eu curtia sua companhia. Era tão difícil para ela como era para mim ficar longe de seu pai.

No primeiro dia de férias da faculdade, eu dei uma passada no *shopping* para comprar o presente de aniversário de Rodrigo. Ao sair da loja, avistei Enya e Rebeca, desejei sair sem ser vista. Não tinha nenhum problema com Enya, contudo não me sentia à vontade com Rebeca e não desejava trocar palavras educadas com ela. Enya avistou-me e veio correndo. Rebeca retorceu a boca em desaprovação e seguiu-a. A menina abraçou-me alegremente e eu retribuí.

— Oi, Eli.

— Emily! É Emily, mãe. – Enya corrigiu a mãe e a mulher incomodada repetiu meu nome.

Cumprimentei-a com a cabeça, tentando ser o mais amigável possível. Mas só pensava em desaparecer. Ela olhou-me e sorriu maliciosamente.

— É uma pena que não tenha dado certo. Mas apesar de Giovanni ser completamente imaturo, era de se esperar que ele cansasse de brincar de ser adolescente. Finalmente cresceu e foi fazer o tal doutorado.

Tive vontade de socá-la até que todos os seus dentes caíssem. Percebi meu rosto avermelhar em ira, eu ia respondê-la. Enya voltou-se para mim sorridente: queria saber se podia ir para meu apartamento. Eu estava muito transtornada e prometi que a levaria em outro dia e saí com passos rápidos, enquanto Rebeca mantinha um sorriso maldoso estampado no rosto.

Eu sabia que Rebeca falara com a intenção de me chatear e que eu não deveria me importar. Talvez não me incomodasse se fosse no passado, contudo no momento eu estava repleta de angústias por Giovanni estar distante. Por uma razão que eu desconhecia, ele passou uma semana inteira sem se conectar no computador. Quando eu já estava a um passo de ligar para meu pai e implorar que ele fosse de um lado a outro da Inglaterra para ver se Giovanni estava bem, ele finalmente conectou-se.

Ele agia estranho, escrevia pouco e quando eu perguntava o motivo ele dizia que não tinha nada de diferente. Eu percebia que sim e de certa forma a única coisa que eu conseguia pensar era que o havia perdido de vez. *Ele deve estar cansado de falar com uma adolescente.* A insegurança e a sensação de abandono me atingiram.

As palavras maldosas de Rebeca entraram no meu coração e o envenenaram. *E se ele houvesse comentado alguma coisa com ela?* Afinal ele ligava a cada dois dias para falar com a filha. Talvez ela estivesse atualizada sobre os verdadeiros sentimentos de Giovanni sobre mim e por isso parecia tão feliz. *Quem sabe haviam combinado de retomarem o casamento?* Fiquei desesperada e passei o dia sem conseguir me aquietar.

Gustavo e Rodrigo haviam chegado em casa tarde e retiraram-se para o quarto, eu mantive-me colada no computador à espera de Giovanni, só desejava que ele entrasse *online* para conversarmos e que tudo voltasse ao normal entre nós. Desequilibrei-me da cadeira e quase derrubei Lucky ao chão quando vi o nome de Giovanni piscar verde em meus contatos.

Apressei-me em iniciar uma conversa, assim que o olhei tive a suspeita de que havia algo errado, não consegui saber o que era, ele expressava um sorriso nervoso. Não me contive e explodi em perguntas.

— Giovanni! Tem algo errado? – Ele mirava-me confuso e com o olhar desviado. — Eu sei que tem algo errado. Está diferente comigo nesta última semana. Fiz algo errado? Ou você simplesmente não sente mais nada por mim? – Ele baixou a cabeça e parecia pensar em alguma resposta. — Sabe, eu realmente gostaria que pelo menos tivesse alguma consideração por mim e me contasse o que está sentindo.

Ele ajeitou-se na cadeira e limpou a garganta.

— Não se preocupe. Não é nada contigo.

Ele falou baixinho, de repente me veio à lembrança diálogos de rompimentos de filmes e romances: "Não é nada contigo, é comigo. Não gosto mais de você, mas o problema é comigo." Meu coração quase sufocou e por pouco não desliguei o computador. *De que iria adiantar?* Prolongar o sofrimento não resolveria nada, senti meus olhos umedecerem, mas contive-me.

— Emily! Não se preocupe, não é nada. – De repente ele fitou-me entusiasmado, mudando o andamento da conversa. — Tenho uma surpresa.

— Surpresa? Positiva, eu espero.

Ele sorriu animado e mostrou um recibo.

— Eu sei que você só vem para Inglaterra nas férias de verão para visitar seu pai, mas não aguento mais de saudade e comprei uma passagem para você e outra para Enya. – Giovanni atropelava as palavras por sua empolgação. Meu coração enchia-se de esperança e alegria a cada palavra pronunciada e toda a dúvida se dissipou. — Espero vocês no sábado, para passar a semana toda.

— Sério?

— Claro! Vou te mandar por *e-mail* a hora do voo. – Ele pareceu pensativo. — Não se importa de vir junto com Enya, importa-se?

— Claro que não.

— Estou com muitas saudades.

— Eu também.

49 – Culpa

Minha consciência alertou-me sobre meus atos da noite anterior quando tentei ver Emily pela *internet* Apesar dela ter me liberado de nosso compromisso, sentia-me como se a tivesse traído e não tive coragem de conversar com ela, mantive-me ausente da *internet* por alguns dias, na esperança de sentir-me mais tranquilo com o ocorrido.

Ao refletir mais sobre o assunto, convenci-me que era uma besteira permanecer culpado, já que na prática não éramos mais namorados. Eu não gostava menos de Emily por minha noite com Bê, que fora apenas uma descarga física, então me acalmei.

****

Não gastara quase nada do dinheiro extra que a faculdade me dera para as despesas cotidianas e resolvi antecipar meu encontro com minha filha e Emily. Havíamos combinado que nos veríamos nas férias de verão do Brasil, contudo comprara passagens de ida e volta para elas me verem ainda neste mês. A cada dia a saudade que sentia delas aumentava, não aguentaria passar mais seis meses sem poder pegar minha filha no colo ou sem tocar Emily.

****

Cheguei ao aeroporto com quase uma hora de antecedência, devido a minha ânsia do reencontro. Ao avistá-las atravessando a porta de vidro para o saguão em minha direção, experimentei uma sensação de pura felicidade. Enya correu e abraçou-me, apertei-a com força. Ela havia crescido bastante, já com seus quase nove anos, e seu cabelo parecia mais escuro. Mas ter Emily ao alcance de meus braços e lábios agitou meu coração como se eu fosse estourá-lo. Ela beijou-me demoradamente, sua demonstração de carinho deu-me mais força para tentar convencê-la a ficar comigo na Inglaterra pelo resto do ano e meio que faltava.

Passamos a tarde abraçados e conversando na presença de minha filha que contava-me animada sobre seu colégio e suas amiguinhas, era agradável tê-las ao meu lado novamente. Ansiei por ficar a sós com Emily; assim que Enya adormeceu em sua cama na sala, carreguei minha amada para o quarto sabendo que teríamos a noite toda para trocarmos carícias e nos aquecermos com o contato de nossos corpos nus.

Após algumas horas de paixão para desfazer as saudades, estava exausto e quase não percebi quando Enya deitou-se ao lado de Emily umas duas horas após estarmos dormindo. Isso me lembrou de trancar a porta do quarto para as noites seguintes.

No dia seguinte, levei-as para passear pela cidade. Enya sentiu-se confusa quando percebeu que as pessoas falavam outra língua. Nos divertimos um bocado à tarde, principalmente ao irmos ao zoológico, um passeio que não poderia faltar a um casal de biólogos.

À noite, eu pedi ao serviço de quarto do *flat* champanhe e frutas cobertas de chocolate, objetivava dar um toque especial ao romance e para propor a Emily o que ensaiara silenciosamente durante os passeios da tarde:

— Emily, eu te amo muito. Sei que já conversamos sobre isso, mas eu ficaria realizado se você aceitasse passar o resto do meu doutorado aqui comigo. – Analisei sua expressão, preparava-me para convencê-la. — Não precisa me responder agora, porém eu ficaria muito feliz se você concordasse.

— Eu aceito.

— Eu sei que é difícil para você, mas se aceitar... – Comecei a falar nervoso, pensando em todos os argumentos para ela ficar, quando me dei conta da sua resposta positiva. — Vai ficar?

— Sim.

— O que te fez mudar de ideia?

— O fato de te amar. – Ela riu divertida. — Mas se está arrependido de ter feito tal proposta...

— Emily, eu estou tão feliz. – Abracei-a fortemente como para me certificar que não imaginava. — Tinha ensaiado milhões de argumentos para te convencer a ficar. Vai ficar mesmo?

— Sim.

O modo decidido de Emily surpreendeu-me. Estava realizado, não sabia como conter minha alegria por sua resposta positiva. Não compreendia sua mudança de ideia, embora no fundo isso não importasse. Era provável que Emily tivesse amadurecido com a distância e percebera como nosso amor era importante.

As novas sobre a permanência de Emily elevaram meu nervosismo em conhecer o seu pai no almoço do dia seguinte; mesmo sabendo que eles só tinham contato uma vez por ano e pela *internet*, sentia-me obrigado a causar uma boa impressão. A mãe de Emily fora extremamente simpática, não tinha certeza se seria a mesma coisa com o pai dela. Geralmente, pais são mais exigentes com os namorados das filhas. E foi nessa dualidade que meus sonhos noturnos invadiram-me: pura vitória com o sim de Emily e receio de um sogro inglês.

50 – Viagem

Assim que passamos a enorme porta de vidro do aeroporto, eu avistei Giovanni. Ele estava estonteante, vestia um elegante sobretudo preto. Naquele momento tive a certeza que se ele me pedisse eu ficaria ali com ele na Inglaterra, não me importava mais nada, apenas ele.

Não tinha mais sentido permanecer emburrada, sofrendo em casa quando simplesmente podia partilhar o resto do tempo de seu doutorado ao seu lado. E quando ele, finalmente, fez o pedido só me restou aceitar empolgadíssima.

Sentia-me feliz comigo mesma por ter amadurecido ao ponto de aceitar mudar minha vida, mesmo que só por algum tempo. Seria uma gigantesca mudança, porém a apreensão não me dominava mais.

Permanecemos conversando deitados na cama à noite organizando como seria minha estadia na Inglaterra. Decidimos que eu poderia me inscrever em alguns cursos sobre Biologia se não conseguisse vaga na universidade para continuar minha graduação. Chamei o Gustavo na *internet* para contar a novidade, ele ficou orgulhoso com minha decisão. Planejamos tudo: voltaria para minha casa no final da semana com Enya, seguindo o planejamento anterior e juntaria minhas coisas, avisaria Sérgio e os outros e retornaria para os braços de Giovanni no começo da outra semana.

Comentei com meu pai que estaria na Inglaterra durante a semana e ele veio até Londres com Megan e Suelly para almoçarmos juntos. Giovanni estava bastante nervoso com o almoço, lembrava-me de mim quando fui conhecer sua família. Ele acordou cedo e passou um longo tempo escolhendo uma roupa para vestir. Eu o observava ainda deitada na cama.

— Giovanni, por que está nervoso? Você não estava assim quando foi conhecer minha mãe.

Ele sorriu e ajeitou novamente os óculos.

— Engano seu, é que não me viu escolhendo a roupa.

Eu sorri e esperei até ele terminar de se vestir. Enya estava contente em finalmente ter contato com outra criança, provavelmente esperava fazer uma amizade com minha meia-irmã Megan. Eu não acreditava nessa possibilidade, pois Megan era uma criança com mania de parecer gente grande mesmo tendo quase a mesma idade de Enya.

Optamos por almoçar no restaurante do *flat*. Cumprimentamo-nos educadamente e meu pai me deu um abraço ao dizer:

— Seu namorado é bem apessoado. Pena que não terei netos ruivos.

Eu sorri e Giovanni fez o mesmo, pois meu pai só pensou ter sussurrado. Meu ouvido permaneceu zumbindo por alguns segundos. Enya tentava se comunicar com Megan por gestos, pois não sabia falar inglês e Megan, além de não a entender, não fazia muita questão de tentar, deixava claro com longos suspiros que adiara permanecer ao lado de Enya.

Meu pai e Giovanni passaram o almoço numa conversa educada sobre suas profissões, como fazem pessoas que não tem nenhum assunto real em comum. Eu participava da conversa, enquanto Suelly e Megan permaneciam entediadas saboreando o almoço. Enya emburrou-se e de tempos em tempos cutucava discretamente Giovanni, na tentativa de poder ir embora.

Realmente não foi um almoço muito agradável, só valeu pelo fato de ter visto meu pai e ele ter conhecido o Giovanni. Enya entrou no *flat*, aliviada, tirou os sapatos e esticou os pés no sofá para ver TV.

— Emily. – Ela olhou-me séria. — Ainda bem que você não é como a sua irmã.

Giovanni riu. Eu fingi seriedade e sentei ao seu lado.

— Por quê?

— Desculpe falar isso. – Ela arregalou os olhos como se fosse contar um segredo. — Ela é muito chata e metida – Enya olhou desconsolada para a TV. — Que chato! Nunca consigo entender nada do desenho, eles falam desse jeito bobo.

Passei o braço sob seu ombro e comecei a traduzir em voz alta as falas. Ela olhou-me espantada e depois se aninhou nos meus braços para assistirmos aos desenhos animados. Giovanni sentou-se ao meu lado e me abraçou. Passamos boa parte da tarde vendo TV. Ora eu traduzia, ora Giovanni o fazia.

— Agora tornou-se fluente?

Impliquei com ele relembrando de algumas tardes em que

me persuadira a discorrer um longo tempo com ele em inglês para auxiliá-lo. Ele riu descontraído.

— A necessidade sempre ajuda. Depois de dois meses passando alguns apertos, tive que aprender finalmente.

Enya adormeceu à frente da TV. Giovanni a colocou na cama improvisada e puxou-me pela mão até o quarto. Sentamos abraçados e ele me beijou delicadamente.

— Emily, toda vez que te vejo com a Enya percebo como seria uma boa mãe.

— Não acho. – Olhei-o assustada. *Que história era essa de boa mãe?* — Só me dou bem com sua filha porque ela já é crescida. Não tenho jeito com bebês.

Ele sorriu, afastou meus cabelos e beijou suavemente meu pescoço. Arrepiei-me.

— Não fique na defensiva. Só estou dizendo que é muito bom vê-la se dando tão bem com minha filha. – Ele sorriu maliciosamente enquanto dirigia-se até o chuveiro. — Quem sabe, já que vai morar aqui, a gente não encomende um bebê.

Joguei-lhe o travesseiro e sorri. *Era só uma brincadeira, não era? Um bebê aos 19 anos?! Sim, só podia ser uma brincadeira.* Ele jogou-me de volta e mandou-me um beijo estalado.

— Pelo menos podemos ir treinando.

Ele entrou na banheira e eu o acompanhei. *Brincadeira tola, mas o convite era interessante.* Pensei ao deixar-me ser abraçada por um Giovanni molhado.

— Você não tem noção de como eu te amo. – Ele suspirou. — Eu te amo muito e estou realizado com o fato de ter decidido ficar aqui.

— Também te amo.

Saí primeiro do chuveiro, enrolei-me numa toalha e andei pelo quarto enquanto enxugava meus cabelos. Giovanni ainda permaneceu relaxando na banheira. Coloquei uma roupa para sairmos para jantar e sentei-me na cama a pentear meu cabelo. O celular de Giovanni piscou.

— Giovanni! Seu celular está tocando!

— Atenda para mim que já estou saindo.

Ele enrolou-se na toalha e aproximou-se. Não estavam ligando e sim deixaram uma mensagem.

"Giovanni querido! Sinto sua falta em minha cama. Podemos marcar outra noite de loucuras? Te desejo, Bê."

Larguei o celular na cama e passei por Giovanni sem olhá-lo, entrei no banheiro e antes de trancar a porta pude vê-lo arregalar os olhos ao pegar o celular. Sentei-me no chão com a cabeça entre as mãos e uma infinidade de lágrimas correram pelo meu rosto. *Não posso acreditar nisso. Como ele pôde fazer isso comigo?* Em um minuto eu era a pessoa mais feliz do mundo e em outro tudo desabara.

— Emily! Abra a porta. Vamos conversar.

Giovanni batia insistente na porta do banheiro, mas não respondi. Não podia responder, minha voz desaparecera, apenas o choro e os soluços estavam lá. Chorava e chorava, não conseguia pensar, sentia meu coração decepcionado, machucado, magoado...

— Pai! Por que está batendo na porta? — Eu ouvi a voz de Enya abafada por atrás da porta. — Por que a Emily está chorando?

— Enya, vá ver TV. Agora não é um bom momento. Estamos conversando. – Ouve um período de silêncio. — Vá, por favor, ver TV.

A voz de Giovanni soou angustiada. Ele bateu de leve na porta.

— Emily, por favor. Abra a porta.

Chorei ainda algum tempo. *Por que ele tinha feito isso comigo?* Abri a porta. Ele estava sentado na cama, enrolado na toalha e ainda molhado, olhava para a porta com os olhos vermelhos. Fez menção de se aproximar quando me viu, eu recuei. Meu rosto devia estar horrível, todavia, isso não importava, a dor que eu sentia superava qualquer pingo de vaidade. Escorei-me na parede com os braços cruzados e o olhei secamente.

— Por que fez isso? Por que destruiu nosso amor?

Ele levantou-se, mas não tentou me abraçar. Seus olhos expressavam sofrimento. Minha voz começou a falhar novamente e a lágrimas voltaram.

— Foi só sexo. Estávamos separados. Não sinto nada por ela. – Ele aproximou-se e me abraçou. Meus braços cruzados apertaram-se sobre meu corpo, mantendo seu abraço distante. — Eu te amo.

Eu empurrei-o.

— Não fale de amor. Eu não saí por ai transando só porque estávamos longe. Como pôde? Falou comigo na *internet*, disse que me amava que estava com saudades, virou para o lado e foi dar uma transadinha... Eu não quero nem pensar quantas mais existem.

Ele olhava-me triste. Sua voz soou abafada.

— Combinamos que não estávamos mais juntos! Não pode dizer que foi traição. – Me virei para a parede e tentei controlar minha tristeza e minha raiva. *Sim, havíamos combinado, mas isso não impedia aquele sentimento horrível de me assolar*. Ele suspirou. — Não queria que isso acontecesse. Peço perdão. Agora estaremos juntos, nada disso importa. Eu te amo.

Fitei-o fixamente. Havia acendido uma cólera enorme dentro do meu peito, só desejava não tê-lo mais na minha presença. Comecei a andar pelo quarto, recolhi meus pertences e joguei-os na mala com fúria. Giovanni me observava calado e com o rosto franzido. Quando fechei a mala, ele segurou meu pulso.

— Não vá embora. Eu te amo. Foi só uma bobeira. Não estrague nosso amor.

Puxei meu pulso, soltando-o e peguei a mala.

— VOCÊ JÁ ESTRAGOU!

— MAS NÓS COMBINAMOS QUE ESTARÍAMOS LIVRES!

Ele gritou raivoso.

— Mas, como te amo, eu não tive ninguém.

Saí arrastando a mala com ira. Giovanni permaneceu parado onde estava a me observar. Enya correu até mim e me abraçou.

— Não vá.

— Preciso ir.

Soltei-me de Enya que olhava confusa para mim. Senti um imenso aperto no coração por não ter sido melhor com ela neste momento e culpada por fazê-la retornar apenas acompanhada da aeromoça responsável pelas crianças do avião, como eu fizera tantas vezes ao vir visitar meu pai quando ainda era novinha. Mas eu sofria e se parasse para falar com ela não teria forças para ir embora. E eu não conseguia mais me imaginar com Giovanni ao meu lado. Ao entrar no táxi que estava parado na frente do *flat*, Giovanni surgiu na porta e segurou-a.

— Emily, não vá. – Quando ele percebeu que eu não mudaria de ideia. Abaixou a cabeça e fechou a porta. Antes que o táxi saísse falou tristemente. — Vou avisar Gustavo para te pegar no aeroporto.

Observei-o pela janela traseira até sua figura desaparecer, juntamente com meus sonhos amorosos. Por sorte havia um voo na próxima meia hora, onde uma família de cinco pessoas cancelou suas passagens, não era direto e pararia em outra capital obrigando-me a gastar uma grama extra para pegar outro avião com destino à minha cidade, no entanto eu só queria sumir dali, teria aceitado um avião para o Canadá se fosse o único disponível. Passei na farmácia e comprei um remédio para dormir. Assim que entrei no avião, apaguei. Não aguentaria viajar horas divagando sobre tudo que tinha acontecido. O problema foi esperar mais de doze horas jogada em uma poltrona do outro aeroporto para conseguir um voo para minha cidade. Mantive-me sentada com o olhar perdido enquanto tentava acreditar no que acontecera, minha mente só repetia-me que tudo acabara para sempre.

Gustavo ligou-me quando eu ainda esperava para pegar o primeiro voo, pois como Giovanni dissera ele avisara meu amigo do ocorrido. Gus apenas ouviu-me desapontado quando eu informava meu possível horário de chegada. Liguei mais algumas vezes para ele, para certificar-me de que estaria no aeroporto para buscar-me. Eu me sentiria um pouco menos devastada ao ter sua companhia. Não foi surpresa ver Gus e Drigo me esperando quando atravessei o portão de desembarque, eles me abraçaram sem nada dizer. Drigo pegou minha mala, enquanto Gustavo me amparava, quando o abracei reiniciei a corrente de lágrimas.

****

Durante três dias mantive-me deitada na cama, só chorando e comendo. Os meninos ficavam comigo e tentavam animar-me. Giovanni ligara várias vezes e falara com Drigo, pois eu não cogitava ouvir sua voz. Rodrigo e Gustavo envolveram-se em sua primeira discussão de casal, uma vez que Gus concordava comigo e Drigo, apesar de me apoiar, achava minha reação exagerada. Logo se entenderam.

— Emily, você não pode acusá-lo de traição. — Rodrigo disse ao sentar-se em minha cama. Com Gustavo segurando uma enorme caneca de chocolate-quente para mim a suas costas. — Achava que ele ficaria seis meses sem sexo?

— Não importa se é traição. O que importa é que me sinto traída.

— Eu sei. Entendo que fique chateada por ele ter feito sexo com outra. Mas você devia prever que isso iria acontecer quando decidiu dar um tempo no namoro.

— Não amole, Drigo. Só está piorando a situação.

Gustavo repreendeu-o. Rodrigo saiu do quarto contrariado. Meu amigo me abraçou, já que eu havia recomeçado a chorar, deixou a caneca sobre a estante. De certa forma, Drigo até tinha razão. Contudo, saber que Giovanni estivera com outra, me causara uma desilusão imperdoável.

51 – Sozinho Novamente

Ao ouvir o chamado de Emily, pensei que pudesse ser algum colega de Doutorado, contudo dei-me conta que era outra pessoa quando mirei o rosto transtornado dela segurando meu celular. Uma perturbação agarrou-se ao meu peito.

Bê não podia ter sido mais direta para clarear Emily sobre nossa noite. Xinguei-me por ser idiota em dar o número de meu celular para ela e mais ainda por ser verdadeira a sua mensagem, não adiantaria tentar negar o que fizera apenas me restava esperar a sua compreensão, afinal não estávamos comprometidos no momento do ocorrido.

Meu peito encheu-se de uma sensação amarga ao vê-la entrar no táxi, pois havia no ar a certeza de que eu fizera a besteira que lhe arrancaria definitivamente de minha vida. Senti-me um hipócrita por apoiar-me em uma combinação de fachada como se esta fosse um espelho dos sentimentos verdadeiros. Ela sentia-se traída com meu caso relâmpago com Bê e eu conhecia Emily o bastante para prever que ela era orgulhosa demais para perdoar algo que considerasse uma traição. *Eu a perdi para sempre. E a culpa foi totalmente minha.* Acusei-me silencioso ao vê-la ir embora. Mesmo assim quis correr atrás dela e impedir que ela fosse, tive esperança que ela não conseguisse passagem para retornar, dando-me uma nova chance para tentar convencê-la a conversar pelo menos.

Meu coração saltava descompassado alertando-me da perda recente, controlei-o superficialmente quando observei Enya confusa na porta do *flat*. Abracei-a consolando-a e buscando o mesmo para mim, ela já era experiente em brigas por causa da separação com Rebeca, sabia o desfecho da história:

— Emily, não vai voltar, vai?

— Sinto que não. Seremos eu e você até o fim da semana.

— Tudo bem pai. – Enya passou as mãos nos meus cabelos. — Não fique triste, ainda podemos ver a Emily em alguns finais de semana, como você e a mamãe.

— Talvez.

Achava improvável que a víssemos novamente, porém não estava pronto para discutir sobre isso com minha filha, era mais confortável deixá-la pensar no que desejasse por enquanto.

Liguei rapidamente para Gustavo, havia prometido a ela que faria isso, mas meu interesse estava em saber se Emily iria ou não embora logo. Suspirei com certo alívio quando foi Rodrigo a atender, pois assim seria menos humilhante ouvir um sermão do quanto eu sou um cretino por ter estragado tudo. Não entrei em detalhes, apenas informei que havíamos brigado por causa de um caso e que Emily provavelmente iria voltar para o Brasil logo. Rodrigo apenas lamentou o ocorrido e prometeu que me ligaria dando-me notícia.

Arrasado, coloquei Enya para ver algum desenho, ela me fitava triste discretamente enquanto eu segurava o telefone do *flat* à espera de respostas, e estas vieram rápidas e de maneira desanimadoras, pois segundo Rodrigo milagrosamente Emily já estava dentro do avião de retorno.

****

Meu coração perdera um pedaço com a partida de minha amada e o restante da semana com Enya foi uma fachada de alegria construída só por causa da pequena, os passeios perderam a graça. Ter que ver Rebeca com um sorrisinho maldoso no rosto quando a informei que precisaria enviar pelo correio os documentos necessários para que Enya voltasse desacompanhada, já que Emily havia ido embora, foi terrivelmente doloroso.

Apenas senti-me um pouco aliviado quando minha filha retornou para a casa de sua mãe, pois me permitia andar pelo *flat* sem minha máscara de sentimentos positivos e sucumbir à verdade dentro de meu peito.

Sem opções de voltar atrás na burrada feita, concentrei-me obsessivamente no meu doutorado. Quanto mais me mantivesse ocupado, menos espaço havia para pensar naquilo que perdera e naquilo que meu futuro nunca mais seria. Tive a minha chance e a joguei fora duas vezes: quando vim para Inglaterra e depois quando deitei na cama de Bê, agora não existia mais uma terceira e só me restava aprender a viver nessa nova realidade.

52 – Sem Amor

Apesar do meu sofrimento, até o início das aulas eu aprendi a controlar as emoções. Havia um rombo no um peito, dez vezes maior do que quando me sentia sozinha por Giovanni ter ido viajar, mas ninguém precisaria ter conhecimento disso. Agarrei-me novamente nos estudos e no estágio que inicie no Zoológico juntamente com Rodrigo, porém nossos horários eram distintos e não nos encontrávamos com frequência.

Cheguei em casa com o mesmo ânimo morno que me acompanhava dede minha volta. Peguei Lucky no colo e alisei suas asas. Ao ligar o computador percebi que Giovanni estava *online*, não nos falávamos desde o dia fatídico em que saí apressadamente da Inglaterra. Ao ver sua foto sorridente, minha vontade era de grita-lhe palavrões e de cravar minhas unhas em sua carne até sangrar. Ele percebeu-me *online* e pediu para conversarmos, olhei para tela conturbada.

Pensei no que Rodrigo constantemente me dizia: que na real havíamos combinado que estaríamos livres para seguir outro romance se desejássemos e a ideia partira de mim. *Claro, eu tive a infantil fantasia que isso não aconteceria.* Olhei a tela do computador reflexiva. Não sabia o que fazer, sentia-me péssima. *Se estivesse lá com ele, isso teria acontecido? Será que nosso amor era realmente tão forte quanto eu havia acreditado?* Pensamentos me atormentavam constantemente.

Giovanni diz: Emily! Por favor, me perdoe. Me responda alguma coisa, por favor!

Giovanni esperava alguma resposta e eu estava incapaz de fazê-la sem ser completamente emocional e enchê-lo de desaforos.

Emily diz: Preciso de tempo. Depois nos falamos.

Escrevi vagarosamente, enquanto lutava com as lágrimas para enxergar e com minha mente para escrever algo neutro e sem ofensas.

Giovanni diz: Tudo bem. Te amo.

Desliguei o computador e deite-me em minha cama apertando meu travesseiro entre os braços, chorando copiosamente. Levantei algumas vezes com o intuito de chamar por Gustavo... Como eu desejava que ele pudesse ficar ali abraçado comigo.

Contudo ele estava na casa de Rodrigo, sendo apenas eu e Lucky. Por fim adormeci entre lágrimas e soluços, já que nem a arara quis manter-se esmagada no meu abraço desamparado.

Ao acordar, Gustavo estava sozinho. Corri até ele e o abracei com tanta força e sentimento de angústia que ele ficou assustado olhando-me compadecido.

— Fui tola e imatura! Como pude deixá-lo ir sozinho? Queria que não tivesse acontecido. Agora estou confusa sobre meus sentimentos.

— Só precisa de um tempo para refletir. – Ele afagou meus cabelos. — Eu esperaria ele voltar, daqui um ano e meio, para tomar qualquer decisão.

— Parece a melhor opção.

Sorri para Gustavo, a presença de Rodrigo na vida de meu amigo havia mesmo lhe feito bem. Ele dera-me um conselho de maneira firme e não repleta de dúvidas como ocorreria no passado. Com o coração partido, escrevi um *e-mail* a Giovanni, com o auxílio de Gustavo que me conteve quando eu queria escrever algo bastante grosseiro e ofensivo.

"Giovanni,

Fiquei magoada e triste. Preciso digerir isso e pensar.

Nos falamos para resolver tudo mais adiante, talvez quando voltar daqui um ano e meio.

Emily"

Em poucos minutos recebi uma resposta.

"Amada Emily,

Realmente sinto muito por tudo.

Saiba que eu a amo muito e entendo que esteja magoada. Esperarei. Contudo ficaria feliz se pudéssemos conversar pela internet sobre outro assunto qualquer. Sinto muito sua falta.

Estarei com o coração ansioso por respostas e perdão.

Te amo muito mesmo.

Beijos,

Giovanni"

— Bem, pelo menos ele mandou um *e-mail* fofo. – Gustavo mirou um tempo o computador. — Agora é só deixar a vida seguir normalmente.

— Um *e-mail* fofo, é verdade. – Li novamente o *e-mail* e o deletei, enquanto Gus me fitava abismado. — São apenas palavras, não acredito mais em palavras.

Gustavo passou o braço sobre meu ombro calado. Era tão reconfortante tê-lo ali ao meu lado que até senti um arrependimento por ter deletado o *e-mail* permanentemente.

Ocupei-me como pude durante os dias seguintes, na tentativa de bloquear meus pensamentos referentes a Giovanni. Depois de uns dez dias, consegui ler os outros *e-mails* que ele me mandara comentando sobre o doutorado, perguntando com eu estava ou pedindo novamente perdão. Eu respondi todos educadamente e de maneira seca, quem sabe com o passar do mês ficaria mais fácil trocarmos *e-mails* educados e superficiais. Contudo, tinha certeza de que não aceitaria uma conversa *online* na *webcam*.

****

O banheiro parecia uma nuvem branca de umidade por causa de meu demorado banho. Havia me perdido em pensamentos enquanto a água corria morna por meu corpo e ultrapassara o tempo médio. Desde que voltara da Inglaterra, nossa conta de água estava mais cara devido a meus devaneios.

Enrolei-me na toalha e abri a porta, ainda com o cabelo molhado. Ao passar pela sala em direção a meu quarto, Gustavo dirigiu-se a mim, ele afagava Lucky com olhos culpados:

— Teremos visita para o resto da noite. — Antes que eu pudesse questioná-lo a quem se referia, ele baixou a cabeça e falou num sussurro. — Desculpe, aceitei que Enya viesse.

— Por que fez isso?

Desde a minha volta da viagem, tinha tentado evitar a filha de Giovanni ao máximo. Não por ela, e sim porque cada vez que falava com ela meu coração apertava-se de saudades de seu pai e deixava-me mais triste. A menina ligara-me algumas vezes tentando manter contato, conversava com ela educadamente e rápido, e até agora conseguira me esquivar de suas sugestões de nos reunirmos.

— Desculpe, mas a menina ligou pedindo para vir aqui. Tentei dar uma desculpa para evitar a visita. — Ele sorriu em busca de perdão. — Não pude negar, ela estava tão ansiosa para nos ver e não tinha para onde ir, pois sua mãe terá uma reunião de emergência e não encontrou ninguém para ficar com ela.

— Era só o que me faltava! — Mirei Gustavo com raiva. — Agora a Rebeca acha que sou babá?

— Ela só chegará dentro de uma hora. — Gustavo fitou-me decepcionado. — Se não quiser vê-la, é só ir para a casa de Sérgio, eu cuido dela. Digo que teve um compromisso e não pôde ficar.

— Não será preciso.

Empurrei a porta do meu quarto com força, Gustavo se permitiu lançar-me um sorriso animador. *Coitada da Enya, não era justo com ela eu sumir de sua vida.* Por outro lado, sentia-me estranha em manter um relacionamento com a filha de meu ex-namorado. *Como eu poderia continuar a fazer isso quando Giovanni estivesse com outra namorada?* Esse pensamento atingiu como um soco em meu estômago. Não havia mais nada entre seu pai e eu que pudesse justificar que continuássemos a nos ver. Eu não era mais sua madrasta e Gustavo não ajudava ao tentar manter esse laço entre nós duas. Suspirei desanimada ao vestir-me.

Pensar na possibilidade de Giovanni com outra namorada estragou o meu apetite, esperava Enya tomada pela angústia. Que ela quisesse me ver eu entendia, contudo sua mãe se dispor a trazê-la até meu apartamento era novidade. *O que Rebeca planejava?* Pensei raivosa.

Ao toque do interfone, meu coração pulou de agitação. Respirei fundo acalmando-me enquanto Gustavo fazia a gentileza de buscá-la no portão, já que não desejava encontrar-me com Rebeca. Enya subiu as escadas correndo e chegou antes de Gustavo, ao abrir a porta ela abraçou-me fortemente. Apesar de minhas incertezas, eu também sentia falta de sua companhia e retribui, apertando-a em meus braços.

— Que legal que passaremos um tempo juntas! – Enya sorriu-me divertida. Gustavo nos observava da porta. — Minha mãe não queria me deixar vir, mas como minhas tias não estavam em casa ela acabou aceitando. Trouxe um novo desenho das princesas para vermos.

— Legal! – Fingi empolgação. Peguei o DVD a fim de estudá-lo. — Quer ver agora ou prefere tomar um chocolate-quente antes?

— Oba! Chocolate-quente!

Distraída, ela correu até o poleiro de Lucky para tentar brincar com a ave. De certo modo, sua companhia acalmara-me e relembrou-me das divertidas tardes que passamos juntas quando Giovanni já tinha viajado. Gustavo abraçou-me cochichando:

— Teremos uma agradável noite! Eu sei que teremos.

— Espero que esteja certo.

Assim que as enormes canecas de chocolate-quente estavam cheias, sentamos no sofá para assistir a mais um dos filmes preferidos de Enya sobre princesas. Ela aninhou-se nos meus braços com ternura e jogou os pés sobre o colo de Gustavo, como fazia com seu pai. A cada gesto dela, as lembranças de Giovanni me dominavam e o desenho animado escolhido deixou-me um bocado triste quando a princesa finalmente acabou nos braços de seu príncipe encantado.

Por sorte, Enya controlou-se e não realizou nenhum comentário sobre seu pai ou sobre o término de nosso relacionamento, penso que isso já tivesse se esgotado nas outras vezes que conversamos pelo telefone. Não sei quando a veria novamente e nem se seria adequado reencontrá-la, no entanto sei que gostaria de fazê-lo.

O relógio acusava mais de onze horas quando Rebeca tocou o interfone para buscar Enya. A menina dormia no sofá, Gustavo não quis acordá-la e pegou-a no colo para descermos.

Sorri ou perceber como ela era pesada para sua magreza, Giovanni carregava a filha com maior facilidade. Obriguei-me a descer juntamente para auxiliar Gustavo nas escadas e abrir as portas. Rebeca escorou-se na porta do carro sem expressão enquanto esperava que meu amigo colocasse a menina no banco traseiro.

— Obrigada por terem ficado com ela essa noite.

Rebeca agradeceu educada ao fechar a porta. Mirei-a atônica, nunca havia deslumbrado um momento de gratidão da ex-mulher de Giovanni. Talvez ela estivesse mais sensata ao meu lado, pois, agora, eu também era apenas uma ex.

— De nada!

Gustavo aprontou-se em dizer, já que eu mantinha-me quieta. Ela entrou no carro e antes de sair olhou-me nos olhos e sorriu amigável:

— Espero que a próxima namorada de Giovanni seja também boa para minha filha.

As palavras de Rebeca alfinetaram-me, não tinha certeza se havia sido um elogio ou implicância como era de seu hábito, porém o que me chateou foi a confiança em sua voz de que eu era página virada na vida de Giovanni. E por mais que eu também nutrisse essa suspeita, ainda me doía muito a percepção de ter arruinado meu relacionamento com ele, a maior porção de culpa era dele, é verdade, contudo eu o deixei ir sozinho e isso me atormentava constantemente.

53 – Um Ano

Retomei minhas aulas e leituras do doutorado sem grande entusiasmo. Só consegui contato com Emily por *e-mail* quase duas semanas depois que ela foi embora. Ela não quis conversar comigo pela *internet*, apenas respondeu de forma educada minha mensagem de pedido de desculpas. Percebi em sua mensagem que ela permanecia muito magoada e que seria difícil que retomássemos nosso relacionamento. Eu já estava conformado com minha má sorte e com o fato de que não seria mais feliz ao seu lado.

Mesmo acreditando que não voltaríamos a ser namorados, eu não conseguia distanciar-me dela e dava-me por satisfeito em trocar algumas mensagens casuais por *e-mail*. Talvez, com o tempo, pudéssemos ao menos retornar nossas conversas *online*.

Baixei minha cabeça e dediquei-me ao máximo ao meu doutorado, afastando os pensamentos tristes de minha mente e fortalecendo-me para continuar minha vida sem a pessoa que mais quis ao meu lado em todos os meus trinta anos.

Após o primeiro mês do término definitivo de meu namoro, seguia a vida com mais tranquilidade, apesar de ter a impressão que a marca que Emily deixara no meu coração ficaria alojado nele por toda a minha vida, como uma lembrança doída de algo que poderia ter sido maravilhoso mas não foi. Pouco trocava mensagens com ela e quando o fazia eram sobre assuntos interessantes de Biologia ou Filosofia, nunca sobre nossas vidas pessoais que eram completamente separadas agora.

Surpreso, soube que Enya continuava a conversar com Emily por telefone e até tinha ido a seu apartamento. Fiquei orgulhoso de Emily, por não ter se excluído da vida da minha filha só por ter brigado comigo e talvez isso me desse a chance de pelo menos poder vê-la mais adiante como amiga.

O bom de fazer doutorado era que minhas horas pareciam passar muito mais rápidas, tomava o meu tempo ocioso e evitava que eu conseguisse pensar em muitas coisas além de minha linha de pesquisa. Reservando a saudade de Emily para quando eu deitava a noite, sozinho, em meu travesseiro, e pensava como eu estive tão perto de mantê-la ao meu lado e como tudo escapou por entre meus dedos como a fina areia da praia.

Só descansei mesmo de minha pesquisa durante as semanas de férias em que Enya veio me visitar. Alegrava-me ter a companhia de minha pequena, que já não era tão pequena assim; a cada semestre ela estava mais alta, ainda não chegara à altura de meus ombros, contudo parecia que logo me passaria.

No retorno das aulas de doutorado, sem Enya para divertir minhas noites, adquiri rapidamente a rotina de ler até muito tarde, desta forma adiantei boa parte de minha pesquisa.

Desde o retorno do ano letivo, Pedro informou-me como estava ocupado com seus orientandos dos trabalhos de conclusão e outros projetos, assim quase nunca conseguíamos compartilhar conversas descontraídas como antes.

E Emily... Bem, nós trocávamos vários *e-mails* durante a semana, mas nunca realmente dizia o que eu desejava. Era como se fossemos pessoas apenas conhecidas que nunca tiveram uma história em conjunto. Em alguns momentos eu começava a sentir exatamente isso, nossas vidas já não tinham nenhuma ligação, ela não era mais minha e nunca mais seria. Comecei a aceitar isso e olhar para outras mulheres com mais atenção, quem sabe pudesse encontrar novamente o amor.

54 – Substituto

Após o final de um semestre colando meu coração, sentia-se pelo menos capaz de seguir minha rotina de maneira mais animada, não cogitava a ideia de envolver-me romanticamente com alguém, mas fora esse detalhe eu estava bem.

Recuperada, comecei a dedicar-me novamente às coisas que tanto me agradavam, como retomar meu serviço voluntário na Casa de Resgate aos Animais Silvestres, onde ia agora praticamente todos os dias.

Apesar de serem novamente férias de verão, eu não pude aceitar o convite de meu pai para visitá-lo. Ir até a Inglaterra não parecia uma boa escolha, porque tentava manter os pensamentos tão distantes de Giovanni quanto possível, por vezes me perguntava se realmente tínhamos namorado em algum momento.

Foi angustiante quando Enya insistiu em me ligar para questionar-me se eu iria nessas férias novamente com ela visitar seu pai, o que me fez recordar todos os momentos ruins e maravilhosos que passei no ano anterior na companhia de Giovanni.

Meu aniversário de 20 anos foi divertido, Gus e Drigo fizeram uma festa surpresa, que reuniu em meu apartamento colegas da faculdade, do estágio no zoológico e os voluntários do CRAS, fazendo o lugar parecer minúsculo.

No dia seguinte, após organizar toda a bagunça deixada pela festa, jogada no sofá amparada por dois ventiladores na tentativa de espantar o calor, ouvi Gustavo que se aproximava agitado. Ele vinha com um enorme envelope na mão de cor azul.

— Você não vai acreditar no que chegou! – Analisei o envelope. No fundo já sabia o que era, mas minha mente não quis mostrar-se conhecedora da verdade. — É o convite de casamento de Ricardo.

Ele entregou-me o belo envelope. Sim, eu sabia do casamento de Ricardo. Havíamos conversado infinitas horas sobre isso na *internet*.

Sorri ao ver a foto de Ricardo e a noiva no convite. Ele aparentava imensa felicidade, finalmente teria o que desejava desde o nosso último verão juntos: Casar-se e ter um filho para ensinar a surfar. Como era de se esperar dele, não demorou a engravidar a namorada que arrumara há uns meses atrás.

— Não consigo imaginar meu irmão casado. É muito estranho. – Gustavo gesticulava pensativo. — Ele vai casar porque terá um filho. Isso não é certo.

— Você sabe que ele adora estas coisas. Formar uma família sempre foi o desejo dele.

— Mas não assim, às pressas. – Gustavo suspirou. — Espero que ele saiba o que está fazendo. E que seja feliz.

— Não se preocupe. O Ricardo será bastante feliz. – Sorri

pensativa. — Não posso dizer o mesmo sobre a menina. Casar grávida tão nova? Eu não quis isso para mim.

— Mas pelo o que pude conhecê-la quando fui lá na semana passada, ela não se importa muito com isso. Acho que o sonho de sua vida era ter uma casa, marido e filhos para criar. Até já estou me preparando para ser múltiplas vezes tio.

Rimos. Provavelmente isso aconteceria. Ricardo não seria contra a essa ideia, e eu e Gus faríamos de todos nossos queridinhos, é claro.

— Só é uma pena que meu pai não irá.

Gustavo abalou-se.

— Que alívio! Imagina a cena que ele iria fazer pelo fato do casamento não ser religioso e ainda na areia da praia. O que seus amigos do clube dos moralistas e do bom costume iriam pensar?

Imitei ao final a voz do pai dele, seguido de um fingimento de vômito, para mostrar meu asco por tal homem. Gustavo até sorriu.

— Isso é verdade. – Seu rosto ficou taciturno. — Mas sinto estar prejudicando o casamento de meu irmão. Afinal ele não convidou meu pai e não fala mais com ele por minha culpa.

— Por sua culpa, não! – Abracei-o. — Por total culpa da moralidade distorcida de seu pai.

Gustavo não comentou nada, apenas abaixou a cabeça. Analisei novamente o convite, meu peito apertou-se em inveja. Meu amigo casaria enquanto eu me mantinha sozinha. O convite abalara toda a força que pensara ter conquistado nestes últimos meses.

****

Ricardo puxou sua noiva pela mão ao nos ver. Havíamos chegado em comboio: eu, Gustavo, Rodrigo, minha mãe, Sérgio e Maria. A mãe dos meninos e alguns primos já estavam presentes, acomodados em cadeiras enfeitadas com flores na areia da praia, juntamente com garotos, que deviam ser amigos dos noivos, e os familiares da noiva. Ele abraçou-nos e apresentou sua já barriguda futura esposa. Ela sorriu animada. Vivian era apenas um ano mais nova, mas seu rosto jovial não parecia ter chegado aos 15 anos. Ela usava um longo vestido branco decorado com pequenas flores, muito delicado. Sorri ao perceber que Ricardo estava de camisa e bermuda.

Assim que chegamos iniciaram as preparações para o início do casamento um pouco inusitado, mas muito romântico. Não havia padre, rabino ou pastor, apenas um juiz de paz segurando um livro com os pés afundados na fofa areia da praia. Eu e Gus permanecemos ao lado de Ricardo quando ele falava lindas palavras para sua noiva e ela fazia o mesmo. Emocionei-me.

Foi um casamento lindíssimo, simples, mas de uma cumplicidade enorme. Tirei duas certezas ao término da cerimônia: Ricardo e Vivian foram feitos um para o outro e eu queria um casamento exatamente igual, caso um dia encontrasse a pessoa certa.

Houve um tempo, no ano passado, que eu achei que encontrara essa pessoa que me completava, mas foi só um tempo. Suspirei derrotada, bufei e busquei o ar, decidida. *Eu encontrarei outra pessoa para amar e me amar, eu encontrarei.* Agarrei-me ao pensamento com força e o traria comigo para meu apartamento e minha vida.

****

Sábado, já de volta ao meu quente apartamento, eu e Alice nos encontramos no *shopping* para comprar o material para o início das aulas na semana seguinte.

Alice andava de um lado para outro pegando tudo que fosse possível com o dinheiro que trouxera. Ela era louca com canetas coloridas, tinha o estojo mais bem equipado de toda a faculdade.

— Antes de irmos embora, podíamos passar no supermercado e comprar umas *pizzas* para jantarmos. Afinal, os meninos só chegam amanhã de manhã.

— Tudo bem, Alice.

Em busca das *pizzas* na sessão de congelados, Alice avistou Pedro e outro homem. Ela acenou sorridente. Ele aproximou-se com um carrinho repleto de bebidas alcoólicas e aperitivos.

— Olá, meninas. – Ele sorriu. — Que prazer encontrar a ruiva e a amiga! Este é meu primo, Marcelo.

Pedro apresentou o primo, que se manteve longe buscando alguns aperitivos. Acenamos para ele.

— Não deem bola para ele, é meio arrisco. Não aprecia uma boa conversa com lindas garotas. — Alice fez menção de perguntar algo, mas Pedro sorriu debochado. — Não, ele não é *gay*. Apenas terminou um romance há pouco. Ele não puxou ao primão aqui.

Ele pareceu pensativo por um tempo, analisou o primo e olhou-me profundo:

— Então, meninas, estão namorando alguém? – Pedro observou nossa contrariedade com sua metida pergunta e sorriu. — É que vou dar uma festa na minha casa hoje para finalizar as férias. Se vocês desejarem ir, será muito legal. Uma festa tão boa como são as do meu aniversário. Contratei DJ e *show* pirotécnico. – Ele sorriu. — Só espero que não coloquem fogo no apartamento. Então espero vocês às 23hs?

Pedro saiu, mas voltou ao lembrar que não nos tinha dado o endereço, pegou o celular que Alice carregava nas mãos para anotá-lo sem cerimônia, mandou-nos um beijinho no ar e voltou para o primo. Alice olhou-me suplicante, ela já previa minha resposta negativa.

— Vamos! Vamos, Emily! Não quero perder novamente a oportunidade de ir numa festa do Pedro. Eu já disse que me contaram como são ótimas? – Ela fez beiço. — Por favor! Vai ter até *show* pirotécnico. Vamos?

Não sei se era uma boa ideia, entretanto os lamentos de Alice convenceram-me.

****

O táxi nos largou à frente de um imponente prédio com amplas sacadas envidraçadas.

— Nossa! O Pedro mora bem. – Alice sussurrou-me. — Esse prédio deve ser caríssimo.

Concordei com a cabeça, enquanto o porteiro nos abria a porta sorridente ao darmos o número do apartamento. Parecia já estar acostumado a entrada de estranhos arrumados para festa no 702.

Pedro nos recebeu com dois beijinhos, nos apresentou alguns amigos e amigas e nos deixou a vontade. O apartamento era amplo e bonito. Na sala haviam estofados por todos os cantos e um espaço vazio ao meio para dançarmos, as luzes eram coloridas dando um aspecto de boate ao ambiente.

Logo eu e Alice compreendemos que seria apenas uma festa como qualquer outra e nos sentimos então à vontade para dançar.

Durante o *show* pirotécnico, eu e Alice sentamos nas fofas cadeiras que estavam posicionadas na entrada da sacada. Pedro chegou e sentou-se próximo a Alice ao término do *show*.

— Estão gostando da festa? – Concordamos. Ele admirou Alice. — Tenho um amigo que está encantado com você. Ele perguntou se gostaria de conhecê-lo melhor.

Alice riu exaltada, ela estava visivelmente lisonjeada por Pedro ter ido lhe informar de um possível admirador. Ele apontou para um amigo, mais novo do que ele, demonstrando para Alice quem era. O outro acenou-lhe, e fez sinal para que ela se aproximasse. Ela sorriu encabulada e olhou-me em busca de aprovação. Sorri e ela dirigiu-se ao amigo de Pedro. Pedro riu triunfante e afastou-se de mim com um aceno de despedida.

Seu primo Marcelo aproximou-se com uma bebida na mão e sorriu amigavelmente. Seu sorriso era atraente. Seus finos lábios alargaram-se, mostrando os belos dentes, Isso me confortou como se eu já o conhecesse. Sorri de retorno.

— Você é a Emily, certo? Meu primo me falou bastante de você.

— Não acredito! – Resmunguei para mim. Só faltava agora o primo do Pedro também ser inconveniente.

— Desculpe, não devia ter falado isso. – Ele observou-me contrariado, quando percebeu minha frustração. — Sei como ele pode ser irritante. Não quis insinuar nada, só queria puxar conversa. – Ele engoliu em seco ao perceber que suas falas não ajudavam em nossa apresentação. — Esquece. Vamos começar de novo. Oi, eu sou o Marcelo.

— Emily.

Sorri discreta. Marcelo apoiou-se na cadeira e riu. Iniciamos uma conversa gostosa. Sem pretensão de minha parte, mas da parte dele provavelmente sim. Ele não se insinuava, apenas sorria ao falar. Trocamos informações banais sobre o cotidiano.

Ouvi-o por um longo tempo, embora fôssemos dois opostos, talvez as únicas coisas que tínhamos em comum fossem o amor por animais e o gosto por comer em restaurantes. A companhia dele, contudo, era muito agradável e sentia-me segura e confortável ao conversar com ele.

Envolvi-me em nossa conversa por todo o resto da festa. Ao perceber o quanto era tarde, olhei ao redor e só vi uns poucos convidados desmaiados jogados no sofá. Preocupei-me com Alice.

— Não vejo minha amiga.

— Quer ligar de meu celular?

— Não, obrigada. Tenho o meu.

Alice demorou um pouco para atender. Segundo ela, jazia em casa. Estava completamente bêbada e esquecera-se de mim na festa, depois de ter saído com o amigo de Pedro para dar uma volta. Enfureci-me. *Como ela pôde ter me deixado sozinha? Agora como eu volto para casa?* Havíamos combinado de dividir o táxi e eu não trouxera dinheiro para pagá-lo todo sozinha. Levantei-me enraivecida. Marcelo acompanhou-me calado. *O que farei?* Só me restava encontrar o Pedro, ele poderia me emprestar um dinheiro. *Vou morrer de vergonha em pedir, mas ele não negará.* Depois o pagaria de volta na faculdade, já que agora nos últimos semestre ele seria meu professor.

— Sua amiga foi embora?

— Foi.

— Sem problema, eu te dou uma carona até sua casa. Seria um prazer.

Ignorei a oferta de Marcelo e andei pela festa, até avistar Pedro que atravessava a sala com um copo de bebida numa mão e agarrado em uma garota com a outra.

— Pedro!

— Olá, ruiva.

— A amiga dela foi embora. – Adiantou-se Marcelo. Pedro nos olhava pensativo e um bocado bêbado.

— Ora, então leve-a para casa. Poxa!

Pedro saiu segurando-se na garota, sem que eu tivesse

chance de dizer algo contrário. Olhei confusa para Marcelo, não sei se confiava o suficiente nele, alguém que acabara de conhecer para que ele me levasse em casa. Ele fez novamente o convite e sorriu largamente, o que fez com que eu aceitasse.

Ele aproveitou o passeio de carro para me contar mais sobre seu trabalho como engenheiro civil. A frente de meu apartamento ele estacionou, olhamo-nos por segundos alguma coisa me prendia aquele acento, eu não desejava realmente ir embora, suspirei.

— Obrigada pela carona. Foi uma ótima festa.

Abri a porta do carro. Ele sorriu-me.

— Também adorei a festa. Emily, você poderia me passar o número do seu celular? Acho que podíamos nos encontrar para sair um dia desses.

Meu telefone? Será que eu desejo isso? Seu sorriso era tão encantador e sua companhia era agradável. *Por que não?* Ditei-lhe o número, que ele anotou prontamente. Refleti um tempo se pedia ou não o seu, mas não pedi. Despedi-me com um aceno e coloquei o pé para fora do carro, ele aproximou-se e puxou-me de volta dando-me um fogoso beijo.

Adorei o beijo, muito sedutor. Senti-me confusa. Ele soltou-me e lançou-me seu largo e conhecido sorriso.

— Te ligo então. Tenha uma boa noite.

Desci e analisei-o até ele ir embora com o seu luxuoso carro prata. Assim que entrei em meu apartamento, retirei os sapatos, peguei Lucky e sentei-me no sofá. Ao acariciar a ave, a festa de Pedro vinha-me à mente.

Não realmente a festa, mas Marcelo.

Não compreendia o que tinha me encantado nele. Contudo eu sentia-me flutuante, algo que não fazia parte de meu cotidiano há um longo período. Fiquei ansiosa, perguntava-me se ele ligaria. Será que sairíamos novamente? Meu coração reaprendera a bater e a sensação era boa.

****

Acordei no domingo com o toque do celular, saltei da cama esperançosa de ser Marcelo.

Não, era apenas Alice consumida pela culpa por ter me esquecido na festa. Eu estava brava com ela, contudo sentia-me com maior aspiração de aceitar suas desculpas e desligar logo o celular, afinal Marcelo poderia ligar. Fiz uma massa minuto com salsicha para o almoço e fiquei no computador, com os ouvidos e olhos atentos ao celular.

Não precisei esperar muito. Marcelo ligou logo após o almoço, e convidou-me para jantar no início da noite. Fiquei radiante. Assim que Rodrigo e Gustavo colocaram os pés dentro do apartamento lhes contei minha inusitada noite. Rodrigo animou-se, pois adorava histórias de possíveis romances e Gus estava feliz por me ver feliz.

Estranhamente, não pensei sobre o que poderia acontecer no encontro, apenas concentrei-me no presente, sem projetar qualquer futuro ou deixar-me ser atacada pelos temores de como deveria conduzir esse jantar. Eu apenas sentia-me novamente contente.

Marcelo levou-me a um belo restaurante. Conversamos agradavelmente sobre o trabalho dele e seus dois Beagles, cujas fotos ele me mostrou. Eu contei sobre as bagunças que Lucky fazia no apartamento. Ao lado dele permaneci mais séria do que de costume, era como se uma versão mais adulta de mim mesma estivesse no comando. Era diferente estar com ele, contudo gostoso. Ele aparentava sofisticação, vestido com roupas sociais e caras. Era alegre e tentava deixar-me à vontade, mesmo agindo elegantemente.

Quando deixou-me na porta de casa, aproveitamos para nos beijar novamente. Seus beijos eram envolventes e calorosos. Combinamos de nos ligar e ver o que aconteceria.

****

Rodrigo não se conteve até o começo das aulas na segunda de manhã para contar para Alice meu novo romance, pois assim que cheguei na sala ela jogou-se sobre mim com milhões de perguntas e considerações já tendo o conhecimento do ocorrido.

— Emily, tirou a sorte grande. Esse primo do Pedro é sofisticado. – Alice riu ao recordar dele na festa. — E é lindo.

— Eu ainda só estou conhecendo o cara, Alice, não comece a fazer planos de casamento.

Impliquei e ela sorriu divertida.

— Será um semestre inteiro de bajulações de Pedro à nossa ruiva.

Rodrigo constatou debochado ao avistar Pedro entrar em nossa sala de aula. Ele cumprimentou animadamente os alunos, com sorrisos especiais para alunas específicas, provavelmente as conhecia de outras situações. Ele observounos e aproximou-se abrindo a boca marotamente:

— Olá, trio. Ainda juntos? Vamos ver se vocês são tão esforçados nas aulas como eram na pesquisa. – Ele olhou-me e suspirou brincalhão. — Não conseguirei me concentrar com a Ruiva à minha frente, então não é minha culpa se a aula não for tão boa.

Ele riu alto. Mirei-o atravessado. Pedro fingiu temer meu olhar e foi para sua mesa iniciar a aula. Logo ficou claro que ele tinha a péssima mania de convocar alunos a participarem de seus questionamentos. A aula seria muito boa se ele não fizesse isso sempre por apelidos. O meu, óbvio, era Ruiva, Rodrigo era o Alto e Alice, a Sorridente. Cada vez que ele chamava a Mel e a Olhos Encantadores elas suspiravam apaixonadas. Seria um longo semestre na companhia de Pedro.

Permaneci um tempo arrumando meu fichário ao final da aula juntamente com Alice, pois nos atrasamos na cópia de um esquema que Pedro colocara no quadro. Rodrigo despediu-se para ir encontrar Gustavo, os dois iriam almoçar na casa dele. Pedro estava de saída, ao aproximar-se da porta ele cumprimentou alguém e voltou à minha mesa, havia um enorme sorriso travesso em seu rosto.

— Ruiva, tem uma surpresa para você na porta. – Olhei assustada e vi Marcelo sorrindo. Pedro aproximou-se e sussurrou-me. — Eu tinha certeza que vocês se agradariam um do outro.

— Por que diz isso?

— Conheço meu primo e o seu gosto, Ruiva, por homens. Estranhamente não são os sedutores, como eu, e sim os caras legais como meu primo. – Ele passou a mão nos meus cabelos e gargalhou. — Divirta-se, garota, acho que ele será uma boa companhia.

Fitei-o confusa. *Então ele havia armado para ficarmos juntos?* Pensei se isso realmente revoltava-me. Marcelo acenou-me feliz enquanto trocava palavras com o primo na porta da sala. Alice observou-me curiosa com intenção de dizer algo, mas recuou ao perceber minha indisposição para brincadeiras. Juntei meu fichário ao meu peito com uma pontada de raiva e me aproximei de Marcelo.

— Olá. Desculpe não ter avisado. – Ele sorriu encantador. — Mas pensei que poderíamos almoçar juntos. Eu estou gerenciando uma construção aqui perto e lembrei-me de você.

— Tudo bem.

Olhei para Marcelo ainda confusa, mas o acompanhei. *E daí se ficamos juntos por armação de Pedro? Eu não estou procurando um namorado, estou?*

****

Durante as semanas seguintes eu e Marcelo nos encontrávamos em algumas noites para jantar. Conversávamos pouco por telefone ou pela *internet*, apenas o necessário para marcar nossos encontros. No dia que fazia quinze dias que nos conhecíamos, ele chegou para me buscar com um lindo ramalhete de rosas.

— São para você! Em comemoração à nossa primeira quinzena de namoro.

— De namoro?

Eu estava espantada, não havia percebido nenhum pedido

oficial, embora já tivesse percebido que nosso relacionamento não eram só encontros casuais. Mesmo assim, não soube o que dizer na ocasião, envergonhando-me por não ter comprado nada. Desculpei-me e ele sorriu.

— Não é problema. Eu só quis uma desculpa para te dar flores.

Saímos para jantar, finalizando a noite em seu apartamento. Antes de cinco minutos dentro do local já nos encontrávamos em sua cama sem roupas. Seus beijos me envolviam e meu corpo o desejava, da mesma forma que um dia quis estar com Ricardo, uma sensação carnal de entorpecimento, uma sensação de liberdade que não experimentava há muito tempo.

****

Rapidamente meu namoro com Marcelo assumiu uma rotina onde nos ligávamos, e trocávamos conversas práticas e rápidas; saíamos para jantar na quarta-feira e passávamos o sábado juntos, normalmente eu dormia em seu apartamento, e no domingo de manhã ele deixava-me em casa e ia almoçar com sua família. O sexo era a parte gostosa de nossas noites de sábado.

Às vezes, sentia falta de dividir com ele falas mais amorosas ou dispensar maior tempo ao seu lado com leituras interessantes. Mas logo percebi que isso pertencia ao passado, então deixei minhas inseguranças, questionamentos e dúvidas sobre a vida para discutir com Ricardo e Gustavo. Aprendi que ter um namorado não era igual a ter um amigo e por isso dividir minhas fraquezas com Marcelo nao era algo a se fazer.

Minha mãe estava feliz com meu namoro, Sérgio ficou

preocupado, no entanto manteve-se calado. Gustavo e Rodrigo não se intrometiam em meu relacionamento e quase nunca falavam com Marcelo, pois ele pouco ia ao meu apartamento.

Eles o conheceram na faculdade, numa das vezes em que ele foi me buscar para almoçarmos. Meu colega passara o tempo todo de cochicho com o namorado, como crianças que tem um segredo. Assim que Marcelo foi embora, Drigo fitou-me e sorriu debochado.

— Agora eu sei por que se encantou nele!

Olhei-o confusa. Ele insinuava que achara Marcelo bonito? Ou era outro motivo? Indaguei-o com o olhar. Ele riu alto.

— Ora, Emily, qual é a dúvida? É só olhar para ele, para perceber que...

— Que ele é muito bonito! – Interrompeu Gustavo numa forma brincalhona, que não era o seu usual.

— Sim! – Rodrigo fingiu aborrecimento. — Mas não devia falar assim de outro porque eu fico com ciúmes.

Rodrigo abraçou Gustavo amigavelmente, com outras intenções. Naquele momento, eles observavam-me cautelosos. *Estão me escondendo algo! Posso perceber isso em seus olhares fujões. Mas o quê? Era provável que tivessem odiado Marcelo e preferiram calar-se a deixar isso transparecer com medo de me magoar.* Resolvi não dar atenção a isso, pois me sentia feliz com meu namoro e não pretendia alterar isso por intrigas de meus amigos.

****

Ainda no começo do semestre, iniciei o meu Trabalho de Conclusão de Curso, por influência de Rodrigo que fez o mesmo. O objetivo era termos mais tempo para concluir um trabalho tão importante e ficar com o último semestre mais folgado. Surpreendi-me quando recebi a folha indicando meu orientador, pois este era Pedro. Ironicamente, não havia percebido quando escolhi o tema de meu trabalho que ele poderia ser um dos indicados para trabalhar comigo. Tentei trocar com a coordenação, contudo não foi possível.

Apesar de meu receio, no entanto, ele era um ótimo orientador, bastante concentrado no trabalho. Indicou-me ótimas leituras e sempre senta-se pacientemente ao meu lado para me auxiliar na organização de tudo. Ele não me enchia com piadinhas, mas ainda me tratava pelo apelido e mantinha seu riso fácil. Podia dizer que a partir dessa nova experiência na companhia dele, eu o considerava de melhor forma do que fiz no passado.

Ao final do primeiro semestre do trabalho, este sugava praticamente qualquer horário livre, e por isso só conseguia encontrar Marcelo aos Sábados.

O bebê de Ricardo nascera, uma menina linda, que ele criativamente chamou de Gwen, em homenagem à primeira namorada do Homem-Aranha, a única revista em quadrinhos que ele colecionava desde criança.

Alice aparentava ter criado juízo e escolhera um garoto legal, Ciro, para se relacionar, algo que durava há um mês.

****

Acordei com batidas suaves a porta de meu quarto.

— FELIZ ANIVERSÁRIO!

Gustavo e Rodrigo estavam à minha frente, seguravam um bolo feito por eles com as velinhas de vinte e um anos. Sorri animada. Havia planejado uma festa numa danceteria e previa que os meus vinte e um anos seriam glamourosamente comemorados. Eles contaram os parabéns e assoprei as velinhas, animada. Rodrigo estendeu-me um enorme pacote.

— Espero que goste. Eu e Gus que fizemos.

Abri ansiosa. Era um quadro com uma belíssima foto minha, de Gustavo e Rodrigo tirada no casamento de Ricardo. Agradeci, e em poucos minutos, por causa de meu pedido, Rodrigo pendurou o quadro na parede da sala.

À noite, ao terminar de me arrumar para a festa, ouvi o interfone tocar. Gritei para os meninos verem quem era. Sentei-me no sofá calçando as sandálias, enquanto Gustavo retornava ao apartamento sorridente, parcialmente escondido por um enorme buque de flores vermelhas.

— Emily! São flores para você.

Ao ouvi-lo, eu e Rodrigo saímos correndo para pegá-las, puxei o cartão. Minha certeza de que eram de meu namorado dissipou-se ao iniciar a leitura. Permaneci estática segurando as flores, enquanto meu coração tentava salvar o sentimento que eu alimentei durantes os meses ao lado de Marcelo. *Como posso ser tão influenciada?*

Gustavo observava-me confuso. Rodrigo puxou o cartão e leu em voz alta:

"Querida Emily!

Te desejo um ótimo aniversário. Estou com saudades. Não sei como irá me receber, mas desejo muito que possamos conversar a respeito. Estarei de volta até o final das férias.

Beijos,

Giovanni."

— São de Giovanni? – Gustavo estava espantado. — Ele já está voltando? O tempo passou muito rápido, nem percebi que já fazem dois anos que ele se foi.

— Nem eu. – Respondi num sussurro.

— O que você vai fazer, Emily? – Rodrigo provocou mantendo um sorriso tolo no rosto. — É claro que ainda o ama.

— Giovanni é passado. – Atirei as palavras ao vento, como se isso as transmutassem em verdades. — Meu namorado é o Marcelo.

— Emily, não se engane! – Rodrigo segurou de leve meu braço impedindo-me de fugir de suas inquietações. — Sério? Vai continuar insistindo que ama o Marcelo?

— Sim. – Desafie-o com minha convicção.

Gustavo fixou seu olhar profundo em mim depois de cruzar um olhar cúmplice com o namorado.

— Emily, Rodrigo está certo. Você e o Marcelo não combinam, talvez devesse dar uma chance a Giovanni. – Eu o admirei, abismada, ele nunca comentara nada negativo de Marcelo. Ele fitou o chão. — Desculpe. Não falei antes porque você parecia feliz. Enganada, é verdade, mas feliz. – Gustavo suspirou. — É hora de refletir, Emily. Quando teus olhos brilharam ao ver Marcelo? Quando vocês conversaram profundamente e com cumplicidade? Quando seu coração acelerou-se por ele?

— Não sou mais adolescente para acreditar nestes contos de fadas de grandes paixões.

— Não falo de paixão, falo de amor, Emily. – Gustavo disse e buscou reforço em Rodrigo que acenava positivamente. — O Marcelo pode ser legal para outra pessoa, não para você. Ele é praticamente o oposto de você. E eu não sinto nenhuma cumplicidade entre vocês.

Silencie-me. Gustavo está sendo tão maldoso comigo. Por que ele decidiu me atormentar justo hoje? Eu sentia-me bem ao lado de Marcelo, seguia uma vida calma sem altos e baixos, sem brigas ou inseguranças. Franzi a testa desapontada com o pensamento. Rodrigo sorriu apaziguador:

— Emily! Nos diga o que mais gosta no Marcelo? – Diante de meu silêncio frustrado, ele continuou. — Aposto que é o modo como ele sorri, seus lábios.

— Sim. – Disse secamente, sentia-me pressionada por Rodrigo. — O sorriso dele me conforta.

— Claro que sim! – Rodrigo bateu palmas debochado. — Marcelo sorri igualzinho ao Giovanni. Não havia percebido?

Fitei-os contrariada, ele havia desnudado minha essência. Todo o sentimento cuidadosamente costurado durante o semestre simplesmente estava estraçalhado. *Sim, no meu secreto íntimo, eu sempre soube disso.* O sorriso de Marcelo enganava meu coração, trazia-me uma segurança semelhante a que sentia ao lado de Giovanni. Meu mundo despencou. *Eu tentei enganar meu coração com um substituto e acabei enganando o Marcelo também.* Experimentei uma sensação amarga de culpa. *Como eu pude fazer isso com Marcelo?*

Depois da descoberta, claro que a festa de aniversário foi horrível. Sorri e pareci muito feliz, mas meu coração estava confuso, tentando se reconectar a meu namorado. O problema era que agora seu sorriso doía-me ao invés de confortar-me, pois eu sentia-me culpada e infeliz. *Por que Giovanni fez com que eu me lembrasse novamente dele?* Quis gritar a Giovanni meus pensamentos, mas ele não estava ali para ouvi-los.

55 – Retorno

Na maior parte do tempo neste final da estadia na Inglaterra, eu sentia-me tranquilo e envolvido quase que exclusivamente com minha tese de doutorado. Fazia apenas alguns poucos passeios divertidos com o grupo de brasileiros, o que me proporcionou uma reaproximação com Bê. Passávamos algumas noites juntos, sua companhia não me era nada além de uma espécie de cobertor para afastar a constante solidão. Bê, porém, retornara ao Brasil no semestre anterior, tornando-me mais consciente de como as noites eram consideravelmente solitárias. Ela fora o mais próximo de um relacionamento que fui capaz de engajar-me longe de meu verdadeiro lar.

Emily interrompera seus *e-mails* educados ainda no meio do semestre anterior, deste modo apenas sabia notícias superficiais dela por Pedro, que era seu orientador de Trabalho de Conclusão de Curso, ou por Enya, que me contava detalhes das conversas que tinha quando ligava para ela. Esse tipo de contato, contudo, apenas me mostrava aspectos gerais idênticos aos encontrados em qualquer rede social de uma pessoa reservada. Não conhecia mais sua rotina, suas vitórias ou suas derrotas, e nem sabia se seus gostos e sonhos permaneciam os mesmos.

Após o semestre em que ela me deixou, eu fizera um

enorme esforço para desconectar meu coração dela e retomar minha vida. Para isso, afastava todos os pensamentos referentes a Emily que tentavam se enraizar dentro de mim, mantendo-a com uma lembrança distante e agradável como se pertencessem a outro mundo e outro tempo que não era mais real.

No entanto, quando percebi a data de seu aniversário aproximando-se, uma vontade de revê-la apossou-se de mim. Pensava nela obsessivamente sem mais conseguir abandonar o desejo de estar ao seu lado. Primeiramente, me passou pela cabeça a ideia de retornar no dia do aniversário de 21 anos dela para fazer-lhe uma bela surpresa, que em meus devaneios poderia resultar em abraços e beijos apaixonados como no final mágico dos filmes românticos. A ideia era idiota, mas a mantive em evidência por quase uma semana, como se uma simples surpresa fosse o suficiente para uma reconciliação.

Atrasei-me para finalizar a coleta de dados de minha pesquisa, precisando ficar até o fim do mês. Por isso, indeciso, optei por mandar flores e um cartão relembrando o meu retorno, uma tentativa de sondar o que me esperava no Brasil. Ela agradeceu-me de forma fria em um curto *e-mail*, como se faz a um completo estranho.

Li e reli aquela mensagem algumas vezes até conformar-me de que estava sendo um otário, depois de um ano e meio não podia esperar que ainda existisse algum sentimento entre nós. Coloquei minha mente no lugar e constatei que apenas sentia-me deslocado e sozinho em um lugar no qual não conseguira adaptar-me de maneira a transformá-lo em um lar. O que eu sentia eram saudades de casa e de todas as coisas boas que Emily representava, não realmente um amor remanescente.

Busquei consolo em recordações de minha irmã. Desde que soubera de meu retorno iminente, ela mandava-me com frequência fotos de uma das colegas de serviço de Bernardo que Giordana garantia ser minha próxima alma gêmea. A mulher parecia interessante e até trocamos algumas mensagens sem grande intenção por minha parte, contudo comecei a considerar a proposta de minha irmã e decidi-me a investir nesse possível relacionamento assim que retornasse a meu país.

Organizando as malas, livros e outros materiais para meu retorno, percebi como adquirira muitos pertences durante esses dois anos. Eu precisaria carregar duas malas extras para poder levá-los comigo.

Frustrado, olhava para uma pilha de livros sobre a cama tentando encontrar uma maneira de organizá-los na mala, quando Rodrigo me chamou para conversar *online*. Fazia um longo tempo que não nos falávamos, assim estranhei suas perguntas educadas e sem sentido de como estava minha pesquisa e sondagem de quando eu retornava. Percebi que ele tinha algo em mente, deixei rolar a conversar na espera de que ele chegasse ao seu objetivo. Por fim ele soltou como se fosse apenas uma pergunta casual.

— Quem vai te buscar no aeroporto?

— Ninguém!

— Que pena! É triste chegar de viagem depois de tanto tempo e ter que pegar sozinho um táxi para a casa. – Ele olhou-me por alguns segundos, calado. — Devia pedir para Emily te buscar.

— Qual é a pegadinha, Rodrigo? – Bufei cansado. — Ela

não fala comigo a um longo tempo e mal agradeceu as flores que enviei. Seria um louco se pedisse tal coisa. Por que eu pediria?

— Se eu tivesse algum interesse nela, faria essa proposta! – Ele riu, mas voltou a ficar sério ao perceber meu mau humor nascente com sua proposta lunática. — Com certeza ela aceitaria por educação, não teria como negar.

— Por que eu faria isso? Fazê-la ir obrigada?

— Tenho um palpite! – Ele encarou-me pensativo. — Que isso possa acender alguma faísca de paixão quando ela te ver pessoalmente. Afinal, *e-mails* são muito diferentes de um encontro ao vivo. Agora parece uma boa ideia, não parece?

— Está dizendo que ela ainda gosta de mim?

— Não sei. – Rodrigo riu. — Mas você mandou flores para ela, então ainda está interessado e deveria tentar fazer algo para reconquistá-la.

— Irei encontrá-la com certeza na faculdade, sua proposta não tem sentido.

— Não? – Ele demonstrou-se desapontado. — Só, pensei que seria uma oportunidade de verem-se sozinhos sem o alvoroço de um centro universitário.

— Talvez tenha alguma razão, vou pensar sobre a ideia.

— Legal! Até mais, professor.

A ideia de Rodrigo tinha algum sentido. Poderia também, entretanto, se mostrar um desastre, aflorando raiva em Emily e não amor. Mesmo assim eu a coloquei em prática no dia seguinte, pois não tinha mais nada a perder, no máximo continuaríamos a não nos falar. Sentado à frente do computador, estava ansioso por qualquer manifestação de Emily e não entendia por que Rodrigo estava tão interessado em que nós retomássemos nosso namoro. Eu nem achava que ele gostava muito de minha pessoa, pois ele mantinha-se sério em minha presença quando eu sabia que isso era praticamente uma mentira sobre sua personalidade. Talvez ele só divertir-se comigo, pensei desanimado quando percebi que era provável que nenhuma resposta ser-me-ia mandada por Emily.

Suspirei desapontado e olhei por algum tempo a foto da colega de meu cunhado. Talvez fosse a essa mulher que devesse mesmo entregar meu coração e seguir em frente com uma vida tranquila e quem sabe até plena, ao invés de sustentar fantasias de adolescente.

56 – Aeroporto

Eu ficara meio descontrolada desde que Giovanni me enviara um *e-mail* pedindo que eu o buscasse no aeroporto. Pensei em negar o convite, mas seus pais moravam longe e não poderiam buscá-lo e claro que eu não deixaria Rebeca fazer isso. *Por que Rebeca ainda me incomodava?* Talvez fosse uma traição a Marcelo buscar Giovanni no aeroporto, mas eu não conseguia me negar este dever.

Acordei sexta quase com o raiar do dia, acho que nem dormi. Só teria que pegá-lo às oito da noite. Assim que acordei, tentei separar alguma roupa para reencontrá-lo, mas nada parecia ficar bom o suficiente. Sentia-me tão frágil e ansiosa que me debulhei em lágrimas. Gustavo entrou no meu quarto surpreso, ele olhava para a pilha de roupas sobre a cama.

— Não vou mais! Ele que pegue um táxi para seu apartamento.

Gustavo sentou-se ao meu lado na cama, afastando as roupas e olhou-me profundamente.

— Vai sim! Você prometeu que iria, agora não pode voltar atrás.

— Mas não encontro roupa para usar. E como vou falar com ele? O que vou dizer?

— Muitas perguntas. – Gustavo balançou a cabeça e me levantou da cama. — Assim que o vir saberá todas as respostas. Eu e Rodrigo estaremos lá, já combinamos isso. Vai dar tudo certo. – Gustavo analisou as roupas e escolheu uma calça de brim preta, uma blusa comprida vermelha com decote e um casaco preto. — Pronto, já escolhi sua roupa! Agora vamos nos distrair fazendo o almoço.

Deixei a roupa separada sobre a cama e o segui até a cozinha. Gustavo manteve-me ocupada durante todo o dia. Senti-me terrível quando Marcelo me ligou, havíamos combinado de não nos encontrarmos neste dia, apesar dele não saber realmente o porquê. Falei com ele rapidamente e fui tomar banho e me arrumar, demorei muito mais do que o de costume para fazer essas coisas. Gustavo batia na porta do quarto apressado, para que eu saísse, afinal já estava na hora. Rodrigo e Gustavo praticamente me arrastaram para dentro do carro de Drigo. Eu não conseguia pensar, como se a cada quilômetro meu coração apertasse mais e a respiração falhasse. Coloquei a mão em meu peito para ter certeza que ele ainda batia.

Finalmente, ele acelerou-se quando estacionamos no aeroporto. Gus e Drigo permaneceram no carro e precisei de algumas investidas de Gustavo para que eu saísse do mesmo. Caminhei lentamente e atordoada até o portão de desembarque. Mantive-me firme ao lado da área de saída, a cada aviso de chegada de aviões minhas pernas tremiam e eu sentia vontade de sair correndo e refugiar-me no carro. Mas ao mesmo tempo, eu só pensava em poder olhar, ouvir e senti-lo novamente.

Giovanni atravessou o enorme portão de vidro que separa a sala de desembarque do saguão do aeroporto. Ele vinha sorrindo largamente ao empurrar o carrinho cheio de malas e maletas. *Sim, seu sorriso havia me acompanhado durante alguns meses no rosto de outro.* Senti vergonha. *Como pude ter aceitado o convite de buscá-lo estando envolvida com outro?* Fiquei paralisada analisando-o, talvez pudesse me aproximar e ajudar com as malas, sentia-me incapaz de me mover. Meu rosto acalorou-se e meu coração alertou-me ao tentar pular de meu peito e jogar-se nos braços de Giovanni. Ele aproximou-se e fez uma mesura com a cabeça. Não me contive, a saudade e a alegria me dominaram e eu pulei em seu pescoço com um longo e apertado abraço.

Ele correspondeu da mesma forma. Era mágico estar novamente em contato com seu corpo, sentir o cheiro do perfume tão conhecido. Desejei manter-me naquele abraço, mas ele terminou e eu e Giovanni ficávamos nos olhando sem saber como proceder em seguida.

Pensei em beijá-lo, sim estava com muita vontade de fazê-lo. Contudo não sabia ao certo o que ele ainda sentia por mim e já traía Marcelo em pensamento, não poderia fazer também em atos. Forçosamente, afastei-me e sorri de forma amigável.

— Estou muito feliz de estar de volta.

— Também ficamos felizes com seu retorno.

Ficamos? Minha resposta fora horrível. Por que não consegui dizer que eu havia ficado?

— Emily você está maravilhosa, este um ano e meio te fez bem. Está com um jeito mais maduro.

Aceitei o elogio com um sorriso, apesar de mais madura poder significar tanta coisa. Era muito estranho estar ali parada com ele a minha frente, não sabia onde colocar as mãos e nem o que dizer. Caminhamos em silêncio até o carro de Rodrigo.

Chegamos ao carro e todos se cumprimentaram. Entrei atrás com Giovanni e fiquei observando a paisagem enquanto o carro se deslocava. Gustavo nos cuidava pelo espelho retrovisor e virou-se.

— Então, Giovanni, como foi o seu doutorado?

— Ótimo! Descobri muitos assuntos e pesquisas interessantíssimos, fiz muitos amigos.

E *"amigas", com certeza.* Pensei com desgosto, virei minha cabeça mais para o vidro lateral tentando me concentrar na rua. Ouvi-lo falar do doutorado e de sua estadia na Inglaterra deixava-me com uma sensação de repulsa. Pisquei rapidamente, espantando as lágrimas que teimavam em formarem-se.

— O que planejou para essa semana? – Questionou Rodrigo.

— Bem, terei que passar um bom tempo com Enya e minha família. Visitarei meu irmão para matar a saudade e pegar meu carro que ficou com ele... e também organizarei as aulas para o semestre, já que iniciam na próxima semana. – Ele olhou-me por alguns segundos e eu me virei novamente para o vidro. — E, claro, também preciso resolver assuntos importantes que estão pendentes.

Chegamos ao seu prédio. Rodrigo e Gustavo subiram junto para auxiliar com as malas enquanto eu cuidava do carro. Giovanni desceu para se despedir e aproximou-se, indeciso. Dei-lhe dois beijinhos na bochecha, como uma forma de despedida. Ele demorou-se segurando minha mão ao observar-me sério.

— Temos que sair para jantar a sós. Gostaria muito de conversar contigo.

— Nos vemos na faculdade.

Entrei no carro juntamente com os garotos, ignorando seu pedido. Ele nos abanou e permaneceu lá parado até o carro dobrar a esquina. Eu comecei a me sentir infeliz. Ter me distanciado novamente de Giovanni dava-me a impressão de que nunca mais estaríamos juntos.

Os olhos de Gustavo fitavam-me atentos pelo retrovisor, eu sentia a acusação em seu olhar.

— Emily! Poderia ter sido mais educada. Você nem deu chance a Giovanni, já foi cortando o cara.

— Não me incomode, Gus.

— Tudo bem, Gustavo, pelo menos a Emily aceitou vir. – Rodrigo pronunciou-se sacudindo a mão como se fosse um advogado durante uma importante audiência. — Mas quero ressaltar que a única coisa que Giovanni fez no carro foi te analisar com olhos brilhantes e gulosos. Gus escolheu bem a sua roupa. – Rodrigo riu. — Giovanni ainda gosta de você, tenho certeza!

— Isso é verdade! – Gustavo riu orgulhoso. — O professor não tirou os olhos de você.

Olhei pelo vidro e deixei as vozes de Gustavo e Rodrigo desaparecerem no ar. Eles ainda conversavam sobre algo. Por algum motivo eu não consegui alegrar-me com os olhares de

Giovanni, pois o sentia distante e confuso assim como eu. No fundo, minha consciência avisava-me que havia decorrido muito tempo. As coisas mudam e, na maioria das vezes, não tem mais volta.

57 – Em Casa

Nas primeiras noites, meu apartamento parecia distante de ser um lar: um espaço vazio, impessoal e solitário que foi retomando seu aconchego conforme eu colocava as minhas coisas em seus devidos lugares. Tentei marcar um encontro com Emily por toda a semana, contudo ela me evitou com desculpas. Ela estava receosa em ver-me e eu decidi esperar as aulas começarem para investir em uma reconquista, ainda teria um semestre inteiro antes que ela se graduasse. Se antes havia dúvida sobre a força de meus sentimentos por ela, vê-la no aeroporto afirmou-me que seria impossível deixar de amá-la, e quando nos abraçamos soube ela ainda sentia algo bom por mim.

Passei algum tempo com minha família, Enya e alguns professores. Só Pedro mostrava-se estranhamente esquivo, não veio me dar boas-vindas com uma enorme organização de festa como eu esperava. Sérgio ligou-me para marcarmos um longo almoço filosófico no primeiro dia de aula, desejei que ele persuadisse sua protegida a participar, o que foi em vão. Conversamos sobre meu doutorado e novos livros que comprara, sem mencionarmos o nome de Emily. Nem tive noção do que ele pensava sobre nossa separação e se me acusava de traidor como Emily fazia, pois simplesmente era como se ela não existisse, apenas conversávamos despretensiosamente sobre os livros que líamos, meus estudos e as aulas dele.

No terceiro dia de aula, um grupo de alunos rodeou-me em busca de novidades; em reflexo, olhei para o jardim central e avistei Emily sentada no banco. Ela fitava-me com intensidade e acenei da mesma forma que fazia quando éramos namorados. Encaramo-nos com cumplicidade, podia perceber o amor em seus olhos. Meu coração agitou-se, tentei me livrar do grupo de alunos para ir conversar com ela, queria segurá-la em meus braços e beijá-la com intensidade, sem importar-me com qualquer consequência com a coordenação.

Parei indeciso ao perceber o primo de Pedro, que conhecera em seu aniversário, vindo na direção de Emily. Ele andava de maneira confiante, como quem rotineiramente faz um mesmo caminho. Finalmente, ele a pegou pela cintura e lascou-lhe um beijo na boca.

Não consegui desviar o olhar.

Como podiam estar juntos? Quando eles se conheceram? Por que eu não sabia de nada, se Pedro era meu amigo?

Meu mundo caiu, fui consumido pela tristeza e pela raiva. De algum modo, que eu não conseguia explanar, ela estava com o primo de Pedro. Nem meu amigo e nem ela haviam me esclarecido sobre a situação.

Fui duplamente traído.

58 – Romance Partido

Avistei rapidamente Giovanni pelos corredores, enquanto eu esperava sentada no banco do jardim o começo da aula. Ele estava rodeado de professores e alunos que queriam ouvir histórias sobre seu tempo na Inglaterra.

Silenciosamente, tentei imaginar o que ele contava ao falar rindo para as pessoas próximas. Será que era sobre seu doutorado ou sobre as inglesas que conhecera?

Nossos olhos cruzaram-se e o sentimento em meu peito quis me mover até seus braços. No entanto, senti um cutucão na cintura quando me levantei; sem que eu conseguisse evitar, Marcelo roubo-me um beijo. Assustei-me:

— O que faz aqui?

— Vim fazer uma surpresa. — Ele olhou-me profundamente. — Não parece ter gostado.

— Não é isso. – *É pura culpa por estar pensando em outro.* Minha mente gritou-me. Suspirei. — É que não esperava.

Andei até a porta da sala, não me sentia bem em ficar perto de Marcelo no jardim que era só meu e de Giovanni. Senti-me péssima por Marcelo. Lembrei-me de Giovanni e virei angustiada buscando sua reação, mas ele não estava mais ali.

Suspirei derrotada. Marcelo observou-me confuso ao pararmos à frente da porta.

— Então, nos encontramos no almoço?

— Não sei. Acho que vou almoçar em casa, já havia combinado com o Gustavo.

— Está fugindo de mim? Eu sei que sim. – Marcelo fitou-me acusatório, havia raiva em seus olhos. — Se não quiser mais ficar comigo, é só dizer. Fiz algo errado?

Experimentei frustração, raiva de mim, culpa, uma amargura na boca. Eu nunca quis magoá-lo, mas não estava sendo muito honesta com ele há algumas semanas.

— Marcelo, gosto muito de ficar contigo. Só que no momento estou confusa e indecisa. – Senti-me pior ao perceber como imitara o tradicional modo de mandar namorado embora. Respirei pausadamente, pois teria que terminar nosso relacionamento, e seria agora. — Não acho justo fazer isso contigo. Então acho melhor que não namoremos mais.

— É por causa da volta do seu ex, não é?

— Isso está sendo difícil para mim.

— Sua... – Ele andou para o lado. Esperei qualquer palavra desaforada, pensando que eu merecia. — Como pôde fazer isso comigo? Me usar dessa maneira?

— Sinto tanto. Eu nunca quis te magoar. Eu só...

— Não me ama é isso? – Ele gritou. Olhei-o penalizada. Marcelo respirou fundo e encarou-me. — No fundo, eu sabia que você não o esqueceu. – Ele fitou-me desapontado. — Espero que saiba o que está fazendo!

Ele virou-se enraivecido e saiu, era evidente que nunca mais trocaríamos qualquer palavra. Tive um sentimento de pesar, pois era agradável estar com Marcelo e saber que eu fora causadora de seu sofrimento era uma sensação terrível. Mas não podia mais enganá-lo; mesmo que não voltasse para Giovanni, não podia continuar com ele enquanto amasse outro. precisava resolver os sentimentos presentes em meu coração antes de me envolver com outra pessoa.

Fiquei parada na frente da porta da sala, pensativa. Sentia-me péssima. Virei-me para entrar e avistei Pedro no corredor. Ele aproximou-se sério. *Sim, eu mereço um terrível sermão sobre ter enganado e iludido seu primo. Na verdade, eu não sou uma pessoa tão legal como ele achava.* Conformei-me a aceitar qualquer coisa que Pedro fosse dizer.

— Sabia que isso iria acontecer. – Ele passou a mão nos meus cabelos, sem raiva no olhar. — Sinto pelo meu primo. Mas não se preocupe, ele não vai sofrer por muito tempo.

— Pedro, sinto muito. Eu não queria magoar o Marcelo.

Meu rosto estava vermelho, de vergonha por ter feito seu primo de idiota. Ele sorriu debochado. E fez sinal para eu entrar na sala, enquanto dirigia-se à sala ao lado.

— Ele supera. Já estou pensando na organização de uma festa para animá-lo. – Ele riu. — Não poderei te convidar, é claro.

O aparente perdão de Pedro não fazia com que eu deixasse de me sentir uma má pessoa. Durante a aula, Alice observava-me preocupada. Minha visão estava marejada com lágrimas que eu tentava segurar. Eu não prestava atenção a nada, apenas o olhar desapontado de Marcelo era-me visível.

59 – O Outro

Retirei-me para a sala dos professores, respiração e coração descompassados. *Emily beijara outro!* Como não tinha aula a dar, passei a manhã refletindo, sem contudo clarear qualquer pensamento. Meus sentimentos embolavam-se em ódio, medo, amor, ansiedade e tristeza.

Pedro entrou distraído na sala e ao me ver tentou evitar-me. Aligeire-me em tirar satisfações:

— Pedro! – Gritei um pouco descontrolado. — Me diga por que seu primo estava beijando Emily hoje cedo aqui na faculdade.

— Não fique zangado! – Ele esboçou um sorriso constrangido ao tentar me dar um tapinha amigável nas costas, recuei fitando-o sério. — Eu apenas a convidei para uma festa. Ela começou a namorar o meu primo por vontade própria.

— Namorados! – Senti o desamparo crescer. Ele apenas olhou-me confuso. — Quanto tempo eles namoram?

— Sei lá, talvez um semestre.

— Como não me contou nada? – Bufei, afastando-me dele. Afinal, não queria repetir o soco dado tempos atrás. — Que espécie de amigo você é?

— Comentaria por quê? Você estava longe. – Ele esboçou um sorriso nervoso. — Achei que você já estivesse em outra! Não estava saindo com a brasileira?

— Não importa. Deveria ter me contato. Por que a convidou para suas festas? – Andei alguns passos desnorteado pela sala vazia e retornei à frente de Pedro. — Puxa, Pedro! Namorando seu primo, isso é um ultraje!

— Desculpa por não ter contado, mas sabe que quem ela beija ou deixa de beijar não tem nada a ver comigo, não sabe? Ela é uma pessoa independente.

— Eu sei. – Encostei-me no canto da mesa com a cabeça apoiada nas mãos. Pedro pigarreou como se buscasse algo a dizer. Olhei-o. — Tudo bem, Pedro. Só estou surpreso.

— Giovanni, eu disse no passado que se apaixonar era algo ruim. Não quis me ouvir, agora está aí há mais de ano se estressando por causa de uma ruiva. – Ele riu. — Até te compreendo, ela é legal e tudo mais, mas não vale esse sofrimento todo.

— Valeu pelo apoio. – Ri compreensivo para Pedro. Afinal ele não poderia entender o que era amar, isso não fazia parte de sua realidade. — Agora não dá para voltar atrás.

— Cada um com seus infortúnios. – Ele tocou meu ombro em sinal de apoio e começou a dirigir-se para a saída, contudo voltou rindo. — Fique tranquilo cara, eles até já terminaram o namoro.

Pedro deixou-me sozinho na sala com meus pensamentos. Sua última frase não me animara. Saber que ela se envolvera emocionalmente com alguém ao ponto de desejar iniciar um relacionamento sério era extremamente doloroso. Eu desconfiava que Emily estivesse saído com algum homem, talvez compartilhado algo mais carnal como eu fizera... Mas ter um namorado nunca se projetou em minha fantasia torturada.

Imaginar ela nos braços de outro já era insuportável! Além de ter essa certeza, pensar em como eram as conversas deles, que lugares iam, se riam juntos, que tipos de cumplicidades existiam, quais planos de futuro fizeram era simplesmente surreal. Apoiei novamente a cabeças em minhas mãos, sem ser capaz de sair dali, não consegui acreditar que mais uma vez estive tão perto de me reconciliar com o meu verdadeiro amor e isso me escapou novamente. Ela amara outro, namorara outro! Ou seja, seu coração não batia mais por mim. Frustrado, resolvi esquecê-la.

****

Tentei evitar contato com Emily o máximo que pude nos períodos de minha estadia na faculdade, contudo toda a vez que eu via qualquer menina que me lembrava de leve algum traço do rosto dela meu coração batia de saudade. E a visão constante do jardim central era quase uma tortura para os meus sentimentos. Apesar de tudo, eu me esforçava para colocar as recordações de meu namoro trancadas no fundo do meu coração.

Dirigi-me para o estacionamento para pegar o meu carro, que Filippo não cuidara com muito esmero e devolvera-me com um enorme aranhão na lateral da porta. Não me importava com a estética, no entanto seria obrigado a mandar pintá-lo para evitar ferrugem. Surpreendi-me ao avistar Gustavo escorado na porta, acenei-lhe dúbio e ele sorriu aliviado, como se esperasse por mim há algum tempo.

— O que faz aqui? — Tentei conter minha surpresa. Gustavo mirou-me contrariado, percebi como havia sido mal educado e me redimi. — Desculpe, como vai?

— Tudo bem. – Ele riu. — Imagino o susto por me ver aqui. Mas precisava conversar contigo. Tem um tempo?

— Sobre o que quer falar?

— Sobre minha vida que não é. – Ele riu debochado, lembrando o modo de Rodrigo falar. — Sobre Emily, é claro.

— Ela te mandou aqui?

— Acha que minha amiga orgulhosa daria o braço a torcer me mandando como pombo correio? Nunca! Estou aqui por que quero a felicidade dela e como sei que nem ela e nem você iriam resolver essa situação, decidi interferir.

— O que quer dizer?

— Giovanni, está na cara que você ainda a ama e eu sei que ela também. Vocês têm que parar de remoer os erros do passado e conversarem direito, sem joguinhos e birras.

— Acho que está enganado. – Senti-me idiota por estar dando atenção a Gustavo. — Ela não me ama, chegou a namorar outro.

— Eu sei, eu sei. – Ele revirou os olhos como se Emily estivesse feito algo estúpido. — Emily tem uma característica para resolver problemas que é ignorá-los, substituindo-os por outra coisa. Ela estava magoada, então se jogou nos braços do primeiro que lembrava você e iludiu-se que assim te esqueceria.

— Marcelo não é nem um pouco parecido comigo.

— Infelizmente não na personalidade, mas sim no modo de sorrir. – Gustavo tocou o meu ombro incitando amizade. — Esse não é o ponto. O que quero dizer é que Emily nunca deixou de te amar, apenas tentou sem ter êxito.

— Tem certeza disso?

— Eu sou o melhor amigo dela. Acha que eu não saberia para quem seu coração bate? – Ele entregou-me um convite de uma festa. — Mostre quem é o adulto da relação e tome a decisão certa. Emily estará nesta festa no sábado, espero que vá até lá e use da sua maturidade para sair acompanhado dela.

Abismado, permaneci observando Gustavo retirar-se do estacionamento. Esses dois anos lhe fizeram uma grande mudança, trouxeram-lhe confiança. Ele parecia ter usufruído de grandes vantagens ao lado de Rodrigo, como se seu namorado o tivesse fortalecido.

Analisei o convite, seria um luau, igual àquele no qual me apaixonei perdidamente por Emily. Refleti por longo tempo, em dúvida se seríamos capazes de retomarmos nossa antiga cumplicidade sem ficarmos constantemente apontando os erros do outro. O que me parecia cada vez mais complicado, pois eu e ela havíamos passado por novas experiências e talvez nossas mudanças internas tenham nos transformados em pessoas diferentes. *Eu amo a Emily que conheci, será que amarei a nova Emily?* Ponderei ao girar o convite nos dedos. Gustavo estava certo, porém, e não havia mais sentido fazer birras de orgulho, era hora de agir com o objetivo de tê-la de volta. Se ele me afirmava que ela me amava só me restava acreditar, não é?

60 – Começo

Alice, apesar de envolvida com seu trabalho de conclusão, não negava festas, principalmente as com seu namorado. Ela jogou sobre a carteira três convites para mim.

— Emily, estes são os convites da festa para arrecadarmos dinheiro para a formatura de Ciro. – Ela fitou-me ameaçadora. — Esta festa é muito importante para meu namorado e eu, se você não for cortaremos relação.

— Alice, não seja má.

— Não tem desculpa. Você sabe como é difícil conseguir estes convites? Eles são contados. Tem um para você, um para o Gustavo e o outro para o Rodrigo. – Ela sorriu animada. — Vou até levar máquina fotográfica para tirarmos umas fotos.

— Tudo bem, Alice. Eu irei!

A festa era um luau. Apesar de não estar muito animada, aceitei o convite de Gustavo para comprar roupas para a ocasião. Compramos umas camisas floridas para ele e para Rodrigo e um vestido trançado, vermelho com branco, adequado para um luau para mim. Ao ver o vestido, percebi como ele lembrava meu querido e antigo vestidinho vermelho que eu havia usado quando troquei o primeiro beijo com

Giovanni.

A festa estava realmente boa, sentia-me bem comigo por ter finalizado tudo com Marcelo e não estar mais mentindo para ele, sentia-me leve. Eu e os meninos dançávamos, Alice vinha e ia com sua máquina fotográfica tentando capturar todos os momentos que ela achava engraçados.

Gustavo cutucou-me e apontou para a porta. Ao virar-me, avistei Giovanni, lindamente vestido com uma camisa florida. Ele encarou-me decidido e começou a andar em minha direção. Confusa, olhei para Rodrigo e dei-lhe um murro no braço ao perceber seu sorriso.

— Por que o convidou?

— Calma, Emily! Essa doeu.

— Fui eu. –Disse Gustavo ao meu lado. Senti-me traída. Ele não tinha o direito. — Vocês precisavam conversar.

Giovanni havia caminhado até mim, observa-me com o rosto sério e meio transtornado. Lancei um olhar acusador para Gustavo, estava magoada por ele ter feito isso as minhas costas. Giovanni segurou minha mão:

— Podíamos sentar e conversar?

Concordei com submissão e deixei-me levar até uma mesa, talvez mais chocada por Gustavo ter armado nosso encontro do que realmente por estar ao lado de Giovanni. Ele observava me cauteloso:

— Queria muito te ver. Ele suspirou. — Depois do último dia na faculdade tive dúvidas, mas Gustavo me procurou convidando-me. – Giovanni permaneceu um tempo calado apenas analisando-me. Enquanto eu mirava Gus com raiva. — Eu não iria vir, mas realmente precisamos resolver as coisas.

— Que coisas? — Retomei minha atenção nele e meu coração remexeu-se angustiado.

— Parece que aconteceram muitas coisas que eu não soube neste um ano e meio.

Sua voz era sarcástica, senti sua acusação. Olhei-o profundamente em seus olhos e com ódio retruquei.

— Pois é, enquanto você transava com outras eu continuei a levar minha vida.

— Já falamos sobre isso. Eu me desculpei. — Ele olhou-me colérico. — O que você fez foi pior, envolveu-se emocionalmente com outro!

— Ora, eu estava completamente livre.

— Na teoria eu também estava livre, lembra?

— Sério? – Fitei-o irônica. — Então está tudo explicado! Foi tudo minha culpa! Eu te joguei na cama de outra. Que bom que esclarecemos isso.

— Não quis dizer isso!

Nossas vozes já estavam demasiado altas. Sentia-me infeliz, parece que só sabíamos brigar. Olhei ao redor em busca de algo que me distraísse, Giovanni parecia pensar algo para dizer. O som da música encheu meus ouvidos, a mesma música que tocara quando fizemos amor pela primeira vez, a mesma música que tocara tantas vezes no apartamento dele enquanto eu estava em seus abraços. Engoli dolorosamente a ardência de minha garganta. Ele sorriu tímido e levantou-se.

— Quer dançar nossa música?

— Dançar?

Ele odiava dançar em público. Surpresa, estendi minha mão e deixei-me ser conduzida à pista onde alguns casais já dançavam juntinhos. Seus braços envolveram-me com suavidade, mas com firmeza, como alguém que ansiamos a longo tempo abraçar. Pude sentir seu peito respirando nervosamente, juntamente com o meu. Permiti-me apoiar minha cabeça em seu ombro, seu cheiro e sua respiração reportava-me a um tempo de felicidade. Seu sussurro desamparado arrepiou-me.

— Só o que eu queria era poder ajeitar as coisas e que voltássemos a ser como antes. Esquecer as pessoas que atravessaram nosso caminho, porque no fundo elas não importam.

— Se você tivesse ficado ao invés de ir... – Suspirei e fitei-o com olhos úmidos. — Seria tudo diferente.

— Mas foi você que não quis vir comigo! — Ele olhou-me tristemente. Fiz menção de soltar-me de seus braços. Ele apertou-me num abraço suspirando. — Não vamos recomeçar isso. O que aconteceu não muda mais, nós dois fizemos besteiras. – Ele olhou-me temeroso. — E se recomeçássemos? A partir de agora, sem pensar no passado, como se nos conhecêssemos neste exato momento? Se apenas seguirmos nossos corações, sem mágoas ou birras? Claro, se ainda me amar. Porque eu sei que te amo profundamente.

— Esse é o problema. – Abaixei meu olhar encabulada. —

Eu te amo demais e isso é uma droga.

Ele apertou-me fortemente em seus braços sorrindo maroto.

— Um amor viciante, concordo. – Ele riu. — Mas um vício bom. O que acha, está disposta a recomeçar?

— É uma ideia interessante. – Sondei implicante e sorrindo aliviada, agora estávamos seguros um no braço do outro, qualquer dúvida evaporara de meu coração. Éramos novamente a Emily e o Giovanni do passado, que se sentiam confortáveis um ao lado do outro. — Se tiver certeza que me ama mesmo, posso reconsiderar.

— Amo, sim. – Ele deu-me vários beijinhos pelo rosto. — Amo e amo.

— Eu também te amo, Giovanni.

Nossos lábios se tocaram em sinal de reconciliação, intensos de saudade e molhados de amor, enquanto nos abraçamos tão fortemente que sentia um pouco de falta de ar, mas eu não queria largá-lo. Permanecemos ali colados, como garantia de que finalmente estava tudo bem.

Pensei se retomaríamos nosso namoro de antigamente ou se nos tornaríamos outro tipo de casal, sentia medo de que as coisas não fossem como antes, ao mesmo tempo em que aquela sensação boa de experiência nova percorria todo o meu corpo.

Gustavo e Rodrigo acenaram-nos contentes ao perceberem que seus planos de reconciliação funcionaram. Mandei um beijinho para Gustavo, informando que sua audácia fora perdoada. Giovanni sorriu tranquilo.

— Eles fazem um belo casal. – Eu concordei, ele olhou-me e beijou-me implicante. — Mas nós fazemos um melhor.

— Metido!

Brinquei com ele e ele riu leve. Envolvida nos braços de Giovanni sentia-me novamente amada, segura e deslumbrada. Mesmo depois de tanto tempo transcorrido, recuperamos nosso envolvimento, como se tivéssemos nos separado só no mês anterior.

Agora, ao seu lado, compreendia a força de nosso amor e que apesar de não poder prever as surpresas que a vida nos reservava, eu havia reencontrado a metade que me completava e amadurecido o suficiente para lutar por isso.

Epílogo

As nuvens tocam gentilmente o avião. Acompanho contemplativa o movimento delas afastando-se pela pequena janela enquanto vejo as luzes de minha cidade se tornarem mais e mais visíveis na medida em que o piloto inicia a trajetória de aterrissagem. Não importa quantas vezes fiz essa mesma viagem ao retornar de minhas visitas anuais ao meu pai na Inglaterra, meu coração sempre agita-se ao perceber que estou voltando ao meu lar.

Há seis anos um lar diferente, ao lado de Giovanni e de sua filha. Um lar que me acolheu, que modificou-me, onde amadureci e realizei muitos sonhos. Um lugar onde posso dizer que sou feliz.

Recordar como eu e Giovanni retomamos nosso amor após tanto tempo de birras, mágoas e dúvidas é sempre um deleite. Lembranças que reforçam como fomos capazes de adquirir uma imensa cumplicidade, evidenciando nosso amadurecimento. Antes de brigarmos por desavenças e besteiras, finalmente compreendemos que sentar e conversar sobre os sentimentos, os desejos e as dúvidas era o único caminho a se seguir.

Sentíamos necessidade de nos unirmos não apenas emocionalmente, mas fisicamente e por isso não foi uma surpresa para ninguém quando finalmente nos casamos logo após minha formatura. Foi uma cerimônia simples, apenas para os amigos e familiares mais próximos. Já esperava que eu fosse chorar de emoção e que Gustavo e Maria fizessem o mesmo, mas surpreendi-me quando minha mãe, sempre prática, também não foi capaz conter as lágrimas. Com certeza foi um casamento emocionante!

Minha mãe consolidou o grande afeto sentido por Gustavo permitindo que ele continuasse a morar em meu antigo apartamento com Rodrigo quando me mudei para o de Giovanni. Optamos pelo apartamento dele apenas porque era um pouco maior do que o meu.

Meu convívio com Gustavo não diminuiu por estarmos em bairros distantes, encontrávamos um jeito de nos falarmos pela *internet* ou celular e nos visitávamos quase diariamente. Por um tempo, ao envolver-me em minha especialização e ele na dele, foi complicado conciliar nossos encontros, mas quando eu consegui emprego na Coordenação da Casa de Resgate de Animais Silvestres e ele tornou-se meu principal ajudante veterinário, havia obrigação profissional em mantermos contato, fazendo com que nossa rotina se organizasse em conjunto, o que me era gratificante.

Gustavo mudara profundamente nestes anos, a companhia de Rodrigo fizera-o tornar-se confiante e em alguns momentos até debochado como o outro. Toda vez que via como meu amigo aprendera a ser feliz sendo ele mesmo, mesmo que seu pai continuasse sem falar com ele, eu deliciava-me com sua conquista, coragem e tranquilidade adquirida. Seu namoro não só o fortificou, como também me proporcionou ganhar outro melhor amigo. Rodrigo não era mais apenas uma colega legal, como Alice com quem não mantive contato após a faculdade, ele tornou-se parte importante de minha vida ao dividir sua amizade comigo.

O avião pousou. O barulho das rodas contra a pista demonstrava a falta de suavidade do piloto. Houve olhares preocupados entre os passageiros, mas eu sorri calma. *Estamos no chão, nada mais importa*. Meu coração acelerou-se, logo eu estaria novamente nos braços de Giovanni.

Morar com ele era uma tarefa extremamente prazerosa! Eu não ligava se ele estava de calça de moletom no sábado à tarde ou se havia pelos dos cachorros em suas roupas; e ele não me chateava cobrando refeições a serem cozinhadas ou se as tarefas da casa haviam sido feitas. Simplesmente aceitávamos a individualidade de cada um, dividíamos as tarefas e resolvíamos os problemas alimentícios buscando comida em restaurantes. Dispensávamos nossa energia no que realmente importava: livros, Enya, amigos, Lucky e outros animais.

Antes de completarmos um ano de casamento, Enya passou a morar conosco, pois Rebeca decidira se juntar com um namorado ricaço que preferia não ter crianças em sua casa. De certa forma, não me dera conta até então que eu poderia vir a ter que cuidar dela diariamente, porém assumi a tarefa com gosto, porém com medo de não conseguir exercer o meu papel de forma adequada, afinal nunca pensara em ser responsável por outra pessoa. Gustavo deu-me confiança para que eu agarrasse essa responsabilidade, mostrando-me como eu já fazia esse papel com sucesso desde os primeiros meses de namoro com Giovanni.

A permanência dela intensificou nossa relação, contudo eu me policiava em não tentar substituir sua mãe e, por isso, me ausentava quando havia decisões referentes à minha enteada que eram pertinentes a seus pais.

A minha relação com Rebeca, por outro lado, manteve-se igualmente desagradável, exatamente como na primeira vez que a conheci: uma ignorando a presença da outra, trocando palavras curtas e educadas somente quando era necessário.

A boa convivência que eu mantinha sinceramente com Enya era constantemente motivo das conversas de final de tarde com Giovanni, quando nos reuníamos à frente da lareira para lermos em conjunto algum livro. Primeiramente, eram os de Filosofia ou Biologia, mas com o crescimento e participação de Enya, fomos persuadidos por ela a acrescentar muitos romances ou aventuras. Em algumas dessas conversas, Giovanni relatou-me sua vontade em ter um filho comigo. Este não era meu desejo, pois para mim nossa família estava mais do que completa, e no fim acabei por convencê-lo desse fato, sem mágoas por parte dele.

Nossa família crescera, quando ao final do primeiro ano de casamento, nos mudamos para uma casa em um bairro tranquilo da cidade, um lugar aconchegante com um enorme quintal. O antigo apartamento estava apertado para as necessidades de uma garota de doze anos, uma arara, Giovanni, eu e mais nossos dois cachorros. Assim que Enya foi morar conosco, Giovanni havia sido intimado a dar um cachorro à filha. Eu a acompanhei até um abrigo de animais abandonados a fim de ajudá-la a escolher seu novo amigo e o resultado se multiplicou, pois ao cativar-me por outro cãozinho, acabei trazendo dois cachorros para o apartamento.

O grande pátio de nosso lar proporcionou finalmente que realizasse um sonho de infância. Agora, dividia meu trabalho entre a Casa de Resgate de Animais Silvestres e meu quintal transformado em um espaço de ajuda a pequenos animais silvestres. Equipamos o pátio com viveiros e enormes canis com telas, nos quais havia diferentes animais a espera de um lar permanente enquanto se recuperavam da brutalidade sofrida pelo contrabando.

A comissária de bordo pronunciou-se no microfone, liberando todos a iniciarem sua marcha de saída. Estiquei-me fazendo o sangue, há muito parado, movimentar-se em meu corpo. Puxei a bolsa de mão com cuidado, afinal não queria correr o risco de quebrar os presentes que trouxera para Enya e os filhos de Ricardo.

Sim, filhos. Nas fotos do meu casamento, Viviam está redondamente grávida de um menino, nomeado de Peter. Novamente Ricardo não se conteve e optou por um nome que homenageasse seu grande ídolo, o Homem-Aranha. Durante algum tempo, eu e Gustavo implicávamos com ele, dizendo que os próximos filhos estavam fadados a terem nomes estranhos de vilões se ele mantivesse essa constância. Até Giovanni participara, algumas vezes, das brincadeiras e implicava por conta própria com Ricardo.

Apesar do começo turbulento, Ricardo e Giovanni descobriram, com os anos, que se pareciam em seus objetivos biológicos, e adquiram aos poucos o hábito de trocarem informações sobre seus trabalhos e até participavam em conjunto de projetos de salvamentos de animais marinhos. Finalmente, compreenderam que uma convivência pacífica era vantajosa para ambos, o que me aliviava profundamente, pois era mais agradável visitar Ricardo e sua família com Giovanni de bom humor. Eu sentia uma ponta de esperança de que em alguns anos eles pudessem se tornar grandes amigos. *É um sonho muito alto? Penso que não!*

Sorri distraída ao esperar que minha grande mala passasse na esteira à minha frente. A rotina de minha vida era preenchida com todas as coisas que eu mais desejei: tinha meu amor ao meu lado, meus grandes amigos; tinha uma adorável enteada; uma vida dedicada a ajudar animais necessitados; e visitas periódicas de meu adorado tutor, Sérgio, e de minha mãe.

Agarrada a esse sentimento de realização atravessei pela milésima vez a porta envidraçada com destino ao saguão do aeroporto. Giovanni esperava-me, seus lábios alargaram-se em um sorriso repleto de saudade e amor. Não me contive, larguei minhas malas e corri para seus braços, um gesto que no passado não me permiti quando era ele a retornar.

Fortemente, Giovanni apertou-me contra seu peito, eu sorri encantada quando seu sussurro percorreu meu ouvido e instalou-se no meu coração:

— Emily, nosso amor é mesmo uma droga sem qual eu não consigo mais viver, já estava angustiado de saudade.

Sobre a autora

Shana Giulian Conzatti nasceu em Porto Alegre em 1982. Há cinco anos dedica-se à escrita, uma paixão presente desde sua infância. Divide seu tempo entre a Pedagogia, a Psicologia e seus livros.

Em 2013 publicou seu primeiro romance infanto-juvenil O Clube da Árvore Solitária de maneira independente. Já lançou alguns outros contos, além de outros projetos em andamento, que logo serão mostrados ao mundo.

Entre em contato

– *E-mail*: mailto:shanaconzatti@gmail.com

– *Twitter*: @ShanaConzatti

– *Facebook*: Escritos de Shana Conzatti

– *Blog*: http://shanaconzatti.blogspot.com.br/

Outros trabalhos da autora na Amazon:

– Clube da Árvore Solitária: Amigos, Fantasmas e *Bullying*

– Contos Paralelos: Clube da Árvore Solitária

– Vozes dos Coadjuvantes

- Escolhas

Printed in Great Britain
by Amazon.co.uk, Ltd.,
Marston Gate.

Jovem Amor

Shana Conzatti

Copyright © 2014 Shana Conzatti

Todos os direitos reservados.
É proibida a distribuição ou cópia de qualquer parte dessa obra sem o consentimento por escrito da autora.

Esta é uma obra de ficção.

Capa: Vanessa Bosso
Diagramação e Revisão: Nanie Dias
ISBN-13: 978-1499257595
ISBN-10: 1499257597